망종절
광사 보도와
6월 항쟁

글씨 · 여태명

박종철 탐사보도와 6월 항쟁

황호택 지음

블루엘리펀트

30년 만에 다시 쓰는
박종철 고문치사 사건의 '속보'

내가 기자를 4년 남짓 했을 때 박종철 고문치사 사건이 터졌다. 갓 서른 고개를 넘긴 젊은 기자에게 1987년은 구(舊) 질서가 한꺼번에 무너진 격랑의 해로 다가왔다. 이 사건 취재를 하면서도 한 대학생의 죽음이 철옹성 같던 전두환 독재체제를 무너뜨리리라고는 미처 예상치 못했다.

이 사건 제1보는 『중앙일보』 신성호 기자의 단독 보도였지만 『동아일보』의 탐사보도는 그해 1월부터 6월까지 이어졌고, 12월과 그 이듬해인 1988년 1월까지 『동아일보』 편집국이 혼연일체가 되어 연속 네 차례의 특종 보도를 통해 실체적 진실을 밝혀냈다고 자부한다. 『동아일보』는 단체 특종이어서 누구 한 명을 주인공으로 내세우기 어렵다. 권위주의 정권 시대에 경영진이 외풍에 흔들리지 않고 버텨주었고, 남시욱 편집국장은 언론이 강하게 나가도 88올림픽 때문에 전두환 정권이 언론을 함부로 싹쓸이하지 못할 것이라는 확고한 믿음을 갖고 있었다. 정구종 사회부장은 일선에서 뛰는 기자들에게 기민하게 취재

지시를 하는 야전사령관이었다. 일선 기자들은 집에 며칠씩 들어가지 않고 현장을 뛰고 밤을 새워 기사를 썼다.

작년부터 정구종 전 사회부장이 저자에게 "내년에 박종철 사건 30주년이 되니 책을 써보라"는 권유를 여러 차례 했지만 회사 일이 바빠 엄두를 낼 수 없었다. 그러는 사이에 『중앙일보』 신성호 기자가 《특종 1987 박종철과 한국민주화》를 출간하면서 선수를 쳤다. 박종철 사건 때도 그는 나에게 낙종(落種)을 안겨준 경쟁자였는데 이번에도 한발 빨랐다.

저자는 『동아일보』 논설주간·전무로 일하다 2017년 1월 1일자로 고문(顧問) 발령을 받았다. 6층 고문 사무실에 자리를 잡자마자 자료를 수집하고 관련자를 만나 인터뷰하는 작업을 시작했다. 다행히 시간 여유가 많아져 책 쓰기에 집중할 수 있었다. 저널리스트로서 마지막 작품을 남긴다는 각오로 책을 써나갔지만 졸작에 그쳤다면 저자의 역량 부족이다.

저자 방에는 텔레비전이 다섯 대 켜져 있다. 소리를 죽여서 화면만 나온다. 나는 반기문 전 유엔 사무총장이 후보를 사퇴하던 날도 퇴근 길에 휴대전화를 열고서야 알았다. 그만큼 밀도 있게 저술에 집중할 수 있어서 작업이 빨리 진행됐다.

2016년 12월 말 박종철 사건 당시의 사회부 데스크들과 기자들이 만나 '박종철과 민주화 30년'을 주제로 책을 기획하는 모임을 가졌다. 내가 대표집필을 하는 방식으로 정리하기로 했다. 『동아일보』를 중심으로 쓰자거나, 더 좁혀서 사회부에 포커스를 맞춰보자는 이야기도 나왔으나 전체 구도를 그리고 그 속에서 『동아일보』의 역할도 겸손하게 기술하자는 방향으로 결론을 냈다.

　박종철 사건의 속보를 30년 만에 다시 쓴다는 생각으로 이 사건 진상규명에 기여한 딥 스로트(deep throat·내부고발자)들을 만나 인터뷰를 하고 관련자들을 대상으로 보충 취재를 해나갔다. 딥 스로트 가운데 배(裵)모 총경의 풀네임을 밝히지 못하는 것이 못내 아쉽다. 이 책이 나온 뒤에라도 그가 실명을 밝히고 경찰조직을 살리기 위해 용기를 냈던 일을 회고해주기 바란다.

　박종철 고문치사에서 6월항쟁을 거쳐 그의 1주기까지 고비고비마다 진실 규명에 기여한 사람들이 많다. 사슬에서 한 고리만 빠져도 체인의 기능이 상실돼 버리듯 그들 중 누구 하나가 역할을 하지 않았다면 민주화는 더 늦어졌거나 더 많은 희생을 치렀을지도 모른다.

　남시욱 전 편집국장은 저서를 여러 권 낸 경험이 있어서 필자에게 큰 그림을 그려준 것은 물론이고 실무적인 도움도 많이 주었다. 정구종 전 사회부장의 기획과 독려가 없었다면 이 책은 나오지 못했을 것이다. 전만길 노한성 송석형 김차웅 전 차장과 장병수 정동우 황열헌 심규선 임채청 김회평 기자도 자료 수집을 거들고 옛 기억을 되살려주었다.

　책을 쓰면서 틈틈이 경찰인권센터로 바뀐 남영동 대공수사단에 가보고, 부산에 가서 박종철 씨의 아버지 정기 씨를 만났다. 정구영 최환 이진강 씨 등 당시 이 사건 수사에 관여한 검찰 간부, 영등포교도소에서 이뤄지는 은폐 조작을 밖으로 알린 이부영 씨, 양심적인 부검의 황적준 박사도 만났다. 전화 인터뷰도 수시로 했다. 5공화국에서 6공화국으로 넘어가는 시기에 중요한 역할을 한 박철언 씨의 시국 분석도 크게 도움을 주었다. 고명승 민병돈 장군의 증언도 새로운 사료

(史料) 발굴이라 할 만하다.

황적준 박사는 "법의학에서 기억력의 한계를 중요한 개념으로 가르친다"며 중요한 일을 할 때는 메모를 남겨둬야 한다고 말했다. 이 책을 쓰면서 만난 관련자들의 기억도 부정확할 때가 더러 있어 저서 에세이 취재기 일기 등 기록을 찾아 확인을 해나갔다.

나는 사실관계는 정확하게 기술하되 최대한 독자가 흥미를 느끼며 읽을 수 있도록 노력했다. 《인터넷 시대의 취재와 보도》라는 저서를 쓴 남시욱 전 국장은 "취재는 과학적으로 하되, 글은 예술적으로 쓰라"고 강조한다. 그는 또한 기자이자 소설가였던 어니스트 헤밍웨이가 『무기여 잘 있거라』(A Farewell to Arms)의 마지막 단락을 39회나 다시 쓴 것은 정확한 기술을 위해 올바른 단어를 찾으려 했기 때문이었다고 저자에게 일러주었다.

우리는 제복을 입은 군인 경찰관 소방관 덕에 안전한 행복을 구가할 수 있다. 그러나 과거 독재정권 시대에는 군인들이 불법적으로 정권을 찬탈하는 군사반란에 사병(私兵)으로 동원되는 일이 있었고, 경찰은 정권 안보를 위해 봉사하며 인권 유린을 저질렀다. 민주화 시대의 경찰이 이 책을 읽으며 부끄러운 선배들 때문에 자존심이 상하기보다는 어두웠던 시대의 교훈으로 받아들였으면 좋겠다.

박종철과 6월항쟁을 영화화하려는 시도가 여러 차례 있었지만 이번에 장준환 감독의 크랭크인으로 비로소 성사됐다. 이 영화에서 『동아일보』와 관련된 대목에는 윤상삼(작고) 기자가 주인공으로 나온다. 고인은 오연상 씨를 취재해 박종철이 물고문을 당했음을 특종 보도했고, 황열헌 기자와 함께 『동아일보』가 더 적극적으로 보도해야 한다며 사건기자들의 회사 미귀(未歸) 스트라이크를 주동한 기자다. 영화에서 그가 단독으로 한 것으로 표현되는 내용은 사실 장병수 시경 캡 (경찰청을 출입하는 대표기자)을 중심으로 그와 황열헌 기자 등 사건기자들이 팀을 이뤄 성취한 특종들이다. 영화에서 픽션은 불가결한 요소일 것이다.

그는 도쿄 특파원을 마칠 무렵 간암이 발견돼 귀국하고 얼마 있다가 세상을 떴다. 남편의 묘소를 쥐어뜯으며 "야, 나 혼자 이 짐을 지게 하고 니가 왜 먼저 죽냐"고 울부짖던 부인의 모습이 뭉클한 기억으로 남아 있다. 두 딸은 이 책에 담긴 아버지의 활약상을 읽으면서 훌륭한 부친을 두었음을 자랑스럽게 생각하기 바란다.

나는 그때나 지금이나 라이터(writer)다. 기자 생활 36년 동안 그때 가장 많은 기사를 썼다. 『동아일보』는 1987년 12면 발행 체제에서 1면부터 사회면까지 5개면 이상을 박종철 관련기사로 채울 때가 많았다. 현장 검증 취재를 다녀온 날은 일요일 아침 10시부터 월요일 아침까지 밤을 새우고 눈이 침침해질 때까지 원고지를 메우던 기억이 새롭다.

나는 이 사건으로 1987, 1988년 한국기자상을 받고 1988년 동아대상까지 받는 과분한 영광을 안았지만 첫 보도를 놓쳤고, 결정적 고비에서 둔감했다는 자성(自省)을 함께 간직하고 있다.

당시 박종철 고문치사와 6월항쟁을 취재했던 기자들을 대표해서 이 책을 쓴다는 생각으로 공정성과 객관성에 신경을 썼지만 어쩔 수 없이 나의 색깔이 들어간 것을 양해해주면 좋겠다. 퍼스널(personal)한 체취가 있어야 읽는 맛도 난다.

고려대 미디어학부 심재철 교수는 박종철 사건 언론보도에 관한 논문을 여러 편 쓰면서 20년 이상 관심을 쏟은 학자다. 자료수집에서 크게 도움을 받은 것은 물론이고 박사학위 논문을 지도하듯이 세세한 분야까지 조언을 해주었다. 특히 원고를 읽다가 가끔 메일이나 전화를 통해 들려준 격려의 말이 저자의 작업에 큰 힘이 됐다.

1987년 『신동아』 9월호의 부천경찰서 성고문 사건 원고는 현 국가정보원의 전신인 안전기획부가 검열을 해 절반 이상을 잘라냈다. 저자가 자르기 전의 대장을 보관하고 있어 삭제된 부분과 검열을 통과한 부분을 구분해 실었다. 원고가 다소 길어 부록으로 돌리자는 의견도 나왔으나 원고를 읽은 여러 사람이 "언론 사료(史料)로서의 가치도 크고 유익하고 흥미롭다"며 본문 게재를 지지했다.

언론계가 보수 진보로 갈려 서로 다른 쪽의 공(功)에는 인색하고 과(過)는 크게 보는 경향이 존재하는 현실을 안타깝게 생각한다. 이 책에 나오는 1987년 언론의 역할도 진영의 시각을 떠나 있는 그대로 봐줬으면 좋겠다.

책을 내라고 격려해준 이하경 한국신문방송편집인협회장(중앙일보 주필), 이희준 『동아일보』 부사장, 허엽 『동아일보』 출판편집인, 박성원 출판국장에게도 감사드린다. 저술 지원을 해주신 신영연구기금 김창기 이사장, 관훈클럽 박제균 총무에게도 신세를 졌다. 이 책을 쓰는 동안 컴퓨터 작업을 도와준 심송미 님이 없었더라면 출간이 늦어졌을 것이다. 덕분에 저자의 컴퓨터 편집 실력도 크게 향상됐다.

2판을 내면서 유시춘 씨의 특별 기고와 함께 1판 인쇄 이후 새로 찾아낸 몇가지 사실을 증보했다.

2017년 5월 청계광장 옆 동아일보 사무실에서
황호택

한국현대사의 분수령 된
치열한 탐사보도의 승리

『동아일보』 황호택 고문이 집필한 《박종철 탐사보도와 6월항쟁》이 한국현대사의 분수령이 된 1987년의 6월항쟁 30주년을 맞아 출간된다.

6월항쟁은 1961년 군사정변부터 1987년 신군부 통치 마지막까지 4반세기 동안 계속된 한국의 권위주의 정치를 종식시킨 국민들의 명예혁명이었다. 6월항쟁은 그야말로 쓰레기통에서 민주주의라는 장미꽃을 피워낸 역사적 대사변이었다. 1948년 대한민국의 건국으로 근대 민주주의 국민국가를 수립한 우리 대한민국은 약 40년 만인 1987년 6월항쟁이 쟁취한 6·29민주화선언으로 비로소 진정한 의미의 정치적 근대성(modernity)을 갖추었다고 할 것이다. 이 빛나는 6월항쟁이라는 대사변을 폭발시킨 뇌관이 바로 박종철 고문치사 사건이다. 이 책의 주제인 박종철 사건은 『동아일보』 취재팀의 약 1년에 걸친 집요한 추적보도 끝에 그 전모가 밝혀진 일종의 대하드라마 같은 사건이다.

독자들은 이 책 본문에서 자세한 내용을 읽게 되겠지만, 박종철 사건의 보도는 1987년 1월부터 1988년 1월까지 모두 4단계에 걸쳐 이루어졌다. 이 사건은 박종철이 경찰에서 조사를 받던 중 '쇼크사'했다고 검찰에 보고한 치안본부 대공수사팀의 보고서 내용을 전한 석간 『중앙일보』 1월 15일자 1.5판의 2단짜리 보도로 세상에 처음 알려졌다. 기사가 나오자 『동아일보』 취재팀은 즉각 독자적인 취재활동에 나섰다.

이 순간부터 『동아일보』는 박종철 사건 보도에서 단연 선봉장이 된다. 『동아일보』 취재진은 바로 다음 날인 16일 오전 강민창 치안본부장이 박종철의 사체 부검 결과 사인(死因)을 '쇼크사'라고 공식 발표할 때부터 이미 고문치사 사건이라는 심증을 굳히고 있었다. 『동아일보』 취재진은 기민한 확인취재를 거쳐 박종철의 진짜 사인이 '쇼크사'가 아닌, 물고문에 의한 질식사라는 사실을 밝히는 제2단계 보도에 성공했다. 이 보도로 고문 경관 2명이 경찰에 구속됐다.

5·18광주민주화운동 7주년을 맞는 4개월 후에는 천주교정의구현사제단 김승훈 신부의 폭로를 실마리로 삼아 치안본부 대공처장이 고문 경관 5명을 2명으로 축소 조작한 사실을 밝혀냈다. 제3단계에 해당하는 이 보도로 대공처장이 구속됐다.

제4단계는 1년 후인 1988년 1월, 경찰의 최고책임자인 치안본부장이 이 사건에 개입한 사실을 부검의사 일기장 공개를 통해 폭로하는 보도였다. 이때 치안본부장이 구속됐다. 한국 언론사상 일찍이 전례가 없던 끈질긴 장기 탐사보도였다.

강산이 세 번이나 변한다는, 결코 짧지 않은 세월이 흘렀지만 나는 당시를 생각하면 지금도 아찔할 때가 있다. 어떻게 우리는 그 서슬이 시퍼렇던 시절 신군부의 가차 없는 언론 통제에 그처럼 굳세게 저항할 수 있었던가. 만약 그때 『동아일보』 취재팀이 취재에 나서지 않았거나 취재를 해도 사명감을 갖고 임하지 않았더라면 이 사건은 이상한 모양으로 왜곡되거나 『중앙일보』의 제1보를 끝으로 더 이상 햇빛을 보지 못했을 가능성도 없지 않았다고 생각한다.

지금 생각해 보면, 그것은 용기보다는 두려움을 모르는 젊은 혈기 덕이라고 하는 것이 정직한 자기성찰일 것이다. 그리고 용기든 젊은 혈기든, 자유언론이라는 대의와 신념으로 뭉친 『동아일보』라는 믿음의 공동체가 거대한 요새처럼 우리를 지켜주었기 때문에 가능한 일이었다고 믿는다.

당시 편집국장이라는 중책을 맡고 있던 나는 이 점에서 편집국과 논설위원실의 동료들, 그리고 경영진 모두에게 깊은 감사의 마음을 갖고 있다. 우리들의 헌신적인 노력이 한국 민주주의 발전에 크게 기여했다는 점에서 긍지를 느낀다. 한마디로 이 무렵이 언론인으로서 내 생애 최고의 시절이었다고 감히 말할 수 있다.

이 책을 읽는 독자들께서는 민주주의 발전에 언론의 역할이 얼마나 중요한가를 다시 한 번 상기하고 현재 한국 언론이 처한 여러 가지 어려운 상황에 대해 따뜻한 이해와 격려를 보내주시기를 바라고 싶다. 아울러 힘들여 이 책을 완성한 저자의 노고에 경의를 표하면서 다시 한 번 감사의 박수를 보내고자 한다.

동아일보 화정평화재단 이사장
남시욱

언론 자유를 향한 순수한 열정,
그들이 원하던 세상은 아직도…

　황호택 전 『동아일보』 논설주간의 저서 《박종철 탐사보도와 6월항쟁》은 1987년 당시 법조 담당 기자로서 박종철 고문치사 사건의 실체적 진실을 밝히는 『동아일보』의 취재와 보도의 중심에 섰던 그가 동료 취재기자 및 수사 관련자와 제보자들의 증언을 입체적으로 엮은 대하드라마라고 할 수 있다.

　이 책에서 황 주간은 박종철 고문치사 사건이 발생하고 난 후 1년여에 걸쳐 진행된 『동아일보』의 끈질긴 추적·탐사보도와 함께 경찰 검찰 교정공무원은 물론이고 종교계 등 양심적 인사들의 숨은 노력을 재조명했다. 특히 이번 집필을 위해 관계자들을 취재하면서 새로운 사실을 다수 찾아내 역사에 묻힐 뻔했던 팩트들을 전해주고 있다. 이 기록은 『동아일보』를 비롯해 1980년대 민주화 과정에 기여한 모든 한국 언론을 재평가한다는 점에서도 의미가 크다.

　박종철의 값진 희생이 있던 날과 6·10시민항쟁으로부터 30년이 지났다. 박종철과 함께 신군부 강권통치에 맞서 싸운 학생·시민의 저

항으로 민주화를 달성한 결과, 보수와 진보가 10년을 주기로 평화적
정권교체를 이루는 선순환의 정치질서가 정착되었다. 박종철 사건과
6·10시민항쟁은 한국 정치 발전의 지평에서 가장 높은 봉우리로 우
뚝 솟아 있음을 누구도 부인하기 어렵다.

이 같은 정치 발전 프로세스에서 국민의 '알 권리'를 몸으로 싸워 지
키고자 했던 젊은 기자와 양심적인 수사관계자, 전문직에 있던 여러
사람들의 숨겨진 투쟁의 진실을 기록했다는 점에서 황 주간의 책은
한국 언론사에 기록될 만한 저서가 될 것으로 확신한다.

6월항쟁으로부터 30년이 지났지만 박종철 사건의 가해자도 피해자
도 대부분 생존해 있다. 그리고 민주화 투쟁에 앞장섰던 386세대와
젊은 기자들, 그들에게 숨겨진 진실을 전해준 딥 스로트들도 다들 건
재하다.

역사의 무대에 등장했던 사람들이 살아있는 가운데서 진실을 쓰는
데는 용기와 함께 정확하고 공정한 기술이 중요하다. 이 책이 세상에
나가면 당시의 행위에 대해 새삼 자책하고 괴로워하는 관계자들도 있
을 것이다. 그러나 그들 역시 폭력적인 권위주의 5공 정권에 의해 동
원된 소도구였다는 점에서 이 책은 우리에게 관용과 화해를 청하고
있다.

박종철의 희생과 6·10시민항쟁으로 이뤄진 '1987년 체제'의 과실(果
實)은 국민 모두에게 돌아갔지만 특히 큰 몫을 차지한 수혜자들은 정
치 분야에 많다. 장외투쟁에 앞장서다 대통령에 당선된 정치가들이나
국회에 진출해 뜨거운 아스팔트 위의 함성을 실천하고자 한 이들 모
두 '새 정치'를 내걸었다. 그러나 박종철과 1980년대 젊은이들이 꿈꾸
던 세상은 아직 실현되지 않은 채 우리 모두의 과제로 남아 있다. 따

라서 '1987년 체제'는 지금도 현재진행형이다.

황호택 고문의 책에 등장하는 용기 있는 젊은 기자들 중에는 안타깝게도 먼저 세상을 떠난 동료도 있다. 나를 포함해 이미 언론 현장을 떠난 이들도 있고, 여전히 왕성하게 활동하는 사람들도 있지만 전·현직 기자들 모두 그 어려운 시대에 정의감과 순수한 열정으로 언론 자유를 성취하고자 노력했음을 자랑스러운 기억으로 간직하고 있다.

박종철의 희생과 그의 사인(死因)을 규명하는 탐사보도가 불 지핀 6월항쟁 30주년을 맞아 붓으로 싸운 민주화 운동사가 빛을 보게 된 것을 기쁘게 생각한다.

동서대 석좌교수·전 동아일보 편집국장
정구종

1

폭풍 전야의
시대적 배경

1
전두환 정권 2·12 총선으로
일격을 당하다

1972년 유신 선포와 함께 한국의 언론 자유는 오랜 침묵에 들어갔다. 1호부터 9호까지 발동된 긴급조치는 긴급조치 위반행위를 언론이 보도하는 것도 긴급조치로 걸었다. 긴급조치와 관련한 뉴스는 당국이 허용한 것 외에는 국민에게 알릴 수 없는 시대였다.

유신 선포 7년 만인 1979년 10월 26일 궁정동의 총성과 함께 박정희 시대가 막을 내리고 짧은 서울의 봄이 찾아왔다. 전두환 보안사령관을 중심으로 한 신군부는 그해 12월 12일 군사반란을 일으켜 군권(軍權)을 장악하고, 나아가 정권 장악을 위한 플랜을 착착 실행해 나갔다. 춘래불사춘(春來不似春)이었다.

1980년 5월 광주에서 시위대를 대상으로 피비린내 나는 진압을 하고 정권을 잡은 신군부는 장충체육관에서 요식행위 같은 선거를 통해 전두환 대통령을 당선시켰다. 이를 전후해 수많은 학생 종교인 노동자 정치인 언론인들이 민주화를 요구하거나 군사정권에 협력하지 않았다는 이유로 해직 또는 투옥됐다. 가혹한 탄압에도 불구하고 저항은 그치지 않았다. 신문에는 학생들의 구속과 유죄 판결을 알리는 1단짜리 기사가 빠지는 날이 드물었다. 어떤 날은 신문 사회면의 3분의 2가량이 이런 1단짜리 기사로 채워졌다.

언론 자유가 얼마나 심각하게 제약됐는지는 1983년 김영삼(YS)[1] 씨의 단식투쟁 보도에서 단적으로 드러난다. 신문은 한동안 침묵하다가 김 씨의 단식이 생명을 위협할 지경에 이르자 '재야인사의 식사(食事) 문제'라는 알쏭달쏭한 표현으로 다뤘다.

김영삼 씨의 단식투쟁을 계기로 이듬해인 1984년 5월 광주민주화운동 4주년을 맞아 출범한 민주화추진협의회(민추협)는 신한민주당(신민당)을 결성하고 1985년 2·12 총선에 참여해 돌풍을 일으켰다. 전두환 정부는 날씨가 추울 때 투표일을 잡는 것이 유리하다고 보고 2월을 선택했으나 하늘은 불의(不義)한 정권을 돕지 않았다. 1985년의 2월은 평년보다 기온이 5~6도 높았다. 억눌렸던 정치적 의사 표현이 2·12 유세장에서 폭발적으로 터져 나오자 청중은 환호했다.

2월 1일부터 시작된 서울 지역의 합동유세에서 전두환 정권이 재갈을 물려놓은 언로(言路)가 열리기 시작했다. 서울의 서대문·은평 선거구 유세장에서 신민당 김재광[2] 의원은 "광주에서 수많은 사람들을 살육하고 정권을 잡고, 민주주의를 짓밟은 자들은 단두대로 목을 잘라야 한다"고 목소리를 높였다. 신문에 이렇게 센 발언은 나가지 않았지만 유세장의 청중에게는 속 시원한 카타르시스를 제공했다.[3]

김영삼 씨는 2·12의 승부처를 서울 종로·중구로 잡고 신민당 총재

---

1 1927~2015. 9선 의원. 제14대 대통령.
2 1922~1993. 충북 청원 출신으로 7선 의원과 국회 부의장을 역임.
3 신문에는 보도되지 않았지만 이 책의 저자가 현장에서 들어 지금까지 생생한 기억으로 남아 있다.

인 이민우[4] 씨를 내보냈다. 김영삼 특유의 정치 감각에서 나온 전략은 대성공이었다. 2월 6일 옛 서울고 자리에서 열린 종로·중구 합동연설회에는 5만 명이 넘는 인파가 몰렸다고 『동아일보』가 보도했다. 이 총재가 연설을 마치고 나올 때는 1만 명 군중이 따라 나오며 "이민우" "독재타도"를 연호했다. 이종찬[5] 후보가 연설을 할 때는 학생을 중심으로 한 청중의 야유가 스피커에서 나오는 소리를 압도했다.

1982년 12월 교도소에서 나와 미국으로 떠났던 김대중(DJ)[6] 씨가 1985년 2·12를 나흘 앞둔 8일 김포공항으로 입국했다. 필리핀의 반체제 인사 베니그노 아키노[7] 전 상원의원은 1년 반 전인 1983년 8월 미국 망명을 중단하고 마닐라 공항으로 입국하다 암살자의 총격을 받고 사망했다. 베니그노 아키노의 귀국을 본뜬 김 씨의 입국에 세계적인 이목이 쏠렸다. 신민당 후보는 물론 민주한국당(민한당) 후보들까지 유세 일정을 팽개치고 김포공항으로 몰려나왔다. DJ는 공항에서 바로 동교동 자택으로 압송돼 가택연금을 당했지만 2·12 총선의 열기를 달군 빅 이벤트였다.

유세장이 뜨거워지자 언론도 보도 통제의 얼음을 깨고 지면을 할애하기 시작했다. 당시 『동아일보』 정치부장이었던 이상하 프레스센터 이사장은 이렇게 회고했다.

"선거 기사는 1면으로 한정한다는 게 당국의 (보도)지침이었다. 그것도 민

---

4 1915~2004. 6선 의원. 신민당 총재.
5 4선 의원. 국정원장(김대중 정부).
6 1924~2009. 제15대 대통령. 6선 의원.
7 1932~1983. 필리핀 정치가. 1983년 8월 21일 망명지였던 미국에서 마닐라 공항을 통해 귀국하다 암살당함. 코라손 아키노 대통령의 남편.

정당(민주정의당)과 민한당을 중심으로 쓰되 신민당은 거의 못 쓰게 했다. 그러나 몇 개 면을 할애해 선거 현장을 지상 중계했고, 신민당 관련 기사도 크게 취급했다. 막혀 있던 언로가 트였고 선거 열기가 일었다. 당국은 속수무책이었다." [8]

당시는 한 선거구에 2명의 의원을 선출하는 중선거구제를 실시하고 있었다. 종로·중구의 개표 결과 1위 이종찬(민정당), 2위 이민우(신민당) 후보였고 정대철[9] 후보(민한당)는 3위로 낙선했다. 야권표가 신민당과 민한당으로 갈리는 바람에 이종찬 후보가 1위를 했지만 성북구 같은 곳에서는 민청학련[10] 사건의 사형수 출신인 신민당 이철[11] 후보가 1위를 했다.

신민당과 민한당을 합한 야권의 득표율은 58.1%로 민정당의 35.25%를 크게 앞섰다. 당시 선거법은 비례대표 의석을 제1당(민정당)이 3분의 2나 가져가는 방식이어서 여소야대(與小野大)는 이뤄지지 않았지만 전두환 정권에서 민심이 떠나있음을 보여준 것이다.

총선이 끝난 지 6일 만에 전두환 대통령은 2월 18일 총리를 포함해 12개 부처 장관을 경질하는 대폭 개각을 했다. 2·12총선으로 표출된 민심 수습과 1988년의 평화적 정권 교체에 대비한 강온(强穩) 양면 포

---

8 「동아일보」 1994년 4월 1일 44면 창간기념 특집.

9 5선 의원. 정일형 전 의원과 이태영 변호사의 장남.

10 전국민주청년학생총연맹(全國民主青年學生總聯盟), 줄여서 민청학련이라 부른다. 중앙정보부는 1974년 민청학련 관련자 180여 명이 불온세력의 조종을 받아 국가를 전복시키고 공산정권 수립을 추진했다고 발표했다. 인혁당 관련자 여정남 씨 등 8명은 1975년 4월 9일 대법원에서 상고가 기각된 지 20시간 만에 전격적으로 사형을 당했다. 그러나 이철 씨 등은 사형 선고를 받았지만 형이 집행되지는 않았다. 윤보선 전 대통령, 지학순 주교, 박형규 목사, 김동길 교수 등도 모두 공범으로 유죄판결을 받고 10개월이 안돼 석방되었다.

11 3선 의원. 민청학련계승사업회 상임대표.

석의 내각이었다. 국가안보와 정보 업무를 실무적으로 총괄한 노신영[12] 안기부장을 총리로 기용해 내치(內治)의 안정 구축을 강조했다. 노 총리는 기자회견에서 2·12 총선의 결과와 향후 정부의 대처 방안에 대해 "정부는 국민의 참뜻을 잘 파악하고 일부 비판의 소리에도 신중히 귀 기울이며 개방과 관용의 정책을 펴나가도록 노력하겠다"고 말했다. 그동안 청와대 경호실장으로 전 대통령의 측근에서 두터운 신임을 얻은 장세동[13] 안기부장의 인선은 12대 총선을 계기로 부상하는 학원과 국내 정치의 불만세력에 대한 강경대처를 예고하는 포석이었다.

2·12 총선 이후 서울 미문화원 점거농성 사건, 전학련(전국학생정치연합) 및 삼민투(민족통일·민주쟁취·민중해방 투쟁위원회) 사건 등 학원가의 민주화운동이 거세졌다. 전두환 정권 내에서도 강경파로 분류된 장세동 안기부장은 학원안정법 제정을 시도하며 정치권과 언론 관계에도 긴장이 흘렀다. 전두환 정권은 2·12 총선에서 특히 『동아일보』 보도에 큰 불만을 가졌다. 선거에서 역풍(逆風)이 불 것을 우려해 꾹 참았지만 손볼 기회를 찾고 있었다.

장세동 안기부장 "이 새끼들 죽여 버려"

1985년 8월 24일 중공[14] 전투기가 전북 익산 상공을 배회하다 제방에 부딪힌 후 논바닥에 불시착했다. 조종사는 중상을 입었고 통신사

---

12 인도 대사, 외무부장관, 안기부장, 국무총리, 롯데그룹 총괄고문.
13 수도경비사령부 30경비단장, 3공수특전여단장, 준장 예편, 대통령 경호실장, 안기부장.
14 현 중국의 수교 전 호칭. 한국은 1992년 중공과 수교하고 대만과 단교했다.

는 무사했으며 항법사는 사망했다. 조종사가 폭격기의 방향타가 고장 났다며 통신사와 항법사를 속이고 한국으로 망명하려다 비행기 연료가 떨어져 난 사고였다.

전두환 정부는 닷새 뒤에 중공 폭격기의 승무원을 송환하겠다는 발표를 한다고 언론사에 알렸다. 정부의 공식 엠바고(embargo·기사의 보도시점 제한)였다. 『동아일보』 김충식 기자는 외무부의 장기호[15] 동북아시아 과장에게 발표 시점이 '오후 3시'임을 확인하고, 취재를 해 정부의 처리 방침까지 알아냈다. 그는 미주국장 부속실에서 전화로 기사를 송고했다. 당시는 안기부가 일상적으로 언론사를 도청해 전화로 송고되는 기사의 내용을 상세히 파악하고 있을 때였다. 드물기는 하지만 그들은 도청을 하다 신문에 나가서는 안 될 기사 내용이 전화를 통해 송고되는 사실을 파악하면 편집국에 기사를 쓰지 말라고 연락했다.

『동아일보』 편집국은 오후 3시에 발표되는 만큼 그 시간에 서울시내 일부 지역에 배포하는 ②판에 실어도 무방하다는 판단을 했다. 『동아일보』는 당시 석간신문이었고 ①판은 낮 12시경에, ②판은 오후 3시경에 배포됐다.

『동아일보』는 8월 29일자 1면 ②판에 〈중공기 조종사 대만 보내기로〉라는 제목을 달아 '정부는 생존 2명에 대한 신병처리를 29일 발표한다. 조종사는 본인의 희망대로 자유중국[16]에, 통신사도 본인 희망대로 중공에 송환한다'는 요지의 보도를 했다. 이 기사에는 "조종사

---

15 외무부 동북아2과장, 캐나다 대사, 이라크 대사 역임.
16 중국과의 수교 전 대만의 호칭.

「동아일보」 1985년 8월 29일자
②판 1면

는 정치적 망명자로 간주하고, 통신사는 본인의 의사와 무관하게 한국에 들어온 이른바 '재난 상륙자'로 규정했다"는 정부 관계자의 코멘트도 들어 있다.

그런데 외무부는 오후 3시가 돼도 공식 발표를 하지 않았다. 부산 광주 등 지방으로 발송되는 ③ ④판 제작을 끝내야 하는 오후 7시까지도 소식이 없었다. 이채주 편집국장은 외무부의 발표가 없는데 처리 방침까지 쓰기는 곤란하다고 판단하고 ③ ④판에서는 그 기사를 뺐다.

당국은 『동아일보』가 이 기사를 정부 발표 후 다른 언론사와 함께 쓰지 않고 미리 쓴 것을 문제 삼았다. 이것은 중대한 보도지침 위반행위라고 보고 전두환 정권의 언론 통제 구도에서 저승사자의 악역을 맡고 있던 안기부가 나섰다. 안기부는 이 기사가 ②판에만 들어가고 ③판에는 빠졌는데도 살벌한 반응을 보이기 시작했다. 이채주 국장과 이상하 부장은 29일, 김충식 기자는 30일 안기부에 잡혀갔다. 강북에서 1호 터널로 들어가다 보면 오른쪽에 안기부 본청이 있었고, 그 옆에 안테나가 솟아 있던 건물이 그 유명한 '남산 지하실'이다. 지금은 서울시청이 남산별관으로 쓰고 있다.

이채주 국장에 대한 심문은 중공 폭격기 기사가 보도된 경위가 초점이 아니었다. 수사관들은 서류 보따리를 가져와 1985년 2·12 국회의원 총선거 이후 정권에 비협조적인 기사 파일을 들이대며 구타하고 사직서를 쓰라고 강요했다. 특히 1985년 2월 8일 김대중 씨가 귀국할 때 1면 2단이라는 보도지침을 어기고 사실상 중간톱 기사로 보도한 저의가 무엇이냐고 추궁했다. 학원안정법과 관련한 기사도 심문 대상이었다. 새벽에 나타난 안기부 국장급 간부는 아무도 모르게 죽여버릴 수도 있다고 협박했다. 그는 "『동아일보』편집국장의 인신 처리는 우리 마음대로 할 수 있다. 각하(전두환)도 양해한 사실이다. 당신을 비행기에 태워 제주도에 가다가 바다에 떨어뜨려 버릴 수도 있고, 자동차로 대관령 깊은 골짜기에 데려가 아무도 모르게 땅에 묻어버릴 수도 있다…"고 말했다.[17]

안기부 대공수사단 요원들은 김충식 기자를 청색 군복으로 갈아입히고 무차별 폭력을 퍼부었다. 주먹세례에 몸을 웅크리자 발길질을 하고 몽둥이를 휘둘렀다. 급소를 제외하고 온몸을 동네 북치듯 두들겨팬 뒤 발가벗기고 심문했다. 고문자들은 "취재원의 이름을 대면 지금이라도 내보내겠다"며 때렸으나 김 기자는 끝까지 장기호라는 이름 석 자를 입에 올리지 않았다.

장세동 부장은 흰색 운동복을 입고 김 기자가 고문 받는 현장에 나타나서 "이 새끼들 죽여 버려"라며 채근하고 돌아갔다. 이 국장과 이 부장은 연행된 지 이틀만인 8월 31일 오후 풀려났다. 하루 늦게 안기부에 붙들려간 김 기자도 2박 3일을 채우고 9월 1일 오후 지하감옥에서 나왔다. 세 사람은 조사받은 내용과 가혹행위를 당한 사실을 발설하지 않겠다는 각서를 쓰고 몸에 생긴 멍을 없애는 안티푸라민 치료

---

17 한국기자협회 발행 『기자협회보』 2008년 9월 24일 김성후 기자의 기사 〈1985년 8월 동아 세 기자 권력의 폭염에 유린당하다〉.

를 받았다.

김 기자가 석방되기 직전에 정형근[18] 대공수사국장이 조사실에 나타났다. 그는 서울지검 공안부 검사로 있다가 안기부에 파견돼 있었다. 정 국장은 "국가적 스트래티지(strategy·전략)가 있는데, 언론이 선정주의로 외교안보 정책에 혼선을 초래해서는 안 된다"는 요지로 일장 훈시를 했다.

안기부의 언론인 고문은 국회에서 논란이 됐다. 당시 국회 속기록에 이채주 이상하 김충식이라는 이름이 수백 번 등장할 정도였다. 미국 국무성 인권보고서도 이 사건을 언급했다. 장 부장은 그 뒤로 언론 대책을 바꾸었는지 한 달에 몇 차례씩 편집국장들과 식사를 하며 간담회를 가졌다.

안기부의 『동아일보』 편집국 간부 고문 사건은 후반기로 접어드는 정권이 권력유지 차원에서 권력의 보도 통제에 고분고분하지 않은 신문을 찍어 혼내줌으로써 해당 언론을 위축시키고 다른 언론에 본보기를 삼으려는 언론 탄압이고 인권 유린이었다. 9월 1일 저녁에는 『동아일보』 편집국에 기자 80여 명이 모여 분노의 목소리를 표출했다. 긴급 기자총회에서 채택한 〈우리의 입장〉이라는 결의문은 세 언론인에 대한 가혹행위에 분노를 표시하고 회사에 기사화를 요구했다. 외신들이 대서특필하고 국제신문인협회(IPI) 총회에서 중요 문제로 보고됐다. 하지만 정작 『동아일보』를 비롯한 한국 신문에는 한 줄 기사도 나오지 않았다.

---

18 경남 거창 출신으로 서울지검 검사, 안기부 대공수사국장, 안기부 제1차장(김영삼 정부), 15, 16, 17대 의원을 지냈다.

김 기자는 군사정권 치하에서는 신문사에 오래 붙어 있지 못할 것이라는 생각이 들어 그 사건 이후 대학원 공부를 했다. 언론계를 떠나 대학으로 간 김충식 가천대 부총장은 "전두환이 지시한 일은 아닌 것 같고 장세동의 과잉충성에서 비롯된 사건이라고 본다"고 말했다. 국내담당 차장은 경찰 출신인 이해구[19] 씨였지만 정권 실세 장 부장의 위세 앞에서 그의 역할은 제한적이었을 것이다.

그로부터 31년이 흘러 공소시효(公訴時效)가 지났으므로 고문자들을 처벌할 수는 없다. 그러나 고문이나 전쟁범죄 같은 반인도적 범죄인에 대해서는 공소시효 적용을 배제하는 원칙이 국제조약으로 성립돼 있다. 한국에서도 고문범죄에 대한 공소시효를 없애야 한다는 논의가 계속 나오고 있다.

후일담

이채주 전 국장은 『동아일보』 주필과 부설 화정평화재단 이사장을 지냈다. 편집국장 시절을 회고한 《언론 통제와 신문의 저항—암울했던 시절 어느 편집국장의 이야기》라는 책을 펴냈다. 이상하 전 『동아일보』 정치부장은 1988년 민정당 전국구 의원으로 정계에 진출했다가 프레스센터 이사장을 지내고 2005년 대장암으로 유명을 달리했다. 김 전 기자는 가천대 부총장으로 가기 전에 방송통신위원회 부위원

---

19 고려대 법대를 나와 제13회 고등고시 행정과 합격. 경찰에 투신해 서울시경 국장, 치안본부장을 역임했다. 경기도지사를 지낸 후 안기부 차장으로 발탁됐다. 민주화 이후에도 3선 의원에 내무부장관을 지냈다.

장을 지냈다. 남산 지하실에서 고초를 겪은 김 전 기자는 1992년 중앙정보부와 안기부의 비사(秘史)를 다룬《남산의 부장들》을 펴내 베스트셀러 반열에 올렸다. 이 책은 일본어 번역본으로도 나왔다.

2

김근태가 증언한 '인간 도살장'
남영동 대공분실

 2·12 총선 결과에 고무된 학생들의 민주화 투쟁은 더욱 활기를 띠어갔다. 이에 당국은 강경책으로 대응해 교도소에 들어가는 학생들의 행렬이 길게 이어졌다. 국가안전기획부(안기부), 경찰, 보안사 등은 경쟁적으로 시국 관련 사건을 수사하면서 고문을 상시(常時)적으로 자행했다. 가끔 바닷가나 동굴에서 시국 관련 수배자의 시신이 발견됐다. 고문자들이 『동아일보』 편집국장에게 "대관령 골짜기에 데려가 아무도 모르게 땅에 묻어버릴 수도 있다"는 말을 할 정도였으니까 고문하다 죽으면 어떻게 처리됐는지 짐작할 수 있다. 민주화 이후에 유가족들의 요구로 '의문사진상규명위원회'가 출범해야 할 만큼 고문과 의문사가 만연한 시대였다.
 서울 용산구 남영동 소재 치안본부 대공분실은 1976년 고 김수근 건축가의 작품이다. 그의 작품 중 널리 알려진 '공간' 사옥과 마찬가지로 검은 벽돌을 사용했다. 이 건물은 처음부터 치안 및 방첩 업무용 사무실로 설계됐다. 한국을 대표하던 건축가인 김 씨는 그가 설계한 건물이 김근태[1] 씨를 전기고문하고 박종철을 죽게 한 인간도살장으로 쓰이리라고 예상하지 못했을 것이다.

조사실은 5층에 있었다. 엘리베이터는 1층과 5층만 왕복 운행했다. 그 옆에 설치돼 있는 철제 나선형 계단도 다른 층을 거치지 않고 5층으로 바로 연결돼 있었다. 철제 계단을 오르는 사람들은 공포로 발이 제대로 떨어지지 않았을 것이다. 업무가 늘어나면서 5층 건물이 1983년 7층으로 증축됐다. 이 건물은 'OO해양연구소'라는 위장 간판을 달고 있었다.

1987년 1월 박종철이 물고문을 당하다 숨진 남영동 대공분실에는 전두환 정권 내내 수많은 사람들이 붙들려가 고문을 당했지만 법정에서 고문을 폭로하고 맞서 싸운 사람은 없었다. 가족과 변호인을 통해 참혹한 전기고문의 실상을 외부에 알리고 수사와 재판 단계에서 고문과 관련한 증거 채택을 요구하며 치열하게 싸운 사람은 김근태 씨가 거의 유일하다. 김 씨는 남영동에서 스무날 넘게 당한 고문의 실상을 폭로하는 책 《남영동》(도서출판 중원문화)을 1987년 펴냈다.

검찰이 그가 고소한 고문 사건을 법에 따라 엄정하게 수사해서 고문자들을 처벌했더라면 남영동의 고문은 중단되고 1년 반 뒤 박종철의 죽음도 없었을 것이다. 김 씨가 법정에서 폭로한 고문 진술도 인정되지 않았다. 독재정권에 길들여진 검사와 판사들은 무기력했다.

민주화운동청년연합(민청련) 의장인 김 씨는 1985년 들어 툭하면 불법적으로 연행돼 구류 처분을 받았다. 2·12 총선 직후 정보기관 간부

---

1 경기도 부천 출신으로 경기고와 서울대 상대를 나와 민청련 초대, 2대 의장을 지냈다. 민청학련 사건으로 구속됐을 때 남영동 대공분실에서 전기고문을 당해 평생 후유증을 앓았다. 15, 16, 17대 국회의원과 노무현 정부에서 보건복지부장관을 지냈다. 2011년 12월 64세를 일기로 별세했다.

가 "민청련이 발행하는 기관지 『민주화의 길』이 학생들의 손으로 너무 많이 들어간다. 민청련의 성명서와 선언문의 어조가 점차 높아지고 있다. 민청련과 김 의장이 노동 문제에 너무 자주 개입하는 것도 곤란하다"라고 경고를 한 일도 있었다.

광주민주화운동의 달인 5월에는 중부경찰서 정보과 직원 6명이 그를 데려가면서 "이 첨예한 5월에 김 선생님을 바깥에 그냥 둘 수는 없는 일이지요"라고 말했다. 6월 중순에도 광주민주화운동 기간의 일로 구류에 처해졌다. 8월 하순 또 구류 처분을 당해 서대문경찰서 유치장에 갇혀 있다 남영동 대공수사단 5층 15호실로 끌려갔다. 경찰서 유치장이 천당이었다면 남영동은 지옥이었다. 김 씨는 거기서 23일 동안 전기고문과 물고문을 5시간씩 10번 당했다. 한번 시작하면 5시간씩 쉬지 않고 고문했다.

첫날은 물고문 신고식이었다. 각목 4개로 만들어진 칠성대 위에 그를 담요로 싸서 눕히고 발목, 무릎 위, 허벅지, 배, 가슴까지 5군데를 묶었다. 눈을 가리고 얼굴에 노란 수건을 덮어씌운 다음에 수도꼭지를 틀어 물을 쏟았다. 고문 보조자는 주전자로도 물을 부었다.

속은 메스꺼워지다가 완전히 뒤집히고 콧속으로 노린내가 치솟는다. 물이 쏟아지는 그 속에서 불길이 올라오는 것 같다. 온몸을 버둥거리고 혼신의 힘으로 뒤척거리니 칠성대가 기우뚱했다. 몸은 완전히 땀으로 젖고 담요도 물컹해졌다. 얼굴에 덮어씌운 수건을 치웠을 때 "말 하겠다" "진술거부 안 하겠다"고 황급하게 외쳤다. 고문자는 "무엇을 말할 것인가"라고 물었다. 김 씨는 "묻는 말에 뭐든지 대답하겠습니다"라고 기를 써서 대답했다.

고문자는 "뭐, 묻는 말에 대답하겠다고? 아직 멀었구먼. 우리가 요구하는 것은 항복이야. 다시 시작해!"라고 말했다. 다시 수건이 덮어 씌워지고 샤워기는 맹렬하게 물을 쏟아내기 시작했다. 그들의 요구는 폭력혁명주의자로서 사회주의 사상을 갖고 있음을 자백하고, 각 민주화운동 분야에서 움직이는 하수인들을 대라는 것이었다.

한 차례 물고문을 더하고 세 번째는 전기고문이었다. 거구의 사내가 '델시' 상표의 사무용 가방을 들고 고문실로 들어왔다. 전기고문 기술자 이근안이었다. 그는 전기고문이 아니라 배터리 고문이라고 불렀다. 김 씨의 눈에 반창고를 붙이고 칠성대 위에 꽁꽁 묶었다. 고문자들은 발등에 붕대 같은 것을 여러 겹 감았다. 새끼발가락과 그 다음 발가락 사이에 전기 접촉면을 끼웠다.

그리고 발, 사타구니, 배, 가슴, 목, 머리에 주전자로 물을 부었다. 고문자들은 이제 전기가 통하면 회음부가 터져 피가 흐를 것이라고 겁을 주었다. 물고문부터 시작해 몸에 땀이 나면 전기고문을 했다. 처음에는 짧고 약하게, 그러다가 점점 길고 강하게 전류의 세기를 높였다. 그러다 중간에 다시 약해지고 가끔 발등에 전기를 순간적으로 대기도 했다.

전기고문은 한마디로 불고문이었다. 외상을 남기지 않으면서 치명적으로 내상을 입히고 극도의 고통과 공포를 수반하는 고문이다. 그것은 핏줄을 뒤틀어놓고 신경을 팽팽하게 잡아당겨 마침내 마디마디를 끊어버리는 것 같았다. 발을 통해 흘러든 전기가 머리끝까지 쑤셔댈 때마다 짐승 같은 비명을 토해낼 수밖에 없었다. 담요는 땀에 흥건하게 젖는데 물을 쏟아 부어도 몸은 금방 말라버렸다. 특히 머리털이 빨리 말라서 물고문을 수시로 해야 했다.

고문자들은 "심장마비라는 의사의 진단서를 붙이면 완전히 발뺌할 수 있다. 어디 외상이 남아 있을까"라고 시종 위협했다. 그는 결국 무릎을 꿇고 그들이 요구하는 것을 인정하고 말았다.

그는 삼천포에서 배를 타고 월북했다고 있지도 않은 일을 자백했다. 형 셋이 월북을 했고, 간첩으로 남파된 형들과 만났다고 인정하는 수밖에 없었다. 간첩과의 접선은 사형에 해당하는 범죄였음에도 전기고문과 물고문의 고통을 모면하기 위해 억지자백을 했다. 간첩 형으로부터 돈을 받았느냐고 묻기에 100만 원을 받았고 74년도에 쌍문동 집 근처에서, 84년도에 역곡에서 한 번 만났다고도 했다. 고문자들은 원하는 것을 얻어내자 좋아서 미친 듯 날뛰었다.

악마의 무리에도 마음 여린 하수인이 섞여 있었다. 그가 남영동을 떠나던 날 고문을 거들던 한두 사람이 "더 이상 두고 볼 수가 없다. 어떻게 해서든 여기를 떠나라. 정말로 큰일 나겠다"며 눈물을 글썽였다. 김 씨는 고문기술자들과 일일이 악수하며 뚫어지게 그들을 바라보았다. 결코 그대들의 이름을 잊지 않겠다고 다짐하면서. 그러곤 고문자들의 이름을 책 《남영동》에 실명으로 밝혔다.

김 씨의 아내 인재근[2]은 남편이 남영동에 있는 동안 면회는커녕 소식조차 듣지 못하고 있다가 검찰에 송치된다는 사실을 알아냈다. 서울지검 공안부가 있는 서소문 검찰청 5층 복도에서 아침부터 기다리다가 김 씨가 잡혀간 지 한 달여가 지난 9월 26일 오후 2시 30분경 남편을 만날 수 있었다. 검찰청 5층 엘리베이터에서 교도관의 부축을 받으며 나오는 남편은 걸음도 제대로 걷지 못했다.

---

2 김근태 씨의 처. 인일여고와 이화여대를 나와 민주화실천가족운동협의회(민가협) 총무를 지냈고 남편이 별세한 뒤 지역구를 물려받아 19, 20대 국회의원에 당선됐다.

아내가 "많이 다쳤느냐"고 묻자 남편은 "굉장히 당했어! 굉장히 당했어!"라고 되풀이했다. 9월 4일 두 차례, 5·6일 각각 한 차례, 8일부터 20일까지 모두 10여 차례나 온몸을 꽁꽁 묶인 채 전기고문, 물고문, 고춧가루물 먹이기, 소금물 먹이기 등 갖은 고문을 당했다고 전했다. 교도관이 제지할까봐 빠른 속도로 말했다. 처음에는 5~7시간씩 고문을 하다가 몸이 약해지자 3시간으로 줄였다고 했다. 남편은 검찰청 5층에서 4층 대기실까지 내려가는 동안 상처 난 발뒤꿈치와 발등을 보여주며 온몸이 상처투성이라고 말했다.

인 씨는 구속자 가족 및 민청련 회원들과 함께 종로구 연지동 기독교회관 NCC[3] 인권위원회에서 항의농성을 시작하면서 〈치안본부에서 고문당한 남편의 고통을 호소합니다〉라는 유인물을 배포했다. 이돈명[4] 조준희[5] 홍성우[6] 황인철[7] 김상철[8] 목요상[9] 장기욱[10] 신기하[11] 씨 등 8명이 변호인을 맡아 김 씨 신체에 대한 사진촬영 및 의학적인 검증을 요구하는 증거보전 청구서를 10월 2일 서울지방법원에 제출했다.

김 씨에 대한 가혹한 고문행위가 해외에도 알려지면서 미 국무성 대변인이 김 씨의 이름을 거론하며 한국정부의 탄압을 개탄했다고

---

3 기독교교회협의회. 진보적 성향의 기독교 단체.

4 1922~2011. 제3회 고시 사법과 합격. 서울지법 판사. 조선대 총장, 상지대 이사장 역임.

5 1938~2015. 경북사대부고 서울대 법대 졸업. 서울민사지법 판사.

6 판사 출신으로 유신 시대부터 1980년대 대표적인 인권변호사로 활동했다. 참여연대 공동대표 역임.

7 1940~1993. 서울형사지법 판사. 민청학련 사건을 계기로 인권변론 시작. YH사건, 부천 성고문 사건 등 변론.

8 1947~2012. 서울형사지법 판사. 월간 『고시계』 발행인. 7일간의 서울시장. 탈북난민보호운동본부 본부장.

9 경기 동두천 출신으로 대구지법 판사. 대구와 동두천으로 지역구를 옮겨가며 4선 의원.

10 경기고와 서울대 법대를 나와 법무부 검사 역임. 2선 의원.

11 1941~1997. 광주제일고와 서울대 법대를 나와 광주지법 판사. 4선 의원. 1997년 8월 6일 괌에서 비행기 추락사고로 사망.

『뉴욕타임스』가 보도했다. 첫 공판에는 변호인단과 내외신 기자, 가족, 관련단체 인사들이 방청석을 가득 메웠다.

그가 법정에서 "9월에 남영동에서 받은 고문에 대해 말하겠다"고 하자 김원치[12] 검사가 제지하려고 이의신청을 했다. 방청석에서 "냐둬! 도둑놈들"이라고 아우성이 터졌다. 김 씨는 재판부에 자신이 당한 고문의 경위조사를 요청했다. 고문 후유증에 대해서도 호소했다. 보행이 불편하고 머리가 대단히 아프고 등도 아팠다. 소화도 되지 않고 몸의 균형을 잡을 수가 없었다. 그가 기억을 되살리며 말하는 동안 재판장인 서성[13] 부장판사는 제지하지 않았다. 재판장은 고문 흔적에 대한 확인과 수사 과정에 대한 조사 신청을 구두로 접수한다고 밝히고 공판을 끝냈다. 공판 때마다 기자들이 나와 열심히 메모를 하고 송고를 했지만 그의 고문 주장은 신문에 한 줄도 나오지 않았다.

김 씨가 법정에서 고문을 폭로한 뒤 서울구치소는 그의 가족면회를 금지했다. 김 씨가 김원치 검사에게 따지자 "증거를 인멸할 우려가 있어 가족면회는 곤란하다"고 답했다. 김 씨가 "면회 금지는 증거를 인멸할 우려가 있기 때문이 아니라 고문의 증거를 은폐하고 인멸하기 위해서 내려진 조치"라고 말하자 김 검사는 "나를 열받게 하는군요"라며 얼굴을 붉혔다. 변호인단이 제출한 고문 증거보전 신청과 아내와 활동가들의 고문 폭로 규탄대회로 당국의 신경이 날카로워져 있었다.

김 씨는 고문 경찰관들을 고소했지만 검찰은 형사부에 배당한 뒤 제대로 조사도 안 하고 유야무야 처리해버렸다. 1985년 12월 23일에

---

12 1943~2008. 제주 출신으로 서울대 법대를 나와 서울지검 공안부 검사, 창원지검장 대검 형사부장 등을 지냈다.
13 김근태의 경기고 4년 선배로 서울형사지법 부장판사, 법원행정처 차장과 대법관을 지냈다.

는 이돈명 목요상 변호사에게 깊숙이 간직해 두었던 양쪽 발뒤꿈치에서 떨어진 상처 딱지를 재판부에 고문의 증거로 제출해달라고 요청했다. 그러나 입회한 교도관들이 펄펄 뛰며 강탈해 갔다. 교도관들은 검방(檢房)과 검신(檢身)을 통해 숨겨놓은 일부 딱지도 빼앗았다. 교도관들은 상처 딱지를 손에 넣으면서 하얗게 질린 얼굴로 "만일 이것이 재판부에 제출됐으면 나는 파면돼 나이 50에 식구들과 거리에 나앉아야 했을 것"이라고 말했다. 재판부가 상처 딱지를 빼앗은 일에 대해 조회하자 구치소 측은 빈 휴지를 압수해 폐기처분했다고 회신했다.

고문기술자들을 보조해주고 눈물을 흘리는 경찰, 김 씨의 고문 증거인 딱지를 빼앗으면서 가족의 생계를 걱정하는 교도관들…. 해나 아렌트[14]가 말한 '악의 평범성(the banality of evil)'일지, 생계를 위해 기계적으로 행동하는 '생각 없음(thoughtlessness)'을 보여주는 것일지 인간에 대한 철학적 고찰이 필요한 대목이다.

고문당한 내용을 담은 탄원서에 대한 변호인의 열람도 서성 재판장이 거짓말로 따돌렸다고 김 씨는 분노했다. 고문을 통해 받은 진술조서는 증거능력이 없다고 형사소송법에 명문화돼 있다. 그럼에도 재판부는 공소사실을 전부 유죄로 인정하고 징역 7년에 자격정지 6년을 선고했다.

그는 고문 후유증으로 매년 초가을만 되면 한 달가량 몸살을 앓았다. 한기와 콧물 때문에 한여름에도 에어컨을 틀지 못했다. 말이 어눌해지고 몸놀림도 둔해졌다. 파킨슨병도 앓았다. 트라우마도 그를 괴롭혔다. 치료를 받으러 치과에 가서 누웠다가 고문 받던 고통이 떠올

14 독일 유태계 정치철학자. 나치 전범 아돌프 아이히만의 악행을 '악의 평범성'이라는 개념으로 설명했다.

라 치료도 받지 않고 벌떡
일어나곤 했다.

이근안은 1988년 12월
퇴직 이후 10년 10개월 동
안 도피생활을 하다 1999년 10
월 28일 수원지방검찰청 성남지청
에 자수했다. 2000년 대법원에서 징
역 7년형을 확정 받고 여주교도소에서 복
역한 다음 2006년 11월 만기 출소했다.

김근태 씨가
남영동에서 당한
고문의 실상을 폭로한
책 《남영동》(도서출판 중원문화).

이근안이 영등포교도소에 있을 때 "좌익들로부터 나라를 구한" 자
신이 구속돼 중형에 처해진 것에 대해 분개하는 말을 자주 했다고 한
다. 그는 솥뚜껑만 한 손을 가진 괴력의 소유자로 악수 한 번으로 사
람들을 간단하게 제압했다. 교도소 두부공장에서 종종 차력술 시범
을 보였는데 사과를 한 손에 쥐고 기합소리를 내며 으깨버리는 가공
할 악력(握力)을 선보여 관중을 놀라게 했다.[15]

김 씨는 노무현 정부의 보건복지부장관 시절인 2005년 2월 여주교
도소에 수감 중이던 이 전 경감을 찾아가 30여 분간 면회했다. 김 장
관은 이 전 경감에게 "가해자와 피해자로 만났지만, 원망이나 미움,
원한은 잊었다"며 "용서하겠다"고 말했다. 이 전 경감은 고문행위를
뉘우치고 있다며 용서를 구했다.

그는 교도소 수감 중 통신신학부 4년 과정을 마치고 목사 안수를
받았다. 그러나 사회적 물의가 일어 교단에서 면직됐고 훗날 《고문기

---

15 황용희의 책 《가시 울타리의 증언》 107~108쪽.

술자 이근안의 고백》이라는 책을 펴냈다.

김근태 의원이 당한 고문은 2012년 《남영동 1985》라는 영화로도 만들어졌다. 고문자 이근안은 이 영화를 보고 나서 비사실적이라고 비웃었다.

"영화를 보니 물고문을 한다면서 샤워꼭지를 빼버리고 물을 퍼붓던데 그 렇게 하는 게 아니야. 내가 그거 보고 웃었어. (500㎖ 물병을 가리키며) 이 정도면 돼. 얼굴에 거즈를 올려놓고 마르지 않게 물을 조금씩 뿌려주면 거 즈가 착 달라붙어 숨을 못 쉬는 거지."**16**

이 씨는 영화 속 전기고문도 사실과 다르다며 1.5V AA건전지 하나 를 직접 꺼내 보여줬다. "전기고문은 이걸로 한 건데 영화에선 큰 자 동차 배터리 같은 걸로 하더군. 난 그런 물건 본 적이 없어."

1987년 김근태 인재근 부부는 공동으로 '로버트 케네디 인권상'을 수상했다.

저자는 1987년 박종철 사건 재수사 때 취재기자들을 대표하는 풀기 자로 남영동 대공수사단 509호실에서 진행된 현장 검증을 지켜본 적 이 있다. 남영동 건물은 2005년 경찰청 인권센터로 탈바꿈했다. 박종 철이 고문당했던 509호실에는 그의 영정을 비롯해 추모공간이 마련돼 있다. 저자가 2017년 1월 이 책을 쓰기 위해 남영동을 방문했을 때 515 호실에는 김 씨의 고문을 기억할 만한 아무런 표지나 유품이 없었다.

김 씨의 《남영동》은 1987년 5월 25일 초판 1쇄를 찍었다. 김승훈 신

---

16 「동아일보」 2012년 12월 15일 신광영 기자의 〈창(窓)〉.

부가 박종철 고문치사 사건 축소 조작을 터뜨린 지 1주일 뒤다. 김 씨가 옥중에서 쓴 원고는 출판의 상업성이 떨어진다는 이유로 여러 출판사를 전전하다 너덜너덜해져서 도서출판 중원문화까지 갔다. 책이 나왔을 때 김 씨는 여전히 복역 중이었다. 김 씨의 용기 있는 증언을 담은 이 책이 조금 더 일찍 출간돼 남영동의 고문 실상이 외부에 알려졌더라면 박종철의 비극을 막을 수 있었을지도 모른다.

김 씨는 고문 후유증에 시달리다 파킨슨병으로 세상을 떴다. 뇌신경 손상으로 발병하는 파킨슨병은 머리를 많이 얻어맞은 권투선수나 고문을 심하게 당한 사람들이 잘 걸리는 것으로 알려져 있다.

3

박종철 사건 6개월 앞서 터진
'부천서 성(性)고문' 사건

박종철 고문치사 사건 6개월 전에 터진 부천경찰서 성고문 사건은 학생 등 시국사범에 대한 수사기관의 고문행위가 만연한 풍토에서 발생했다. 정권은 이른바 '보도지침'이라는 언론 통제를 통해 이 사건의 내용이 알려지는 것을 막으려 했지만 운동권이나 인권단체의 유인물과 구속자 가족들의 입소문을 타고 퍼져나가기 시작했다.

독자들은 TV나 신문을 통해서는 이 사건의 진상을 알 수 없었다. 5공화국 내내 언론의 숨통을 틀어쥔 보도지침이 맹위를 떨친 것이 바로 이 사건이었다. 『한국일보』 편집부 김주언 기자가 폭로하고 민주언론운동협의회(민언협)가 펴낸 《보도지침》[1]은 성고문 사건 보도를 당국이 어떻게 통제했는지를 잘 보여주고 있다.

---

1 제5공화국 당시 문화공보부 홍보조정실이 신문사와 방송사에 하달한 보도에 대한 지시 사항. 신문 방송의 시청자나 독자들은 보도지침의 존재를 몰랐다. 1985년 『한국일보』 김주언 기자가 민주언론운동협의회가 펴내는 잡지 『말』에 폭로하면서 널리 알려졌다. 김 기자는 보도지침 폭로와 관련해 국가보안법 위반, 외교상 기밀 누설, 국가 모독, 집회 및 시위에 관한 법률 위반 혐의로 구속 기소돼 유죄판결을 받았다.

▼ 부천서 성폭행 사건, 검찰 발표 때까지 관련된 모든 기사를 일절 보도하지 말 것. 부천 사건의 검찰 발표 시기에 관한 것이나 부천 사건의 항의 시위, 김대중의 부천 사건 언급 등 이와 관련된 일체를 보도하지 말 것.(7월 11일)

▼ 부천 성고문 관계는 발표 때까지 일제 보도 자제 요망. 모든 보도를 자제할 것.(7월 12일)

▼ 부천 성고문 사건은 계속 보도를 자제할 것. 오늘 기독교교회협의회(NCC) 등 6개 단체에서 엄정수사와 관련자 처벌을 촉구했는데 이 사실은 보도하지 말 것.(7월 15일)

▼ 부천 성폭행 사건, 계속 발표 때까지 보도를 자제할 것.(7월 16일)

언론 통제 당국은 이렇게 부천서 성고문 사건을 보도하지 말라고 압박하다 17일 검찰 수사 결과 발표를 앞두고 7개항의 보도지침을 내려보냈다.

①오늘 오후 4시 검찰이 발표한 조사결과 내용만 보도할 것.

②사회면에서 취급할 것.(크기는 재량에 맡김)

③검찰 발표 전문은 꼭 실어줄 것.

④자료 중 '사건의 성격'에서 제목을 뽑아줄 것.

⑤이 사건의 명칭을 '성추행'이라고 하지 말고 '성모욕 행위'로 할 것.

⑥발표 외에 독자적인 취재보도 내용 불가.

⑦시중에 나도는 반(反)체제 측의 고소장 내용이나 NCC, 여성단체 등의 사건관계 성명은 일절 보도하지 말 것.

거의 모든 신문이 이 보도지침을 준수했다. 사회면 톱으로 검찰 발표 기사가 나간 다음 날부터 시작된 규탄대회, 김수환 추기경이 피해자 권인숙에게 보낸 편지 등을 보도하지 말라고 문화공보부 홍보조정실은 보도지침을 내려보냈다. 너무 틀어막으면 유언비어가 확산된다고 판단했는지 7월 23일에는 대한변호사협회(대한변협)의 성고문 사건 재조사 요구와 명동성당 수녀들의 규탄 기도회는 1단으로 보도하라고 허용했다. 부천서 성고문과 관련한 김 추기경 강론 요지도 못 싣게 했다.

이 무렵『동아일보』정구종 사회부장은 법조를 출입하는 저자와 영등포경찰서를 출입하는 권순택[2] 기자를 부천경찰서와 인천지검으로 출장 보냈다. 정 부장은 두 기자에게 "권 양은 성고문을 당했다"고 주장하고 "경찰은 아니라고 펄쩍 뛰며 잡아떼는데 과연 경찰서에서 그런 일이 벌어지는 것이 가능한지 현장조사를 해보라"고 주문했다. 경찰은 "사람들이 많이 오가는 공공건물인 경찰서 안에서 어떻게 성추행이 가능하냐"며 "좌익 공산분자들이 즐겨 쓰는 전형적 마타도어"라고 권인숙 양의 주장을 반박했다.

영등포경찰서는 관내에 구로공단이 있어 노동사건을 많이 다루었고 부천경찰서와도 가까웠다. 정 부장은 기사는 못 쓰지만 "성고문이 있었다"는 쪽에 무게를 둔 보고를 하는 저자와 영등포경찰서를 맡고 있는 권 기자에게 함께 현장조사를 시켜 판단자료로 삼고자 했다. 권 기자는 지금도 당시 출장 가서 살펴본 부천경찰서 사무실의 모습을 생생히 기억했다.

"권 양이 조사받는 사무실의 한쪽은 유리창이 달려 있었다. 이 사무실

2『동아일보』에서 사회부 기자, 워싱턴 특파원, 논설위원, 출판국장을 지냈다.

에 전경 숙소가 붙어 있어 전경들이 계단을 오르락내리락하며 창문을 통해 사무실 안을 들여다볼 수 있었다. 솔직히 '이런 데서 성고문이 가능하겠느냐'는 생각이 들었다. 그러나 나중에 권 양이 냈다는 고발장을 보고는 '성고문 주장이 사실인 것 같다'는 쪽으로 생각이 바뀌었다."[3]

권 기자와 저자는 부천경찰서에 들렀다가 성고문 사건을 수사하는 인천지검을 찾았다. 문귀동 경장이 김수장 특수부장의 조사를 받기 위해 한 사무실에서 대기하고 있었다. 권 기자가 질문을 몇 마디 던지자 문 경장은 답변을 하지 않고 버럭 언성을 높였다. 권 기자도 문 경장의 도발에 맞서 삿대질을 하며 언쟁을 벌였다.

정 부장은 부천경찰서에 다녀온 저자에게 부천서 성고문의 진상이 무엇인지, 데스크들이 판단할 수 있도록 자세한 보고서를 작성해달라고 주문했다. 저자는 권인숙의 변호인단인 조영래[4] 이상수[5] 황산성[6] 변호사 등을 주로 만나 취재했다. 여성인 황 변호사는 권인숙에게 "문 경장의 성기 모양을 그려보라"고 주문했다. 권인숙은 그림을 그렸다. 자기 주장의 진실성을 입증하려는 그림이었다. 이런 이야기를 포함해 10여 페이지 분량의 보고서를 썼다. 당시에는 이렇게 기사로 못 쓰는 사안을 담은 보고서철이 편집국에 비치돼 있었다.

3 1987년 1월 25일 저자의 권순택 인터뷰.
4 1947~1990. 대구 출신으로 경기고, 서울대 법대를 나와 1971년 사법시험에 합격했으나 사법연수원 재학 중 '서울대생 내란음모 사건'으로 구속돼 1년 6개월 형을 받았다. 1974년에는 민청학련 사건으로 수배됐다. 1982년 늦깎이로 사법연수원을 수료한 후 변호사가 됐고 권인숙 사건을 비롯해 수많은 시국사건을 맡아 인권변호사로 활약했다. 줄담배였던 그는 폐암으로 43세의 나이에 세상을 떠났다.
5 여수공고와 고려대 법대를 졸업하고 광주지법 판사, 3선 의원, 노동부장관.
6 경기여고와 서울대 법대 졸업 후 서울가정법원 판사, 11대 의원, 환경처장관.

사회부 데스크들은 물론 이채주 편집국장과 최종철[7] 부국장까지 저 자의 보고서를 읽어봤다. 최 부국장이 보고서를 읽고 나서 "문귀동이 이 자식 했구먼"이라는 코멘트를 날렸다. 이 사건이 얼마나 악독하고 비인간적인 성고문 사건인지는 권인숙의 탄원서와 변호인 조영래 변호사의 변론문을 통해 들여다볼 수 있다.

여자로서 참을 수 없는 성적 추행을 당하고 눈만 감으면 나타나던 문귀동의 두터운 입술과 지퍼를 내린 성기와 귀에 쟁쟁한 심한 욕설, 이것을 세상에 고발하겠다고 결심하기까지의 수치심과 정의감과의 싸움, 제발 덮어주자고 세상에 알려지면 엄마 아버지는 약 먹고 죽겠다고 딸의 장래를 걱정하는 부모님의 애타는 호소, 너 때문에 부모님 한 분이라도 어떻게 되시는 날에는 널 죽여 버리겠다는 언니의 편지, 그러나 저는 고소장을 쓸 수밖에 없었습니다.(권인숙이 1심 재판부에 제출한 탄원서)

변호인들은 먼저 이 법정의 피고인석에 서있는 사람이 누구인가에 대하여 이야기하고자 합니다.…(중략)… 눈물 없이는 상기할 수 없는 '권 양의 투쟁' ─ 저 처참하고 쓰라린, 그러면서도 더없이 숭고하고 위대한 인간성에의 투쟁에 대하여, 그리하여 마침내 다가올 '권 양의 승리', 우리 모두의 승리에 대하여 이야기하고자 합니다. 진흙탕 속에서 피어난 해맑은 연꽃처럼 오늘 이 법정을 가득히 비추고 있는 눈부신 아름다움, 그 백설 같은 순결, 어떤 오욕과 탄압으로도 끝내 꺾을 수 없었던 그 불굴의 용기와 진실을 위해 눈물겨운 헌신에 대하여 이야기하고자 합니다. 그리하여 지

---

7 『동아방송』 기자, 『동아일보』 사회부장, 『SBS』 전무.

금 이 법정에서 이룩되어야 할 일이 무엇인지에 대하여 이야기하고자 합니다.(조영래 변호사가 대표 집필한 부천서 성고문 사건 변론문)

그즈음 『동우(東友)』지(『동아일보』 사내보)로부터 권인숙 사건 취재기를 써달라는 원고청탁이 들어왔다. 저자는 어차피 신문에는 쓰지 못하는 기사이니 보도지침의 마수(魔手)가 뻗치지 않는 『동우』에 글을 써보는 것도 괜찮겠다는 생각이 들었다. 신문에 나지 않는 이야기가 『동우』지에 실렸다는 소문이 보급소장들을 통해 퍼지면서 회사에 『동우』지 추가 주문이 쇄도했다.

〈특별기획 고문〉이 실린 『신동아』 1986년 9월호 목차

당시 전두환 정권은 신문뿐 아니라 시사잡지에 대해서도 감시와 탄압을 서슴지 않았다. 동아일보사가 발행하는 월간지 『신동아』는 집중적인 감시 대상이었다. 안기부는 어떤 때는 『신동아』를 찍는 인쇄소에까지 요원들을 보내 이 잡지의 인쇄를 중단시키고 정부에 비판적인 원고를 삭제하는 횡포를 부렸다.

부천서 성고문 사건이 터지자 남시욱 출판국장은 비장한 각오를 했다. 그리고 이정윤[8] 『신동아』 부장에게 지시해 이 사건의 자세한 전말과 비인도적인 고문을 고발하는 특집기사를 싣도록 했다. 그렇게

---

8 『동아일보』 『신동아』 부장, 출판국장.

1986년 권인숙 성고문 사건을 계기로 『신동아』는 고문에 관한 기사를 시리즈로 게재하기 시작했다. 민주투사들에 대한 고문이 심각하다는 소문을 수없이 들은 남 국장은 "고문만은 절대로 용인할 수 없다"는 소신을 갖고 있었다.

남 국장은 광화문 교보문고에서 고문에 관한 책을 들춰보다가 재밌는 표현을 발견했다고 한다. 고문자들이 이승에서 죄를 지어 지옥에 온 사람들에게 가해지는 갖가지 고통을 묘사한 불교 경전에서 고문 기술을 배운다는 내용이었다. 자백을 받아내고 범죄 사실을 조작하기 위해 지옥체험을 시키는 것이다. 북한 공작원들은 이런 고문에도 자백하지 않기 위해 독약이 든 앰풀을 소지하고 있다가 체포될 경우 삼킨다. 대한항공 858기 폭파사건의 범인 김승일[9]은 앰풀 깨물어 먹고 자살했고 김현희[10]는 미처 삼키지 못한 상황에서 체포돼 목숨을 구할 수 있었다.

1986년 『신동아』 9월호는 4건의 기사로 구성된 〈특별기획 拷問(고문)〉을 게재했다. 동국대학교 법정대학 헌법학 전공인 한상범 교수가 〈고문, 인류문명의 수치〉를 썼고, 인권변호사로 활동하던 김상철 변호사가 〈권력과 고문〉의 관계를 다뤘다. 세 번째 기사가 저자가 쓴 〈부천서 사건 시비(是非)의 시말(始末)〉이었다. 사보 『동우』를 읽어본 『신동아』팀이 저자에게 원고청탁을 했다. 금기(禁忌)를 다루는 기사인지라 제목은 중립적으로 달았다. 그리고 목차의 제목 옆에 〈단순 폭

---

9 1987년 11월 29일 승객 115명을 태운 대한항공 858편이 인도양 상공에서 폭파됐다. 테러범인 북한 공작원 김승일은 바레인공항에서 체포되자 독약 앰풀을 삼키고 자살했다.
10 김승일과 함께 대한항공 여객기를 폭파시킨 북한의 여성 공작원. 사형 판결을 받았지만 테러의 증거를 살려두려는 목적에서 사면됨.

행'과 '진실은폐'의 주장이 엇갈리는 성폭행 사건 시비의 모든 것〉이라고 독자의 흥미를 자극하는 부제(副題)를 붙였다. 마지막 네 번째 기사가 〈세계적 베스트셀러 '고문은 이제 그만' 긴급 입수/아르헨티나 군사정권의 고문실태〉였다.

저자는 『신동아』 9월호에 10페이지에 걸친 꽤 긴 원고를 썼다. 그러나 인쇄 당일 영등포에 있던 동아출판공사에 안기부 요원 20명이 들이닥쳐 인쇄를 못 하게 막았다. 공권력에 의한 불법적인 언론 탄압이었고 업무방해였다. 당시 시국치안을 주도하던 장세동 안기부의 기세는 하늘을 찌를 듯했다.

이정윤 부장이 남산 안기부로 가(假)인쇄 대장을 들고 가 검열을 받고 나서야 『신동아』를 인쇄할 수 있었다. 안기부 담당자가 성고문 의혹을 제기한 부분은 빨간 줄로 북북 긋는 바람에 독자들의 궁금증을 해소할 수 있는 대목은 모두 잘려나갔다. 『신동아』가 우여곡절 끝에 인쇄에 들어가고 나서 남 국장이 전화로 "기관원들이 공장을 점거하고 잡지를 못 찍게 해 줄여서 내보낸다"고 알려왔다. 가인쇄 대장을 읽어봤던 필자는 "표현이 강한 대목을 데스크들이 많이 지웠던데, 안기부가 거기서 또 지운 건가요"라고 말했다.

지방에 사는 저자의 친척이 책방 앞에 붙은 『신동아』 광고에서 저자가 쓴 〈부천서 사건 시비(是非)의 시말(始末)〉이라는 제목을 발견하고 잡지를 샀는데 "읽어보고 나서 무척 실망했다"며 전화를 걸어왔다. 얼마나 부끄럽고 아쉽던지 당시 가인쇄 대장을 지금까지도 간직하고 있다. 붉은색으로 표기한 부분이 당시 안기부 검열로 삭제된 대목이다.

저자가 보관한 이 기사의 가인쇄 대장에는 〈3번의 검열 1.자기검열 (self-censorship) 2.데스크 3.KCIA〉라는 메모가 아직도 흐릿하게 남아 있다.

「성(性)폭행」 사건의 파문

여대생 해고근로자에 대한 부천경찰서의 「성폭행」 사건 시비가 검찰의 수사 결과 발표에도 불구하고 진정될 낌새를 보이지 않고 학원 종교계 정계로 그 파문이 계속 번지고 있다. 이 사건의 정확한 진상을 규명할 목적으로 열린 3일 동안의 국회 법사위와 내무위도 검찰 발표를 재확인하려는 정부여당과 「성고문」을 확인받으려는 야당의원들 사이에 지루한 승강이만 오갔을 뿐 진상 파악이나 사태 진정에 별다른 도움을 주지 못했다.

국회 상임위 활동이 끝난 바로 다음 날인 8월 8일에는 전북 이리에서 부천 사건 규탄대회가 열려 경찰과 시위대 사이에 격렬한 투석전이 벌어지기도 했다. 천주교전주교구 정의평화위원회 등 5개 종교단체는 8일 오후 4시경 이리 창인성당에서 성직자 신도 등 500여 명이 참석한 가운데 규탄대회를 갖고 대회가 끝난 오후 6시경부터 시내로 진출, 밤 10시까지 최루탄을 쏘는 경찰에 돌을 던지며 산발적인 시위를 벌였다.

경찰의 계속되는 압수수색에도 불구하고 이 사건에 관련된 유인물 역시 운동권이나 종교단체 등을 통해 꾸준히 배포되고 있다. 유인물들은 변호인단의 고발장을 거의 그대로 베낀 것으로, 공개된 지면에 옮길 수 없는 「음란문서」 같은 표현으로 부천경찰서 문귀동 경장(39)의 추행을 폭로하고 있다.

이 사건을 보름 가까이 수사한 인천지검은 7월 16일 「폭언 폭행 사실만 인정되고 강제추행 사실은 인정할 수 없다」고 수사 결과를 발표하고 문귀동 경장에 대한 기소유예 방침을 밝히는 것으로 수사를 매듭지었다. 일부 폭언 폭행 사실은 인정하되 이 사건의 핵심인 권 양(23·서울대 의류학과 4년

제적)의 「성고문」 주장은 「사실로 인정할 수 없다」고 발표한 것이다. 다음은 검찰의 발표.

「권 양의 고소사실 중 6월 7일 밤 9시부터 2시간 동안 문귀동이 권 양을 조사하면서 성적 모욕행위를 가했다는 부분은 다음과 같은 점에 비추어 사실로 인정할 수 없다. 문귀동이 조사를 행한 조사실은 2면 벽이 유리창 으로 돼 있어 안이 들여다보이고, 조사실 뒤편에 있는 무기고의 전등 불빛 이 조사실 안으로 비치고 있었을 뿐 아니라 당시 바로 옆의 조사실에서도 다른 경찰관들이 날씨가 더워 모두 문을 열어놓은 채 다른 피의자를 조사 하면서 문귀동의 조사실 앞을 왔다 갔다 했다. 또한 권 양과 함께 부천경 찰서 유치장에 수감돼 있던 최모(32) 박모 부인(30) 등도 참고인진술에서 조사 받고 온 권 양이 폭행을 당했다는 말은 유치장에서 한 일이 있으나 성적 모욕을 당했다는 말은 한 사실이 없다고 진술했다. 바로 옆 조사실 에서 조사를 한 경찰관 김해성, 권오성, 박경천 등도 이 같은 사실을 목격 하거나 감지한 바 없다고 진술했다.」

공안당국 역시 이 검찰 발표와 동시에 배포한 분석 자료를 통해 「권 양의 성모욕 주장은 운동권 세력이 상습적으로 벌이는 의식화 투쟁의 일환으 로써 자신의 구명은 물론 수사기관의 권위를 실추시켜 정부 공권력을 무 력화하려는 의도에서 나오는 것」이라고 단정했다.
공안당국은 또 「이들 급진세력은 혁명을 위해 성(性)을 도구화하려는 기도 를 하고 있다」고 비난하면서 문제 학생들은 조직활동 투쟁과정에서 상호 연대의식 고취, 일체감 조성 및 조직이탈 방지 등을 위해 성을 하나의 수 단으로 삼고 있다고 구체적 사례까지 열거했다. 공안당국은 이어 「정부의 입장을 곤경에 빠뜨려 공신력을 실추시키려는 전술은 레닌의 공산주의 혁명이론에 적나라하게 제시된 것」이라고 분석했다.

사건의 표면화

권 양의 고소사실 중 핵심을 이루는 「성고문」 주장이 허위날조된 것이라면 권 양은 공안당국의 이 같은 칼질을 받더라도 변명하기 어려울 것이다. 또 표창을 16차례나 받으며 10년 이상 경찰에 봉직한 「기독교 신자」의 명예를 악랄하게 훼손한 점에 대해서도 비난을 받아야 한다. 그러나 만에 하나라도 한밤중 불 꺼진 경찰서 조사실에서 여성 피의자를 혼자 조사하며 고발장 내용 같은 성고문을 자행한 것이 사실이라고 한다면 우리 사회의 양심과 도덕성 회복을 위해서도 문 경장은 엄벌을 받아야 마땅하다.

권 양은 강원도 원주 출신으로 부친은 춘천지법 원주지원 사무과장(서기관)으로 있다 금년 6월 명예퇴직했다. 권 양의 부친은 최근 법원으로부터 집달관 임명을 받았다.

권 양은 지난 82년 서울대 가정대 의류학과에 입학, 4학년 1학기 때 학사제적을 당했다. 재학 중 연극반 서클활동을 했고 반정부시위에 가담해 학사경고를 받기도 했다. 학교에서 제적돼 집에서 쉬던 권 양은 지난 3월 초순 집을 나와 경기 부천시 송내동 진주아파트 B동 2XX호에 셋방을 얻어 기거를 해왔다.

권 양은 지난 4월 대학 선배인 이신경 양(23·서울대 사대 졸·전 무학여고 교사·이남전기 해고근로자)과 친구인 허명숙 양(21) 집에 놀러갔다. 대학 선배인 이 양은 인천사태로 구속돼 현재 1심 계류 중이다.

권 양은 주민등록증을 훔쳐 허 양의 사진을 떼내고 자신의 사진을 붙여 지난 5월 21일 부천시 송내동 가스배출기 생산업체인 주식회사 성신에 생산직 근로자로 학력을 속이고 위장취업을 했다. 그러나 회사 측이 권 양의 행동에 의심을 품어 이력서상의 전 근무처인 청계천 봉제업체의 경력증명서 제출을 요구하자 5월 28일부터 출근치 않고 퇴사했다. 이후 자취방에서 칩거하는 권 양을 수상히 생각한 집주인이 경찰에 신고해 지난 6월 4일 귀가 도중 경찰에 연행됐다. 당시 경찰은 권 양의 방에서 반정부 유인물 30여 장과 이념서적 등을 압수했다. 그 뒤 3일 동안 부천경찰서에서 조사를 받고 절도, 공문서 변조 및 동 행사, 사문서 위조 및 동 행사, 문서 손괴 등 혐의로 구속돼 부천경찰서 유치장에 수감됐다.

이 유치장에서 권 양은 함께 수감된 최 모(32) 박 모 부인(30)에게 문 경장으로부터 3차례 조사를 받을 때 「추행」을 당했다고 일부 털어놓았다고 한다. 이들 두 부인은 그 후 검찰 조사 때 불려가 참고인 진술을 했다. 이들 중 간통 혐의로 구속됐다 소 취하로 석방된 마담은 권 양의 변호인인 조준희 변호사와도 만났다.

부천경찰서는 6월 16일 권 양을 인천지검에 송치했다. 권 양의 신병도 부천경찰서 유치장에서 인천소년교도소로 옮겨졌다. 당시 인천소년교도소에는 권 양 외에도 인천사태로 구속된 피의자들이 많이 수감돼 있었다. 권 양은 다른 여성 피의자들과 경험담을 이야기하는 과정에서 「성고문 주장」을 자세히 이야기했다는 것.

권 양으로부터 성고문 주장을 맨 처음 들은 사람은 권 양 부친의 친구인 손태봉[11] 변호사다. 손 변호사는 서울 성동구 구의동 민도빌딩 1층에 사무실을 내고 있는데, 학생 사건을 전문으로 맡는 이른바 「반체제 변호사 그

---

[11] 강경지청장, 대구고검 검사를 지냄.

룹」의 일원은 아니다. 권 양 사건을 수임한 것도 권 양 부친의 친구라는 인연으로 친구의 간청에 따른 것이었다.

권인숙의 주장을 처음 들은 손 변호사

손 변호사는 공식 인터뷰는 사양했으나 기자에게 그동안의 경위를 소상히 설명해왔다.

−권인숙 사건을 수임한 경위는….

「옛날 권 양 아버지와 고시 공부를 같이 했다. 절친한 친구다. 나는 이 사건을 맡아 검찰의 기소유예 처분을 받아 권 양을 구치소에서 빨리 꺼내주고 싶었다. 그래서 권 양에게 반성문을 쓸 것을 권유했다. 실제로 반성문도 썼다. 경위야 어떻든 남의 주민등록증을 변조해 자신의 것처럼 쓴 행위는 잘못이니까…」

−성고문 주장을 들은 경위는….

「권 양이 검찰에 송치된 뒤 인천소년교도소에서 첫 접견을 했다. 첫 번째 접견 때는 위장취업과 관련한 이야기만 들었고 다른 이야기는 없었다. 며칠 뒤 가족으로부터 「권 양이 다시 만나고 싶어한다」는 이야기를 듣고 두 번째 접견을 갔다. 이때가 6월 23일 아침이다. 이날 권 양은 「경찰에서 조사를 받다 여차여차한 일을 당했을 경우 강간죄가 성립하느냐」고 물었다. 그래서 강간죄의 성립 요건을 법적으로 설명해줬다. 나는 처음 권 양의 이야기를 들을 때 같은 감방에 있는 동료의 이야기를 물어보는 것으로 생각했다. 이야기를 하고 한참 침묵을 지키던 권 양이 '내가 조사받는 과정에서 바로 그렇게 당했다고 말해 깜짝 놀랐다.」

−곧바로 고소장을 내겠다고 하던가.

「고소하겠다고 말했다. 나는 말렸다. 우선 23살의 처녀의 명예에 지울 수 없는 상처로 남는다는 점을 들어 고소를 하지 말라고 설득했다. 또 증거 수집이 어려운 데다 관련 참고인들도 부천경찰서 경찰관들 뿐일 테니까 권 양에게 유리한 진술을 해줄 것으로 기대하기 어려웠다.」

―권 양의 태도는 어떠했나.

「창피스럽고 희생당하더라도 다시 이런 일이 있어서는 안 된다는 뜻에서 고소하겠다는 뜻을 밝혔다. 나는 반체제 변호사가 아니다. 친구의 딸을 빨리 구치소에서 꺼내주는 것이 변론 활동의 목적이다. 나는 당국의 주목을 받을 경우 유리할 것이 없다는 판단에서 극구 말렸다. 내 이야기를 들은 가족들도 몇 차례 권 양을 만나 고소를 하지 말라고 설득했다.」

―검찰은 어떻게 알게 됐나.

「변호사가 구속 피의자와 접견을 할 때 교도관이 옆에서 오고간 대화 내용을 모두 적는다. 인천소년교도소 측이 나와 권 양의 접견기록을 보고 중요사안이라고 판단해, 곧바로 권 양의 위장취업 사건 담당인 인천지검 남충현[12] 검사에게 보고했다. 이날 오후 권 양은 남 검사에게 불려갔다고 들었다. 남 검사의 보고는 법무부와 검찰의 고위층에게까지 올라간 것으로 알고 있다.」

―성고문 주장이 재야단체 등으로 흘러들어간 경위는….

「인천소년교도소에는 인천사태와 관련, 구속된 수감자들이 많았다. 권 양이 이들에게 한 말이 구속자 가족과 변호인들을 통해 구치소 바깥으로 나간 것 같다.」

권인숙이 공개한 검사와의 대화

12 1993년 인천지검 강력부 부장검사를 마지막으로 검찰에서 나와 변호사 개업을 했다.

「권 양 사건을 수임한」[13] 손태봉 변호사에게 성고문 주장을 한 23일 오후 권 양은 인천지검 남충현 검사실에 불려갔다. 그 후 권 양은 6월 30일과 7월 2일 두 차례 남 검사실에 불려가 대화를 나눴다. 권 양은 재야그룹 변호사들에게 남 검사와의 대화 내용을 일부 공개했다.

「23일 오후 1시 검사실에서 위장취업 피의사실과 관계없이 「성고문」을 당한 사실을 진술했다. 남 검사는 「검찰에 송치되면서 구류신문을 받을 때 왜 이야기하지 않았느냐」고 물었다. 나는 그때 「남 검사님이 묻지도 않았을뿐더러 이야기해봤자 소용없을 것 같아 말 안 했다」고 대답했다.」

남 검사는 당황한 듯 「고소장을 쓰든 말든 내가 간섭할 입장은 아니다. 그러나 이런 사건은 증거 확보가 어렵기 때문에 권 양의 명예만 훼손된다」 대강 이 같은 취지로 달랬다. 그 후 6월 30일의 면담 때는 남 검사가 「권 양이 고소를 안 하더라도 우리가 스스로 경찰관에게 응분의 조치를 가할 방침」이라고 말했다.

이상은 7월 2일 홍성우 조영래 변호사가 인천소년교도소 보안과장실에서 권 양을 접견하고 나온 후 작성한 접견록이다. 이때 구치소 측에서는 보안과장을 비롯해 수 명의 교도관이 입회한 것으로 돼 있다.

이 같은 과정을 거쳐 7월 3일 권 양은 문 경장에 대한 강제추행 혐의 고소장을 인천지검에 제출했다. 권 양을 직접 만나볼 수 없는 취재진으로서는 권 양의 필적으로 쓰여진 고소장이라도 구해보고 싶었으나 인천지검에만 보관돼 있어 입수할 수 없었다. 더욱이 검찰은 문 경장을 기소유예 처분할 방침이기 때문에 수사기록이 앞으로 법원으로 넘어가는 일도 없게 됐다. 이 성폭행 사건 수사기록은 법사위에서도 「내놓으라」는 야당과 「수사가 계

---

13 안기부가 앞 대목을 뭉텅 잘라내면서 의미의 연결이 안 되자 이 대목을 가필했다.

속 중인 사건의 수사기록 제출 요구는 헌법 위반이다」는 여당 사이에 논란만을 벌이다 결국 표결에 부쳐져 찬성 7표(신민·국민) 반대 9표(민정)로 부결됐다. 검찰은 7월 16일 이 사건 수사 결과 발표와 함께 문 경장에 대한 기소유예 방침을 정해 놓고서도 20일 가까이 지난 8월 5일 법사위가 열릴 때까지 기소유예 결정을 내리지 않고 있었다.

검찰의 이 같은 늑장은 법사위의 신기하 의원으로부터 「기소유예 처분을 하겠다고 발표만 해놓고 사건 종결은 않는 것은 「수사 계속 중」이라는 구실로 수사기록을 내놓지 않으려는 얄팍한 계산에서 나온 것이 아니냐」는 비난을 사기도 했다. 장기욱 의원은 또 「수사기록 원본을 내놓으라는 것이 아니다. 원본을 내놓으면 수사에 지장을 받지 않느냐. 카피해서 사본을 달라는 것이다. 복사기가 없느냐」고 비꼬기도 했다. 권 양이 검찰에 제출한 고소장의 내용은 7월 5일 변호인단 9명이 인천지검에 제출한 「독직폭행 및 가혹행위」 고발장의 내용과 대동소이한 것으로 알려졌다. 이 고발장의 「성폭행」 행위 부분은 너무 적나라하게 묘사되고 있어 지면에 그대로 옮기기에 곤란한 점이 있다. 대강의 요지만을 적어본다.

「…권 양은 지난 6월 6일 오후 4시 반경 부천경찰서 1층 조사실에서 2시간 반 동안 성고문을 당했다. 문귀동 경장은 「인천사태 관련 수배자 중에서 아는 사람을 불어라」고 강요했으나 권 양이 「모른다」고 하자 「이X 안되겠군. 나는 5·3인천사태 때 여자만 다뤘다. 그때 들어온 X들도 모두 옷을 발가벗겨서 책상 위에 올려놓으니 자백하더라」는 등의 말로 협박했다.(중략)…당시는 수사과 직원들이 모두 퇴근했고 청내는 모두 불이 꺼진 상태였으며 조사실 역시 불이 꺼져 있었는데 다만 건물 바깥에 있는 등에서 나오는 외광(外光)에 의해 방안의 물체를 어렴풋이 식별할 수 있을 정도였다.…(중략)…권 양이 고통과 공포를 참지 못하여 비명을 지르자 문귀동은

「이 X이 어디서 소리를 꽥꽥 지르느냐. 소리 지르면 죽여버리겠다. 너 같은 X 하나 죽이는 것은 아무것도 아니다」라고 윽박질렀다.(중략)…이 같은 추악한 만행을 저지른 후 문귀동은 권 양에게 호언하기를 「네가 당한 일은 검사 앞에 나가서 이야기해봤자 아무 소용없다. 검사나 우리가 다 한통속이다」라고 했다. 밤 11시가 지나 문귀동은 기진맥진한 권 양을 보호실로 데리고 가서 권 양의 소지품을 챙기더니 유치장으로 끌고 갔다.」

문 경장의 주장

문 경장도 이 사건이 바깥에 알려진 이후 적지 않게 시달렸다. 대학의 대자보(大字報)와 인천지역의 지하신문에 문 경장 집 전화번호가 인쇄돼 항의전화가 끊임없이 걸려오는 바람에 전화코드를 아예 빼버렸다. 집에 들어가지 못하고 밖에서 떠도는 날도 많았다. 7월 2일에는 인천지역 구속자 가족 30여 명이 부천경찰서에 몰려가 문 경장의 타이프라이터를 깨부수며 격렬한 항의 데모를 벌였다.

7월 3일 권 양의 고소장이 검찰에 접수되자 문 경장은 4일 권 양을 명예훼손 혐의로 고소한 데 이어 5일에는 무고 혐의로 추가 고소했다.

「피고소인(권인숙)은 6월 23일 인천소년교도소에서 손태봉 변호사와의 접견 때 「수갑을 채우고 무릎 사이에 곤봉을 끼워 때리며 자백을 받으려 했다」「옷을 강제로 벗겼다」는 등의 허위사실을 말하고 이 내용을 5·3인천사태 구속자 가족에게 알려 7월 2일 구속자 가족들이 민원인 다수가 있는 부천경찰서 내에서 「폭력 경찰은 물러가라」, 「강간범 처벌하라」는 등의 구호를 외치며 고소인의 명예를 훼손하게 한 것으로 더 이상 참을 수 없어 고소장을 제출하오니 처벌하여 주시기 바랍니다.」

문 경장은 부천경찰서를 찾아간 기자들에게 「터무니없는 조작극이다. 권 양이 고분고분 조사에 응했기 때문에 큰소리나 욕 한마디 안 했다」고 했다. 이 대목은 검찰수사 결과 발표를 통해 거짓으로 드러났다. 문 경장은 또 자신이 권 양을 세 차례 조사한 일이 없으며 단 한 차례밖에 조사하지 않았다고 주장했다.

「6월 6일에는 권 양을 조사한 일이 전혀 없다. 7일 밤에 처음으로 이 형사 등 3명이 입회한 가운데 조사를 하고 오후 9시 반경 유치장에 수감했다. 당시 옆방인 3, 5, 7호실에도 형사 3명이 있었고 방 사이가 합판으로 돼 있어 소리가 모두 들린다. 또 조사실 10개 뒤에 무기고가 있어 야간에도 간부들이 매시간 순찰을 도는데 어떻게 그런 일이 가능한가. 나는 기독교 신자이다. 욕이나 한마디 하고 이런 모함을 받는다면 원통하지나 않겠다.」

천주교·기독교공동대책위 진상조사 위원들은 문 경장이 다닌다는 부천 모 교회에 나가 교직자와 신도들을 만나보기도 했다. 이때 확인한 바로는 문 경장의 부인은 새벽 예배에 나올 정도로 신앙이 두텁지만 문 경장은 교회에 나오지 않는다는 것이었다.

검찰은 변호인단도 인정한 대로 성실하고 진지한 자세로 수사에 임하는 인상을 주었다. 김경회[14] 인천지검장과 김수장[15] 특수부장은 검찰청에서 밤을 새우거나 새벽에 귀가하는 날도 많았다.

한국전력 사정으로 검찰청사에 불이 나간 날 밤에는 촛불을 켜놓고 조사를 벌이기도 했다. 법무부의 법사위 현안보고 자료에 나온 것처럼 검찰은 부장검사 3명과 검사 6명을 동원해 14일간 사건 당사자인 문 경장을 7차례, 권 양을 8차례 불러 조사했다. 이 밖에 옥봉섭 부천경찰서장 등 경찰

---

14 1939~2001. 인천지검장, 대검중앙수사부장, 부산고검장을 지냈다.
15 부산지검장과 서울지검장을 지냈다.

관 25명과 부천경찰서 유치장에 권 양과 함께 수용돼 있던 최모 부인 등 민간인 25명 등 모두 50명을 소환 조사했다. 또 두 차례에 걸쳐 사건 현장인 부천경찰서 수사과 수사계 사무실에 대해 실황조사를 하는 등 집중적이고 집요한 수사를 전개했다.

알리바이 조작까지

수사가 개시된 초기에는 문 경장이 일체의 범행을 완강히 부인하고 특히 권 양의 고소장에 문 경장으로부터 처음 조사를 받았다고 돼 있는 6월 6일에는 출근조차 하지 않고 친구들과 함께 송추에 놀러가 당일 새벽에 권 양을 조사한 사실이 없다고 알리바이를 제시했다. 송추에 함께 놀러간 민간인으로 하여금 허위진술마저 하게 하여 알리바이를 주장하고 있었다.

법무부의 법사위 현안보고 자료는 「검찰의 다각적인 수사 결과 문귀동이 조작한 알리바이 주장을 깨는 등으로 수사의 실마리가 풀려 사건의 진상을 밝히게 됐다」고 검찰의 전과(戰果)를 과시하고 있다.

권 양과 관련 참고인들과의 대질신문도 여러 차례 있었다. 검찰은 문 경장이 모든 범행을 부인할 경우 거짓말 탐지기에 태울 계획까지 세웠으나 문 경장이 막판에 일부 사실을 시인하는 바람에 이 계획은 취소됐다.

문 경장은 6월 6일 현충일에 조사한 사실도 부인했으나 권 양이 이날 문 경장과 함께 인천의 한 동사무소에 가서 수배자의 주민등록등본을 뗀 사실을 기억해냈다. 휴일날 경찰신분증을 보고 주민등록등본을 발부해준 당직 동서기가 문 경장을 기억하고 있어 송추에 놀러갔다는 조작된 알리바이가 깨져버렸다. 또 문 경장이 부인한 다른 한 차례의 조사 사실은 권 양이 커피를 얻어 마신 기억을 되살려냄으로써 입증됐다. 문 경장이 권 양을 조사할 때 커피를 배달해준 부천경찰서 구내다방 아가씨가 조사 사실을 확인해줬다.

7월 16일 비상한 관심 속에서 인천지검의 수사 결과 발표가 있었다. 검찰 발표는 이 사건에 대한 의혹을 말끔히 해소하기에는 미진한 것이었으나 부분적으로나마 경찰의 잘못을 밝혔다는 점에서는 일단 긍정적인 평가를 받을 만했다. 치안본부가 그 책임을 물어 문 경장을 파면하고 옥 서장 등 책임자 3명을 직위해제한 조치도 종래의 타성을 벗어난 것으로 받아들여졌다. 검찰이 진실을 왜곡하고 은폐했다고 비난하는 쪽에서도 수사 과정에 검찰이 보여 준 성실성과 진지성은 인정했다.

부천서의 대응자세

검찰의 철저한 수사가 이루어진 배경을 이해하기 위해 이 사건 발생 후 부천경찰서의 대응자세부터 검토해볼 필요가 있다. 부천경찰서는 치안본부 등 상급기관에 보고할 때도 「전혀 사실무근」이라고 보고를 올렸다는 설이 유력하다.

치안본부는 일선 경찰서의 이 같은 보고를 근거로 관계기관 등에 「명백한 날조」라고 자신만만하게 설명을 했고 이에 따라 적극 수사를 펴고 날조된 「성고문」 주장을 깨기로 방침이 결정됐다는 것이다.

부천경찰서가 상급기관에 올린 사건초기의 보고서를 구할 수 없으나 7월 13일자 경우신보(警友新報) 3면 전면을 할애한 「동료 입회시킨 공개된 사무실에서 강제추행 있을 수 없다」는 기사를 검토해보면 대개 그 내용을 유추해볼 수 있다. 검찰 발표가 있기 전에 나온 이 기사는 경찰의 명예만을 생각했기 때문인지 23살 처녀가 가장 부끄러워할 대목까지 냉혹하게 까발리고 있다.

「권 양의 용모는 여자로서 호감을 줄 수 있는 평범 이하의 정도였고 조사 당시 몸에서 악취가 몹시 났었다는 점을 분석해 볼 때 강제추행 주장은 권 양이나 그 주변에서 경찰을 모략하기 위한 허위 진술이라고 일축하고 있다…이러한 조작극은 해방 직후 혼란기의 공산분자들이 당국을 골탕 먹이고 경찰의 이미지에 먹칠을 하여 국민과의 이간을 노려 사용했던 수법과 비슷하다는 데 주목을 끌고 있다.」

「권 양은 또 검찰신문에서 6월 6일에도 문 경장이 조사를 하면서 「고춧가루를 먹이겠다」 「옷을 벗기겠다」고 위협했다고 진술했는데 6월 6일은 현충일로 문 경장은 출근하지 않고 친구들과 송추유원지에서 모처럼 오전 9시부터 밤 10시까지 놀았다는 사실이 입증돼 권 양의 주장이 허위였음이 드러났다. 특히 사건 당일인 6월 7일은 날씨가 무더워 조사실을 구분하는 칸막이의 재질과 시공이 제대로 돼 있지 않아 소리가 잘 들릴 정도로 방음 시설이 전혀 갖추어지지 않아 권 양의 주장대로 강제추행을 당했다면 다른 직원들이 모두 알 수 있다는 현장 환경이다. 뿐만 아니라 소위 의식화된 여자를 조사하기 때문에 입회 경찰관을 참여시켰고 수배자를 찾기 위해 형사계 직원들의 출입이 잦았는데 어떻게 강제추행을 할 수 있었겠느냐고 의문을 제시하고 있다.」

「완벽한 흑백을 가리기 위해서는 권 양에 대한 정신적 육체적인 의학상의 검사도 뒤따라야 한다고 판단된다. 그리고 하루빨리 사건의 진상이 밝혀져 11만 경찰의 명예와 국민의 의혹을 풀어줘야 한다는 여론이 지배적이다.」

경우신보 이 모 차장의 기명으로 실린 이 기사는 어떤 경로를 통해 취재했는지 알 수 없지만 사건 초기 경찰의 변명과 내용이 대동소이하다. 이 기사 중 문 경장의 알리바이는 조작된 것임이 검찰수사 결과 명백하게 드러났으니 경우신보의 이 기사는 정확하지 못하다는 지적과 함께 편파적으로 썼다는 비난을 받을 소지가 많다.

더욱이 기사 속의 삽화는 지나치게 악의적이다. 「교사」(敎唆)라고 쓰여진 검은손 위에 올라선 권 양이 한손으로 스커트를 걷어 올리며 허위 주장을 펴는 그림이 그려져 있고, 경찰관들은 냄새 때문인지 코를 싸쥐고 얼굴을 돌리고 있다. 또 권 양의 뒤에는 「공문서 변조」와 「위장취업」이라고 쓰여진 꼬리 2개가 달려 있다.

일개 경찰관이 관련된 사건을 갖고 11만 경찰의 명예를 거는 것은 지나친 「도박」이다. 식구가 11만 명이나 되다 보면 경남 의령경찰서 궁류지서의 우범곤[16] 같은 사람도 나올 수 있다. 한 경찰관의 「실수」 때문에 11만 경찰조직이 당장 간판을 내릴 수도 없다. 국가수호 차원에서도 그런 일이 있어서는 안 된다. 바로 이 점에서 당국의 대응이 달라졌어야 한다는 의견도 있었다. 더욱이 권 양의 용모에 대한 평가는 권 양을 10여 차례 접견한 변호인들과 견해 차이가 크다. 변호인단에 따르면 상당한 미모라는 것이다.

검찰 발표에 대한 변호인단의 반박

법무부의 국회법사위 현안보고 자료는 검찰 수사 결과 발표에서 한 치도 진전한 내용을 담고 있지는 않으나 비교적 자세하다.

「권 양에게 폭행을 하면서 옷을 벗으라고 요구해 상의 중 겉옷인 재킷과 남방셔츠를 벗게 한 후 티셔츠 위의 가슴 부위를 손으로 서너 차례 쥐어박아 폭행한 사실, 조사 당시 입회했던 이흥기 형사에게 「고춧가루 물을 가져오라」고 말해 협박한 사실은 문귀동의 자백 등에 의해 사실로 인정됐습니다. 그러나 권 양의 바지 지퍼를 내렸다는 주장에 관해서는 문귀동이 이를 극

---

16 1982년 4월 26일 경남 의령군 궁류면 궁류지서에서 근무하던 우범곤이 하룻밤 사이 62명을 연속살해하고 수류탄을 터뜨려 자살했다.

구 부인하고 있을 뿐만 아니라 조사현장에 입회했던 이흥기 형사도 그런 사실은 보지 못했다고 진술하고 당시 부천경찰서에 비상소집이 발령돼 직원들이 왕래하는 상황에 비추어 인정할 수 없었습니다.」

「나아가 문귀동이 6월 7일 밤 권 양의 가슴 등을 만지고 하의를 내린 후 성적 모욕을 가하는 등으로 추행을 했다는 점에 대해서는 문귀동이 「그런 사실이 없었다」고 범행을 극구 부인하고 있고 실황조사 결과 부천경찰서 조사실 사이의 칸막이는 방음 상태가 불량해 옆방에서 말하는 소리와 타자 소리까지 들리는 정도의 시설입니다….」

7월 16일의 검찰수사 결과 발표문은 문안을 다듬는 과정에서 자극적인 표현을 피하기 위해 고심한 흔적이 역력히 나타났다.

「티셔츠 입은 가슴 부위를 손으로 3, 4회 쥐어박았다」는 표현은 아무래도 어색해서 김수장 인천지검 특수부장과 기자들 간에 승강이가 벌어졌다. 「쥐어박다」는 말의 사전적 의미는 「주먹으로 내지르다」는 뜻이어서 기자들이 「구체적으로 어떻게 했다는 것이냐」고 따지자 김 부장검사는 「주먹으로 가슴을 밀면서 툭툭 쳤다는 뜻」이라고 대답했다. 더욱이 「수치심을 주기 위해 가슴을 건드렸다」고 설명하면서도 추행이 아니고 가혹행위라고 규정한 것도 석연치 않은 인상을 풍겼다.

검찰의 수사 결과가 발표되자 변호인들은 「처음부터 알리바이까지 조작해 가며 허위 주장을 내세우고 거짓말을 거듭하다 관계 증거에 의해 파탄에 부딪치자 어쩔 수 없이 약간의 폭언 폭행 사실만을 자백한 문귀동의 진술 내용과 수치심과 굴욕감 때문에 오랜 망설임을 거쳐 피해 사실을 호소한 스물세 살 미혼 처녀의 주장 중 어느 쪽을 믿고 어느 쪽을 배척해야 하느냐」고 반문하고 있다. 변호인 9명은 검찰 발표 이틀 뒤인 18일 공동 기자회견을 갖고 「검찰 발표에 대한 우리의 견해」라는 유인물을 배포했다.

이어 19일에는 신민당과 재야 33개 단체들이 명동성당에서 「성고문 용공 조작 범국민 폭로대회」를 열려다 2500여 경찰과 대치하는 소동이 빚어졌 다. 경찰은 이날 성당으로 들어가는 모든 길목을 차단하고 대회장으로 몰 려든 시민 학생들을 최루탄을 쏴 강제 해산시켰다.

경찰 저지를 뚫고 명동성당 구내로 들어간 일부 신민당 의원과 재야인사, 대학생 등 70여 명은 이날 오후 2시 15분경 옥외 스피커를 통해 「변칙대 회」를 개최했다.

대회장에 들어가지 못한 3000여 명의 학생 시민들은 명동 일대에서 경찰 과 대치하며 격렬한 가두시위를 벌였다. 이 과정에서 신민당 양순직[17] 총 재가 경찰이 쏜 직격탄을 오른쪽 옆구리에 맞아 심한 찰과상과 타박상을 입고 인근 병원에서 치료를 받고 귀가했다.

7월 21일에는 명동성당에서 김수환 추기경의 집전으로 「여성과 가난한 이 들의 생존권과 인권회복을 위한 미사」가 열렸다. 김 추기경은 이날 강론을 통해 부천경찰서 사건을 진실대로 밝혀줄 것을 호소했다.

「이번 사건을 어떻게 처리하고 매듭짓느냐 하는 것은 우리 자신을 포함한 이 사회와 우리 정부의 도덕성과 직결돼 있습니다… 한마디로 우리는 결 코 거짓을 토대로 내일을 건설할 수 없습니다… 오직 진실만이 모두를 하 나로 만들 것이고 나라를 바로 서게 할 것입니다. 이번 사건에 있어서는 해당 경찰관들도 진실을 통해서만 구원될 수 있습니다. 「예수님은 진리가 너희를 자유케 할 것이다」라고 하셨습니다.」

부천경찰서 사건으로 세상이 들끓을 즈음 각 언론기관에는 권 양의 부모 가 발송한 편지가 배달됐다. 「앞으로 세상 모든 사람들이 불초한 여식의

---

17 1925~2008. 7대 의원을 지내다 3선 개헌 반대로 공화당에서 제명, 3선 의원.

일을 잊어주십사 하는 것이 부모 된 자의 간절한 바람입니다. 신문이나
TV에서 또는 성당이나 각 단체에서 더 이상 이 문제를 거론하는 것은 어
버이의 입장에서 볼 때 불쌍한 딸자식을 두 번 죽이는 것이나 마찬가지입
니다. 세상 사람들이 딸의 일을 거론할 때마다 칼로 가슴을 도려내는 아
픔을 겪어야 했습니다.」

이례적으로 사신(私信)에 지문까지 찍은 이 편지는 문장과 문맥이 논리정
연하게 다듬어져 있어 눈길을 끌었다. 이 편지는 모든 언론기관이 수령했
으나 S신문만이 사회면에 6단 제목을 달아 크게 다루었다.

주목되는 향후 전망

이돈명 고영구[18] 김상철 박원순[19] 이상수 조영래 조준희 홍성우 황인철 변
호사 등은 검찰의 문 경장에 대한 기소유예 결정에 반발, 서울고법에 재
정 신청을 할 방침을 굳혀놓고 있다. 재정 신청은 불법체포 불법감금 가혹
행위 권리행사 방해 등 직무와 관련한 범죄를 저지른 공무원 피의자에 대
해 검사가 불기소 결정을 내릴 경우 고소인 또는 고발인이 「법원이 직접
공무원 피의자를 공판에 회부해 달라」고 관할 고등법원에 신청하는 제도
이다.

고등법원은 고소인이나 고발인의 재정 신청이 이유 있다고 인정되면 공무
원 피의자를 곧바로 관할 지방법원의 재판에 회부한다. 해당 지방법원은
이때 공소유지를 담당할 변호사를 임명해야 하며 이 변호사는 확정판결

---

18 체신고와 건국대 법학과 졸업. 서울고등법원 판사. 11대 의원. 민주화를 위한 변호사 모임 회장. 국정
원장(노무현 정부).
19 경기고 졸. 서울대 사회계열 1년 제명 후 단국대 졸. 대구지검 검사. 참여연대, 아름다운 재단 등 설립.
서울시장.

이 날 때까지 검사로서의 모든 직권을 행사한다.

이 제도는 현행법상 원칙적으로 기소는 검찰만이 하도록 돼 있는 기소편의주의의 예외규정이다. 특히 검찰이나 경찰 등 수사공무원이 직무와 관련해 저지른 범죄에 대해 검찰이 공정성을 잃은 처리를 할 경우 이를 견제하기 위해 마련됐다고 볼 수 있다. 「앞으로 사법적 절차가 기다리고 있는 셈이다.」[20]

검찰은 변호인단의 재정 신청도 고민거리이지만 곧 닥칠 권 양의 공판도 크게 걱정하는 기색이다. 변호인단이 권 양의 위장 취업과 관련한 공소사실은 한쪽으로 젖혀두고 공판정을 성고문의 폭로 마당으로 활용할 기미가 보이기 때문이다.

아무튼 재야 변호사들은 검찰의 노심초사에 아랑곳하지 않고 이 땅에 다시는 공권력의 횡포와 인권탄압이 고개를 들지 못하도록 끈질기게 물고 늘어질 전망이다. 〈끝〉

　　현재 명지대학교 여성학 교수로 재직 중인 권인숙 씨는 성고문 사건을 회고한 글에서 '당시 부천경찰서는 서장부터 일선 형사까지 조작에 가담해 모든 상황을 거짓 알리바이로 입을 맞췄다'면서 한동안 조사를 게을리하던 검사들이 태도를 바꾸어 진지하게 조사를 하고 경찰의 조작을 깨나가기 시작했지만 결국에는 터무니없는 거짓발표에 동조했다고 회고했다.[21]

---

20 안기부 검열에서 추가된 마지막 문장. 뒤의 문장을 바로 자르자니 어색해서 추가한 것임.
21 민주화운동기념사업회 간행 《6월항쟁을 기록하다》 3권 42~43쪽.

박종철 고문치사 사건과 마찬가지로 성고문 사건 처리에서도 주도적 역할을 맡은 것은 안기부였다. 인천지검 검사들은 추악한 성고문을 밝혀내기 위해 전기가 나간 날 밤에는 촛불을 켜놓고 수사를 할 정도로 열의를 보이다 왜 마지막에는 거짓발표를 했을까. 2001년 62세에 작고한 김경회 씨는 말기 암으로 생명이 꺼져가던 시기에《나 이제 자유인 되어》라는 회고록을 써서 23년 만에 진실을 고백했다.

김경회 검사장은 김현철[22] 차장과 김수장, 송정호[23], 전용태[24] 부장검사와 함께 매일 사건을 분석하고 다음 수사 방향과 방법을 세세한 부분까지 논의하면서 진실 규명을 위해 전력을 다했다. 그러나 상부에서는 이 사건의 진상이 밝혀지면 정권에 부담이 된다고 판단했다.

김성기[25] 법무부장관은 "초임검사도 50 대 50으로 처리할 수 있는 사건을 빨리 처리하지 않고 미적거리느냐"고 압박했다. '50 대 50의 사건 처리'라는 말의 의미는 문귀동과 권인숙이 맞고소한 이 사건을 양쪽 모두 무혐의 처리하거나 타협적으로 기소유예 하라는 뜻으로 풀이된다. 치안본부도 경무관을 부천경찰서에 상주시키고 조직적으로 수사를 방해했다. 김 검사장은 고립무원의 처지였다.

그 무렵 박철언[26] 안기부장 특보가 사법시험 8회 동기생인 김수장 특수부장에게 만나자는 연락을 했다. 김 검사장은 당시로서는 실력자이던 그에게 진상을 알리고 협조를 부탁하라고 특수부장에게 당부

22 인천지검 차장, 전주지검장, 수원지검장, 광주고검장, 서울고검장을 지냄.
23 광주고검장, 법무연수원장, 법무부장관을 지냄.
24 인천지검 부장검사, 대구지검장을 지냄.
25 1935~1998. 대구고검장, 사회정화위원장, 비례대표 의원, 법무부장관을 지냄.
26 경북고와 서울대 법대를 나와 사법시험 8회 합격. 서울지검 검사, 청와대 법률비서관, 안기부장 특보, 대통령비서실 정책담당보좌관(노태우 정부), 체육청소년부장관, 3선 의원을 지냄.

했다. 김 특수부장의 이야기를 들은 박 보좌관은 "소신껏 수사하라"고 김 부장을 격려하고 서동권[27] 검찰총장에게도 전화를 걸어 원칙대로 사건이 처리돼야 한다고 말했다. 김두희[28] 법무부 검찰국장도 "아침 간부회의에서 김성기 장관이 지금까지와 태도가 바뀌어 '나의 직을 걸고 명령하니 원칙대로 파헤치라'고 호언했다고 전했다.

실세 박 보좌관의 지원으로 탄력을 받던 수사는 수사 발표 전날 뒤집혔다. 7월 15일 오전 서 검찰총장은 김 검사장을 불러 "안기부장과 대책회의를 하고 왔다"며 "발표문과 대통령 보고문서에 성고문의 '성'자도 들어가서는 안 된다"고 못박았다.

관계기관 대책회의에서 허문도[29] 청와대 정무1수석과 경찰 쪽에서 문귀동 구속 기소를 거세게 반대했다고 한다. 반대 측은 "성고문 사실을 그대로 발표할 경우 격렬한 시위 사태로 시국혼란이 가중된다" "문 경장이 구속 기소되면 시국치안을 맡고 있는 경찰의 사기가 떨어져 일을 못 하게 된다"고 강변했다는 것이다.

수사 발표가 있던 7월 16일 아침, 수사에 참여했던 이만수 검사가 간부회의를 하던 검사장실에 들어와 대성통곡을 했다. 김 검사장도 회의를 마친 뒤 방문을 걸어 잠그고 혼자 울었다. 그가 할 수 있는 저항의 최대치는 직접 수사 결과를 발표하라는 대검의 지시를 거부하는 일이었다. 대신 김수장 특수부장이 발표를 했다. 김 검사장은 회고록에서 '김 특수부장에게 평생에 못할 짓을 내가 시킨 꼴'이라며 미안해

---

27 경북고, 고려대 법대를 나와 법무부차관, 서울고검장, 검찰총장, 안기부장(노태우 정부)을 지냄.

28 경기고, 서울대 법대를 졸업하고 대검 중앙수사부장, 법무부 검찰국장, 서울지검장, 검찰총장, 법무부 장관을 지냄.

29 부산고와 서울대 농대를 나와 『조선일보』 기자, 대통령비서실 정무 제1비서관, 문화공보부차관, 국토통일원장관.

했다. 그 바람에 발표가 2시간 반이나 늦어졌다.

서 검찰총장은 인천지검의 발표 후 "서울의 일부 검사들이 어제 인천지검의 발표에 대해 불만을 토로하는 정황이 공안기관에 감지되고 있으니 입단속을 하라"는 지시를 하달했다. 김 검사장은 사실과 다른 엉터리 발표를 하게 해놓고 이리저리 잔머리를 굴리는 검찰 조직이 '거대한 정신병동' 같은 느낌이라고 비판했다. 인천지검이 문귀동에게 기소유예 처분을 내리자 김성기 법무부장관이 격려금 200만 원을 내려보냈다.[30]

인천지검의 수사결론이 뒤집힌 데 대해 장세동 안기부장은 훗날 "전두환 대통령의 결정"이라는 말을 했다. 보스에 대한 충성심으로 가득 찼던 그가 이런 말을 한 것을 보면 "전 대통령이 수사결론을 뒤집었다"는 말은 맞을 것이다.

박철언 씨는 저자와의 인터뷰에서 "경찰이 전두환 대통령의 형인 전기환 씨를 통해 청와대에 로비를 해 검찰의 수사결론을 뒤집었다"고 말했다. 전기환 씨는 경찰 출신으로 5공화국판 '형님 정치'의 주인공이었다. 정권이 관계기관 대책회의를 통해 검찰을 틀어쥔 구조에서 인천지검장과 특수부장이 아무리 발버둥을 쳐도 한계가 있을 수밖에 없었다.

전두환 정권은 이렇게 검찰의 수사결론을 뒤집어놓고서 일체의 의혹을 제기하지 말고 '검찰 발표대로만 쓰라'는 보도지침으로 언론에 재갈을 물렸다. 그럼에도 틈새를 비집고 성고문의 진실을 밝히는 『신동아』가 인쇄에 들어가는 것을 뒤늦게 알아채고 검열을 자행해 기사의 절반 이상을 북북 지워버린 것이다.

---

30 김경회의 책 《나 이제 자유인 되어》 146~163쪽.

9월 1일 조영래 변호사를 비롯한 변호인단은 처음 9명이었다가 166명으로 늘어났는데, 문귀동에 대한 검찰의 기소유예 결정과 관련해 법원에 재정 신청을 했다. 재정 신청은 고소·고발 사건에 대해 검사가 내린 불기소 처분이 옳은지 그른지 가려달라고 법원에 직접 신청하는 제도다. 검찰의 기소독점주의 남용을 견제하고 수사 권력의 고질적인 인권 침해를 근절하기 위한 장치다. 그러나 서울고등법원은 이유 없다며 재정 신청을 기각했다. 문귀동과 이 사건 관련자들이 범죄를 부인하는 건 상투적 수법이었고, 밀실에서 저지른 짓이어서 다른 증인이 있을 수 없는데도 법원에서 어이없는 결정을 내린 것이다. 그러자 변호사들은 대법원에 재정 신청 특별 항고를 하는 한편 11월 21일 변론 요지서를 작성했다.

변론 요지서는 인권변호사로서 《전태일[31] 평전》의 저자이기도 한 조영래 변호사가 작성했는데 명문이었다.

"이 재판은 거꾸로 된 재판입니다. 여기에 묶여 서서 재판받아야 할 것은 이 연약하고 순결무구한 처녀가 아니라 바로 이 처녀에게 인간의 탈을 쓰고서도 차마 상상할 수 없는 추악한 만행을 저지른 문귀동, (…) 아울러 문귀동의 범행을 교사, 방조하였던 모든 사람들, 문귀동을 비호하고 그 범행을 은폐하려 들었던 모든 사람들이 그 책임의 경중에 따라 여기에 서서 재판을 받아야 할 것입니다."

문귀동은 권인숙에게 도대체 무슨 짓을 했기에 조 변호사가 '추악

31 1948~1970. 대구 출신으로 1970년 청계피복노동조합 결성. 1970년 11월 13일 분신자살.

한 만행'이라고 규정한 것일까. 문귀동의 구체적 범죄사실을 이 책에 옮기는 것은 적절하지 않은 것 같다. 김경회 검사장의 책에 나오는 대로 '비정상적인 성(性)도착증 환자 같은 자'라는 표현에서 겁에 질린 여대생을 상대로 문귀동이 한 짓을 독자들은 유추하기 바란다.

12월 1일 인천지법 판사들은 권인숙에게 징역 1년 6개월을 선고했다. 그러고는 도망치듯 법정을 빠져나갔다. 재판 도중 한 양심수의 어머니가 분노해 "성고문 범죄자를 비호하고 피해자를 처벌하는 게 사법부냐"라고 고함을 질렀다. 권인숙은 2심에서도 징역 1년 6개월을 선고받았다. 문귀동은 건드리지도 않고 권인숙이 주민등록을 위조해 위장 취업한 혐의만 처벌한 것이다. 권인숙은 복역 중 6월항쟁이 일어나 형기를 다 채우지 않고 가석방됐다.

추악한 성추행범 문귀동 경장은 검찰이 기소유예 처분을 한 덕분에 한동안 처벌을 받지 않았다. 권인숙이 6월항쟁으로 가석방된 지 한참 뒤인 1988년 2월 대법원에서 이 사건 재정 신청을 받아들여 문귀동이 재판에 회부됐다. 1989년 문귀동에게 징역 5년의 실형과 함께 권인숙에게 위자료를 지급하라는 판결이 나왔다.

당시 당국이 성고문 사건의 진상을 밝혀 관련자를 모두 처벌하고 언론이 상세히 보도하게 함으로써 경찰을 비롯한 수사기관에 경각심을 갖게 했더라면 박종철 고문치사는 막았을지 모른다. 그러나 부천서 성고문 사건의 처리 과정은 아무리 추악한 고문행위를 저질러도 정권이 은폐하고 감싸준다는 인상을 시국사건 담당 수사관들에게 심어주기에 충분했다.

『신동아』는 9월호에서 부천서 성고문 사건을 상세하게 보도한 데 이어 다음 달에는 고문 반대 캠페인을 벌이기로 하고 10월호부터 '고문

추방을 위한 특별기획①'을 시작했다. 고려대 법과대학 심재우 교수의 〈고문은 영원히 추방돼야 한다〉, 저자의 〈고문과 오판이 만든 살인범—무혐의 확정된 김시훈 씨의 경우〉, 성하운 기자의 〈고문 후유증에 시달리는 사람들〉이라는 기사가 줄줄이 실렸다.

『신동아』 11월호 '고문추방을 위한 특별기획②'에는 김일수 고려대 법대 교수의 〈사법부는 고문 추방의 마지막 보루〉가 게재됐다. 문명호 『신동아』 기자의 〈고문고발 시민운동〉이라는 기사에서는 "반(反)고문이라고 이름 붙일 수 있는 고문에 대한 각계의 대응은 김근태 씨 사건과 부천서 사건을 계기로 보다 조직화됐다"면서 두 사건의 파장을 20여 페이지에 걸쳐 소개했다.

이어 『신동아』 12월호 '고문추방을 위한 특별기획③'에서는 김상철 변호사가 〈고문의 온상, 불법구금〉이라는 글을 통해 당시 수사기관이 학생이나 재야인사를 영장 없이 체포하는 관행을 신랄하게 비판했다. 자유기고가 이해형 씨는 〈김근조 고문치사 사건〉의 전말을 기고했다. 이듬해인 1987년 1월호 '고문추방을 위한 특별기획④'에는 차용석 한양대 법대 교수의 〈고문수사, 인권 최대의 적〉이라는 글을 실었다.

남시욱 출판국장은 이처럼 연이은 고문 특집을 연재하다가 1987년 1월 1일자로 『동아일보』 편집국장 발령을 받았다. 그리고 보름 만에 터진 사건이 박종철 고문치사였다.

2

박종철 고문치사
–태풍이 불다

4

『중앙일보』 신성호 기자의
첫 보도와 취재원

　박종철 사건 1보는 『중앙일보』 법조담당 신성호[1] 기자의 작품으로 한국 언론사에 빛나는 특종이다. 당시 석간신문이던 『중앙일보』는 1987년 1월 15일자 ①판을 찍다가 낮 12시 10분경 윤전기를 멈췄다. 〈경찰에서 조사받던 대학생 쇼크사〉라는 제목으로 2단 기사를 급하게 집어넣고 윤전기를 다시 돌려 1.5판을 찍었다.

　아침에 신성호 기자가 검찰에서 취재한 핵심 내용을 토대로 서울대 출입기자, 부산 주재기자까지 동원해 내용을 보완했다. 아버지 박정기 씨와 가족들은 아들의 사망 소식을 통고받고 상경하고 누나 박은숙 씨만 부산 집에 남아 있었다. 부산 주재기자는 누나로부터 박종철이 운동권에 가담하고 있음을 어렴풋이 알고 있었다는 말을 들었다. 기사 전문은 다음과 같다.

---

1 『중앙일보』에서 사회부 기자를 할 때 박종철 사건 1보를 특종 보도해 이름을 날렸다. 『중앙일보』 퇴사 후 모교인 성균관대 교수로 재직하면서 박근혜 정부에서 대통령 특보를 했다.

〈첫 보도 전문〉

경찰에서 조사받던 대학생 '쇼크사'

14일 연행되어 치안본부에서 조사를 받아오던 공안사건 관련 피의자 박종철 군(21·서울대 언어학과 3년)이 이날 하오 경찰조사를 받던 중 숨졌다.

경찰은 박 군의 사인을 쇼크사라고 검찰에 보고했다. 그러나 검찰은 박 군이 수사기관의 가혹행위로 인해 숨졌을 가능성에 대해 수사 중이

『중앙일보』 1987년 1월 15일자 1.5판.
〈올림픽 경찰경비사 창설〉이라는 중간톱 기사와
만화 〈왈순 아지매〉사이에
박종철 사건을 다룬 2단 기사가 실려 있다.

다. 학교 측은 박 군이 3~4일 전 학과 연구실에 잠시 들렀다가 나간 후 소식이 끊겼다고 밝혔다.

한편 부산시 청학동 341의 31 박 군 집에는 박 군의 사망 소식을 14일 부산시경으로부터 통고받은 아버지 박정기 씨(57·청학양수장 고용원) 등 가족들이 모두 상경하고 비어 있었다. 박 군의 누나 박은숙 씨(24)는 지난해 여름방학 때부터 박 군이 운동권에 가담하고 있다는 사실을 어렴풋이 알고 있었을 뿐 최근 무슨 사건으로 언제 경찰에 연행됐는지는 모른다고 말했다.

박 군은 부산 토성국교 영남중 혜광고교를 거쳤으며 아버지 월수입 20만 원으로 가정 형편이 어려운 편이다.

이로부터 오랜 세월이 흐른 뒤 신성호 기자가 쓴 책과 논문, 인터뷰 등을 통해 밝힌 이 기사의 취재 경위는 다음과 같다.

신 기자가 박종철 사건의 단초를 포착한 것은 15일 오전 9시 50분쯤이었다. 신 기자는 검찰 주요 부서에 대한 오전 취재를 위해 서울 서소문동 대검찰청[2] 10층의 이홍규 공안 4과장 사무실에 막 들어섰다. 신 기자가 문을 열고 방에 들어섰을 때 이 과장은 사무실 책상 앞에 서서 서류를 보고 있었다. 문 여는 소리에 고개를 든 그는 신 기자에게 소파에 앉도록 권유하고 마주앉았다. 그는 자리에 앉자마자 뜻밖의 한마디를 내뱉었다.

"경찰들 큰일났어!"

6년째 법조를 출입한 신 기자는 그의 표정과 목소리에서 뭔가 심상치 않은 일이 벌어졌음을 직감했다. 그러나 어설프게 덤벼들었다가는 일을 그르칠 수 있다는 생각에 이미 알고 있다는 듯 맞장구를 쳤다.

"그러게 말입니다. 요즘 경찰들 너무 기세등등했어요."

뒤이은 그의 말은 청천벽력과도 같았다.

"그 친구 대학생이라지. 서울대생이라며?"

신 기자는 그러한 사실을 알고 있었던 듯 "아침에 경찰 출입하는 후배 기자에게서 그렇다고 들었습니다"라고 둘러댔다. 그러고는 몇 마디 문답이 이어졌다. 이를 통해 경찰 조사를 받던 서울대 학생이 사망했고, 사고 장소가 '남영동'이란 사실을 알아냈다. 그러나 사망한 대학생의 이름과 소속 학과, 학년 등 인적사항은 확인하지 못했다.

---

2 당시 대검찰청, 고등검찰청, 서울지방검찰청은 서울 중구 서소문동의 한 건물 안에 있었다. 지금은 서울시청 별관으로 쓰인다.

신 기자는 사건의 윤곽을 그릴 수 있었다. '남영동'은 당시 치안본부 대공수사단의 사무실과 조사실이 있던 건물을 지칭한다. 신 기자는 서둘러 이 과장의 사무실을 나와 화장실로 달려갔다. 화장실 문을 걸어 잠근 뒤 방금 들은 몇 가지 사실들을 취재수첩에 적었다. 신 기자는 검찰청 내 조용한 방으로 가 경찰 조사를 받던 서울대생이 사망했는데 다른 언론사 기자들은 이러한 사실을 모르고 있음을 전화로 사회부에 보고했다.

곧바로 신 기자는 이진강[3] 대검 중앙수사부 1과장, 최명부[4] 서울지검 1차장을 거쳐 김재기[5] 서울지검 공안부 학원담당 검사실에 들러 이름이 박종○이고, 서울대 언어학과 3학년이라는 것까지 알아냈다. 『중앙일보』 사회부 데스크의 지휘로 검찰과 서울대 출입기자, 부산주재 기자가 마감시간을 넘겨가며 한 조각씩 확인된 사실을 꿰맞췄다.

이홍규 과장은 신 기자의 논문에 자신의 실명(實名)이 거론되는 것을 허락하기 전까지 어느 누구에게도 그 사건의 제보자가 자신임을 결코 밝히지 않았다. 그는 사건을 제보한 이유에 대해 "어린 학생이 죽었는데 이를 묻으려 해 너무 화가 나서 한 일"이라고 설명했다. 이 과장은 1966년 1월 검찰 공무원으로 공직생활을 시작해 1987~89년 대검찰청 공안4과장을 지낸 후 1995년 은퇴했다. 다음은 이홍규 과장이 기억하는 당시 상황이다.

---

3 휘문고, 고려대 법대를 나와 대검 중앙수사부 1과장, 성남지청장, 대한변호사협회 회장을 역임.
4 대검 중앙수사부장, 법무부 검찰국장, 대전고검장을 지냄.
5 대검 중앙수사부장, 법무부 검찰국장, 대전고검장을 지냄.

"박종철 군이 14일 사망한 뒤 바로 다음 날 아침, 공안부장(최상엽[6]) 티타임에서 이 얘기가 나왔다. 대학생이 경찰 수사 도중 죽었다는 내용이었다. 공안부장인지 자세히 기억은 안 나지만 '절대 외부에 발설하지 말고 입 조심하라'고 했다. 그런데 곱씹어볼수록 너무 화가 났다. 어린 학생이 죽었는데 이렇게 묻어야 하나 싶었다. 그래서 평소 신뢰 관계에 있던 신성호 기자가 왔길래 내용을 알려주게 됐다.

기사가 나간 뒤 검찰청이 쑥대밭이 됐다. 제보자 색출 작전도 벌어졌다. 하지만 아무도 단서를 잡지 못했다. 보도가 나간 것을 보며 복잡한 마음이 들었지만 진실은 반드시 알려져야 한다고 생각했다."[7]

이두석[8] 『중앙일보』 사회부장은 '쇼크사'로 실린 2단짜리 기사의 파장이 엄청났다고 회고했다. 강민창[9] 치안본부장은 전화로 황급하게 '고문치사'가 아니라 '변사'라고 강변하면서 오보의 책임을 지라고 협박에 가까운 말을 했다. "밤사이 술을 많이 마셔 갈증이 난다"며 물을 여러 컵 마신 뒤 심문 시작 30분 만에 수사관이 책상을 '탁' 치며 추궁하자 갑자기 '억' 하며 쓰러졌다는 말을 최초로 들은 이도 이 부장이었다. 이날 오후 강 치안본부장은 기자들에게 이 거짓말을 반복했다.[10]

신성호 기자는 박종철 사망을 처음 알려준 사람을 25년 동안 공개하지 않았다. 그 바람에 취재원에 관해 여러 이설(異說)이 존재했다.

---

6 포항고와 서울대 법대를 나와 대검공안부장, 대검 차장, 법제처장, 법무부장관을 지냄.
7 신성호 저서 《특종 1987》(중앙북스) 156쪽.
8 박종철 사건 당시 『중앙일보』 사회부장. 부산고와 고려대 정외과를 나와 『중앙일보』 기자, 『문화일보』 논설실장을 지냄.
9 박종철 사건 당시 치안본부장. 박종철 치사 사건과 관련해 부검 감정서에 쇼크사로 작성하도록 황적준 박사에게 압력을 넣은 혐의로 직권남용과 직무유기죄로 기소돼 징역 8개월에 집행유예 2년이 확정됐다.
10 『관훈저널』 통권 121호(2011년 12월 20일자), 이두석 전 『문화일보』 편집국장의 〈못 다한 푸념〉.

신 기자와 같은 시기에 법조를 출입하던 저자는 논설위원으로 재직하며 월간 『신동아』에 7년 가까이 〈황호택이 만난 사람〉이라는 제목으로 명사 인터뷰를 게재했다. 『신동아』 2007년 4월호에는 이진강 대한변호사협회장 인터뷰가 나갔다. 그는 박종철 사건 당시 중앙수사부 1과장(부장검사)이었다. 사건이 터진 지 20년이 되던 해였다. 그는 인터뷰에서 대학생이 경찰에서 조사받다 숨진 사건을 미리 알고 온 신성호 기자에게 사실을 확인해주었음을 밝혔다.

"중앙일보의 특종을 제가 확인해줬지요. 의도적으로 흘린 것은 아니었어요. 대검에서는 아침마다 서동권 검찰총장, 정해창[11] 대검차장, 한영석[12] 중앙수사부장, 최상엽 공안부장 등 '빅4'가 회의를 하고 중수부 1과장인 저와 임휘윤[13] 공안1과장이 보고를 했어요. 아침 9시에 우리가 보고를 하고 있는데 공안부 쪽에서 쪽지가 들어왔어요. 쪽지를 받은 임 과장이 '서울대 학생한 명이 경찰에서 조사받다 죽었습니다'라고 보고했죠. 보고를 마치고 내방에 돌아와 있는데 신 기자가 찾아와 '오늘 보고 중에 서울대생 한 명이 죽었다는 내용이 없었습니까'라고 물어요. 미리 알고 확인하러 온 거죠. 검찰총장실 회의 끝난 뒤였으니까 오전 10시가 넘었을 거예요. 그래서 신 기자에게 '공안 1과장이 쪽지를 받아 보고를 하더라'고 말해줬죠."

---

11 경북고와 서울대 법대를 나와 대검차장, 법무부장관, 대통령 비서실장(노태우 정부)을 역임했다.
12 계성고와 서울대 법대를 나와 대검 중앙수사부장, 법무부차관, 대통령민정수석, 법제처장을 지냄.
13 남성고와 서울대 법대를 나와 대검 공안1과장, 서울지검장, 부산고검장을 지냄.

신 기자는 어디선가 듣고 이 부장검사를 통해 확인한 것이다. 이 변호사는 "나는 박 군 1보를 확인해준 줄도 몰랐는데 나중에 신 기자가 그렇다고 얘기해 주기에 알게 됐죠"라고 『신동아』 인터뷰에서 말했다.

그렇다면 신 기자는 박종철의 죽음을 어떤 경로를 통해 알게 됐을까. 저자와 신성호 기자는 입사 연도(1981)가 같다. 같은 석간으로 『동아일보』와 『중앙일보』가 치열하게 경쟁하던 시대였다. 당시 법조 기자실은 서소문 서울지방법원 건물에 있었다. 법조 기자실이 『중앙일보』에서 가까워 저자가 특종기사를 쓰면 신 기자는 회사에 불려 들어가 질책을 당하고 돌아왔다. 신 기자가 특종을 할 때는 거꾸로 저자가 당했다.

저자가 1985년 7월 7일자에 당시 서울대 학생이던 유시민[14]의 항소이유서를 소개하는 〈왜 꿈을 버려야 했나〉라는 〈창(窓)〉을 썼던 날 회사 전화를 받던 신 기자의 모습이 기억에 남아 있다. 수화기를 든 그의 얼굴이 노래졌다. 아마 부장 전화였던 것 같다. 신 기자는 회사에 불려 들어갔다가 1시간 만에 돌아왔다. 신 기자는 오랜 세월이 흐른 후에도 이 기사에 대해 "아팠다"고 되뇌곤 했다.

이런 식으로 몇 번 신 기자가 회사에 호출당하도록 만들었다가 홍두깨로 머리통을 맞은 기사가 박종철 사건 1보였다. 그래서 저자는 신 기자가 도대체 1보를 어디서 챙겼을까 하는 궁금증을 오랫동안 품고 있었다.

저자는 박종철 고문치사 10주기를 전후해 그의 부친 박정기 씨를 만난 적이 있다. 박 씨는 아들 사망 당시 부산 청학양수장 직원이었

---

14 경북 경주 출신으로 대구 심인고와 서울대 경제학과를 나왔다. 16·17대 의원과 노무현 정부에서 보건복지부장관을 지냈다. 신문 칼럼니스트, TV 시사토론 패널, 저술가로 활동하고 있다.

다. 저자는 박종철 사건으로 한국기자상을 두 차례(1987, 1988년) 받았다. 박종철의 죽음과 관련된 기사로 영예로운 상을 두 번이나 받은 기자로서 아버지를 만나 위로하고 아들의 이야기를 듣고 싶었다. 소설가 유시춘[15] 씨의 소개로 박정기 씨와 셋이서 회사 옆 일식집 '신성'에서 저녁식사를 했다. 그 자리에서 박 씨는 이런 얘기를 했다.

"경찰이 종철이 사진을 챙겨갖고 서울로 오라고 해서 부랴부랴 상경했는데, 사무실에 가둬놓고 전화도 못 걸게 했죠. 경찰은 진상을 말해주지 않았지만 향과 영정 사진을 준비하는 것으로 봐 종철이가 경찰에서 조사받다 죽은 것 같았습니다. 친척에 중앙일보 부국장이 있었어요. 경찰의 감시가 소홀한 틈을 타 공중전화로 중앙일보 친척에게 전화를 걸어 도대체 아들에게 무슨 일이 일어났는지 알아봐달라고 부탁했습니다."[16]

이 인터뷰 기사가 나간 후 저자는 『중앙일보』에서 퇴사하고 대학에 출강하며 박사학위 논문을 쓰는 신 기자를 만난 적이 있다. 모임이 끝나고 신 기자의 차에 동승했는데 그가 먼저 『신동아』 인터뷰 이야기를 꺼냈다. 저자는 그 인터뷰에서 신 기자가 제보를 받고 확인취재를 시작했다고 단정하지는 않았지만 전후 맥락에 비춰 독자들은 그렇게 인식할 수 있었다. 신 기자는 "이 사람아, 내가 박사학위 논문에서 취재원을 밝힐 거야"라고 말했다.

---

15 고려대 국문과를 나와 소설 《건조지대》로 등단. 동생 유시민 씨가 구속됐을 때 민주화실천가족운동협의회(민가협)를 창립하고 총무를 맡았다. 김대중 정부에서 국가인권위 상임위원을 지냈다.
16 『신동아』 2007년 4월호 〈황호택이 만난 사람〉.

신 기자는 기사를 쓴 지 25년이 지난 2012년 6월 출간한 〈박종철 탐사보도와 한국의 민주화 정책변화〉라는 박사학위 논문에서 제보자를 처음으로 공개했다. 그는 2017년 2월 9일 이 책을 쓰기 위해 가진 인터뷰에서 저자가 "박종철 사건 1보 기사와 관련해 『신동아』에 소개됐던 종철이 아버지 이야기를 써도 되느냐"고 묻자 "써도 좋아"라고 흔쾌히 답했다.

저자는 박종철 사건을 20여 년 동안 연구한 고려대 미디어학부 심재철[17] 교수에게도 자문을 했다. 신 기자의 박사학위 논문 지도교수이기도 한 심 교수는 다양한 이설(異說)이 존재해야 학문이 풍부해진다며 "지금 쓰는 책에 담는 게 좋겠다"고 말했다. 박정기 씨의 이야기를 공개한다고 해서 첫 특종 보도를 한 신 기자의 명예에 손상이 가는 것은 아닐 것이다.

박정기 씨는 2017년 3월 24일 저자와의 인터뷰에서 "종철이에게 무슨 일이 일어났는지 알아봐달라고 부탁한 『중앙일보』 친척은 할아버지의 누이동생의 아들인데 지금은 이름이 기억나지 않는다"고 했다. "어렸을 때는 그 사람이 외갓집인 우리 집에 자주 놀러왔죠. 그 사람에게 종철이의 신상을 알아봐달라고 부탁을 해놓고 내가 이리저리 옮겨다니는 혼란스러운 형편이라 다시 연락이 되진 않았어요." 나이는 박 씨보다 여러 살 위였다고 한다.

여하튼 박종철 사건 1보가 터지면서 『동아일보』를 비롯한 각 신문이 확인취재에 들어갔다. 『AP』와 『UPI』 등 통신사들이 서울발(發) 긴

---

17 고려대 신문방송학과를 졸업하고 미국 위스콘신대학교 매스컴학 박사, 고려대 미디어학부 교수 역임. 박종철 사건 관련 연구논문 다수 집필.

급기사로 『중앙일보』를 인용해 박종철의 죽음을 타전했다. 신 기자의 1보 기사가 없었더라면 시국의 물줄기를 바꾼 이 사건이 어떤 방향으로 흘러갔을지 예측하기 어렵다.

5

쇼크사를 고문치사로 뒤집다

『동아일보』는 박종철 고문치사 사건 제1보를 애석하게 놓쳤다. 1987
년 1월 15일 오후 4시경 서울시내에 배포되는 『중앙일보』 ②판 사회
면에 2단 기사가 실렸다. 『중앙일보』는 1.5판부터 이 기사를 실었지만
『동아일보』 편집국에서 받아본 것은 ②판 신문이었다. 기사의 제목은
〈경찰에서 조사받던 대학생 '쇼크사'〉였다. 쇼크사라면 고문치사와는
거리가 먼 사망사고가 된다.

당시 『동아일보』와 『중앙일보』 등 석간신문은 신문을 하루 네 번 찍
었다.[1] 오전 11시경 마감한 석간신문 ①판은 서울시내 가판으로 오후
1시경, ②판은 서울시내 가정집과 사무실 배달용으로 오후 4시경까지
배포한다. 서울역에서 열차에 실어 지방으로 내려보내는 ③, ④판은
오후 5시경 기사를 마감하고 7시경 신문을 찍었다. ②판 신문은 주로
서울 도심의 기업과 관공서에 배포하던 신문으로 부수는 약 2만 부

---

1 『동아일보』는 1993년 4월 1일자부터 석간신문에서 조간신문으로 전환했다.

정도였다.

『중앙일보』의 박종철 기사는 〈올림픽 경찰경비사 창설/치안본부 테러 등 대비 병력 2배 늘려〉라는 6단 제목의 기사 옆에 2단으로 작게 나갔다. 당시 이 특종기사를 쓴 신성호 기자는 최소 사회면 중간톱(두 번째로 큰 기사)으로 나갈 것을 예상했다고 후일 아쉬움을 표시했다. 시국 관련 학생 사건은 2단 이내로 보도한다는 보도지침이 있던 시절이었다.

기자 세계에서는 다른 신문이 쓴 기사를 빠뜨렸을 때 '물먹었다'는 속어로 표현한다. 『중앙일보』 ②판 기사는 사실 눈에 확 들어오지 않는 크기였다.

이날 오후 남시욱 편집국장은 밖에서 점심식사를 마치고 회사로 돌아와 『중앙일보』 서울시내 배달판인 ②판을 들춰보다가 사회면에서 정운경[2] 화백의 〈왈순 아지매〉라는 네 칸짜리 만화 옆에서 〈경찰에서 조사받던 대학생 '쇼크사'〉라는 2단짜리 기사를 발견했다. 곧바로 비서를 사회부에 보내 데스크를 찾았다. 정구종 사회부장은 출타 중이었고 김차웅[3] 차장이 자리를 지키고 있었다. 그는 김 차장에게 "우리는 이 기사가 왜 빠졌느냐"고 물었다. 김 차장은 "경찰에서 나온 기사가 아니고 검찰 기자가 쓴 거랍니다"라고 대답했다. 김 차장이 치안본부를 담당하고 있다 보니 기사의 출처를 의식한 발언이었다. 남 국장은 "어디서 기사가 나왔든 당장 자세하게 취재해서 지방판부터 실으라"고 지시했다. 이렇게 『동아일보』에서 박종철 사건 보도의 서막이

---

2 『중앙일보』에 시사만화 〈왈순 아지매〉를 장기 연재한 화백.
3 『동아일보』 기자, 뉴욕특파원, 사회부장, 논설위원 역임.

보도지침을 무시하고 박종철 군의 얼굴 사진을 싣고 5단 기사로 키워 1월 15일 오후에 제작한 지방판 신문.

조용히 열렸다.

『동아일보』 사건기자들은 기민하게 움직여 지방판에 사회면 중간톱 기사를 만들었다. 지방판에는 당국의 감시가 느슨한 점을 이용해 보도지침을 무시하고 기사를 키운 것이다.

다음 날인 1월 16일 『동아일보』는 11면 사회면 중간톱으로 〈대학생 경찰 조사받다 사망〉이라는 큰 제목을 달고 부제를 네 개나 뽑아 내보냈다. 〈검찰서 사체 부검 "고문 드러나면 수사관 구속"〉〈"무릎 찰과상 손가락 사이 멍" 경찰〉〈"오른쪽 폐 탁구공 크기 출혈" 부검 결과〉〈"목과 가슴 주위 피멍 많았다"〉. 중간톱으로 다뤘으나 기사의 크기나 양은 톱기사보다 훨씬 비중이 높았다.

'고문'이라고 단정은 하지 않았지만 고문이 있었음을 강력하게 시사하는 제목이었다. 기사에는 전날 밤 9시에 실시된 박종철의 사체 부검에 가족 대표로 입회했던 삼촌 박월길 씨(36)의 말을 인용해 '두피(頭皮)를 벗기자 머리 한쪽에 피멍 자국이 드러나 보였으며 이마 뒤통수 목 가슴 하복부 사타구니에 여러 군데의 피멍 자국이 있었다'는 내용이 포함돼 있었다. 고문이 있었음을 알리는 결정적인 증언이었다.

물론 16일자 기사에는 치안본부 측이 공식적으로 밝힌 최초의 허위 발표 내용도 함께 실려 있다. 강민창 치안본부장은 남영동 수사팀이

14일 아침 박종철을 하숙집에서 연행해 온 다음 오전 10시 50분경부터 취조실에서 조사에 들어갔는데 조사가 시작된 지 30분 만인 오전 11시 20분경 수사관이 주먹으로 책상을 '탕' 치면서 혐의사실을 추궁하자 박종철이 갑자기 '억' 하면서 책상 위로 쓰러졌다고 발표했다. 경찰을 웃음거리로 만든 소위 '쇼크사' 주장이었다.

남영동 경찰관들이 박종철의 가슴을 주먹으로 때리고 발길질까지 한 행위는 경찰의 초동수사는 물론 검찰이 송치된 사건을 넘겨받아 나흘 만에 기소를 하는 시점에도 묻혀 있었다. 물고문 사실은 어쩔 수 없이 인정하면서도 물고문에 구타까지 했다고 하면 국민의 분노가 커질 것을 우려해 구타 행위는 뺀 것이다. 경찰관이 박종철을 구타한 행위는 천주교정의구현사제단의 김승훈[4] 신부가 은폐 조작을 폭로한 뒤 검찰이 재수사를 하고 나서 발표할 때 비로소 범죄 혐의에 포함됐다.

조한경은 욕조에 물을 채우라고 지시한 후 바른대로 말하지 않는다면서 주먹으로 박종철의 가슴을 수회 때리고 발로 동인의 다리를 1회 걸어차고 강진규도 가세하여 주먹으로 동인의 가슴 등을 수회 때리고…[5]

16일자 기사에 따르면 경찰의 긴급한 요청을 받고 치안본부 대공 2부 5층 9호 조사실에 갔던 오연상[6] 씨는 "도착 즉시 박종철의 눈동자

---

4 1939~2003. 평남 진남포 출신으로 천주교정의구현사제단 대표를 지냈다. 1987년 광주민주화운동 7주기에 〈박종철 군 고문치사 사건은 조작되었다〉는 성명을 발표해 이 사건의 재수사를 이끌어냈다.
5 고문 경찰관의 1심 판결문에 적시된 구타 범행 내용.
6 1957년생. 서울대 의대를 나와 중앙대 의대 부속병원에서 의사로 일하다 치안본부 대공분실의 요청을 받고 남영동 조사실에 들어가 박종철에게 인공호흡 실시. 『동아일보』 윤상삼 기자에게 물고문이 있었음을 알려 『동아일보』 '올해의 인물'로 선정됐다.

를 살펴보고 심전도 및 호흡 상태를 살펴본 결과 이미 숨진 상태였다"
고 말했다. 오 씨가 기관지에 튜브를 집어넣어 인공호흡을 시키고 충
격요법으로 사용되는 앰풀 주사를 놓고 심장 마사지도 약 30분 동안
이나 계속했으나 박종철의 심폐기능은 소생되지 않았다.

서울지검 형사부 안상수[7] 검사의 지휘와 국립과학수사연구소 황적
준 박사[8]의 집도로 1시간 20분가량의 부검을 마친 시간은 밤 10시 25
분경. 『동아일보』 황열헌[9] 기자가 부검에 입회한 박종철의 삼촌 박월
길 씨를 만난 것은 그로부터 30분가량 지난 밤 11시경, 한양대병원
앞 길에서였다. 박 씨는 눈물을 글썽이며 박종철의 누나 은숙 씨와
이야기를 나누고 있었다. 황 기자는 삼촌과 조카의 대화에 끼어들지
않고 뒤에서 취재노트를 꺼내 조용히 받아 적었다.

박월길 씨는 "종철이가 수십 군데 맞아서 피멍이 들어 있더라"고 하
소연하듯 말했다. "철이가 경찰에 맞아 죽었다"는 말도 했다. 그가 은
숙 씨에게 말한 내용은 황 기자가 '고문에 의한 사망'이라는 심증을
굳히는 데 결정적인 단서가 됐다.

이 기사에는 부검에 참여한 '경찰 관계자'가 전한 부검 결과에 대한
구체적인 설명도 들어 있다. 당시는 치안본부가 사인을 심장마비로 몰
고 갈 때여서 그처럼 위험한 발언을 기자에게 드러내놓고 할 경찰 관
계자는 없었다.

---

7 마산고와 서울대 법대를 나와 제17회 사법시험에 합격. 서울지검 검사로 재직할 당시 박종철 사건을 맡
았다. 인책성 발령을 받아 춘천지검에 근무하다가 변호사를 개업해 박종철 고문치사 사건 수사에 얽힌 비
화를 담아 《마침내 마침표를 찍는다》라는 책을 저술했다. 4선 의원을 지낸 창원시장.
8 고려대 의대 졸업. 국립과학수사연구소 법의학 1과장 재직 당시 박종철을 부검했다. 대한법의학회 회장
을 지냈다.
9 『동아일보』 기자로 있다가 『문화일보』로 옮겨 논설위원과 편집국장을 지냈다. 언론계를 떠난 후에는 현
대자동차, 현대모비스 부사장 역임.

황 기자는 중부경찰서 기자실에서 박종철 부검에 입회했던 한양대 박동호[10] 박사에게 전화를 걸어 "동아일보 기자"라고 신분을 밝혔다. 그러자 박 박사는 점잖게 "기자에게는 말할 수 없다"며 말하기 어려운 처지를 설명했다. 경찰이 부검 입회자들에게 모두 입단속을 시켜놓고 있었다. 황 기자는 포기하지 않았다. 그러고는 『KBS』김형태[11] 기자에게 "박동호 박사가 내 목소리를 기억하니, 형이 '관명사칭(官名詐稱)'을 하고 취재해 달라"고 간청했다. 『KBS』는 박종철 사건의 경우 발표 기사 외에는 쓰지 않을 때였지만 황 기자가 "형"이라며 매달리자 취재를 도와줬다.

언론 자유를 질식시킨 5공의 공포정치하에서 민감한 문제는 취재원이 답변을 하지 않는 경우가 많았다. 기자들은 어쩔 수 없이 전화 취재를 하면서 가끔 관명사칭을 했다. 지금은 신문윤리 차원에서 금지하고 있을뿐더러 형사 처벌을 받기 때문에 이런 취재 방법은 쓰이지 않는다.

중부경찰서 기자실에는 두 대의 전화기가 있어서 한 대로 다른 한 대의 통화 내용을 들을 수 있었다. 목소리 좋은 김 기자는 상대가 '안기부 수사과장'으로 믿을 만한 톤으로 질문을 했다. 김 기자가 "우리 직원 보고에 따르면 박 군의 몸에 멍이 많다는데 모두 몇 군데나 됩니까"라고 묻자 박 박사는 "많이 있습니다"라고 대답했다. 황 기자는 다른 전화로 열심히 김 기자와 박 박사의 문답을 받아 적었다.

그러고는 취재원을 보호하기 위해 '경찰 관계자'로 주어를 바꿔 부

---

10 연세대 의대를 나와 한양대 의대 마취과 의사로 일하던 중 박종철 부검에 입회했다.
11 『KBS』기자, 뉴욕특파원, 19대 국회의원.

「동아일보」 1987년 1월 16일자 ①,②판

검 입회 의사인 박 박사로부터 들은 이야기를 다음과 같이 기사화했다.

경찰 관계자는 16일 박 군의 사체 부검 결과에 관해 사체 외표(外表) 검사에서 왼쪽 무릎에 0.6cm의 찰과상이 있었고 오른쪽 손의 엄지와 검지 사이의 손등 쪽에 작은 멍이 들어있는 것이 확인됐다고 밝혔다.

경찰 관계자는 또 "정확한 부검 결과가 나오는 대로 관계 수사관들을 조사해 잘못이 드러나면 철저히 조사, 엄중 처리하겠다"고 말했다.

경찰 관계자에 따르면 사체의 내경검사 결과 오른쪽 폐에서 탁구공 크기만 한 출혈반[12]이 발견됐는데 부검을 집도한 의사는 "출혈반의 원인은 여러 가지가 있을 수 있으나 전기충격 요법이나 인공호흡을 했을 때 생길 수도 있다"고 말하고 "특별한 치명상은 발견되지 않았지만 목과 가슴 부위에 피멍이 많이 발견됐다"고 말했다는 것.

---

12 폐 출혈반은 고문을 당하며 물을 많이 먹어 발생한 것으로 나중에 밝혀짐.

박종철 사체를 부검한 국립과학수사연구소 황적준 박사는 강민창 치안본부장으로부터 박종철의 사인을 '심장마비'로 해달라는 회유와 압박을 받은 다음 날인 1월 16일 일기에 다음과 같이 적었다.

오전 11시경 4차장(주병덕[13])이 들어오면서 동아일보 사회부 기자[14]가 입회자인 박 교수 및 그 삼촌과 인터뷰한 사실에 대해 정보를 받았다면서 동아일보 편집국장[15]을 만나러 간다고 말한 후 사라짐. (4차장과 약 15분간 대화 중에 모든 걱정은 말고 소신껏 없던 것으로 하라고 설득) 오후 2시경 받아본 동아일보에는 박 교수 및 삼촌이 부검 시 목격한 상황에 대하여 비교적 상세히 보도. 이때부터 나는 사실이 밝혀지고 있구나 하는 판단을 했고 어떠한 일이 있어도 감정서만은 사실대로 기술해야겠다고 결심.

'쇼크사'가 아니라 '고문치사'임을 알리는 구체적인 증언이 담겨 있는 1월 16일자 『동아일보』 기사가 부검의인 황 박사로 하여금 본부장의 압력을 뿌리치고 부검 감정서를 사실대로 적기로 결심을 하는 데 결정적 영향을 끼쳤음을 알 수 있다. 박종철 사건 수사검사였던 안상수 씨도 2009년 5월 28일 권순택과의 인터뷰[16]에서 "1월 16일자 박종철 부검 관련 보도 때문에 사건의 은폐가 불가능해진 만큼 『동아일보』가 사건규명에 결정적 역할을 했다고 볼 수 있다"고 평가했다.

1월 15일자 ②판 신문에 박종철 사건 첫 보도를 했던 『중앙일보』는

---

13 박종철 사건 당시 치안본부 4차장. 관선과 민선 충북도지사를 지냈다.
14 황열헌 기자를 지칭.
15 남시욱 국장을 지칭.
16 권순택 논문 53쪽.

1월 16일자 신문에는 단 한 줄도 쓰지 않았다. 『조선일보』는 1월 17일 자 사회면에 〈사인 19일께 판명, 대학생 변사사건 머리-가슴 피멍 흔적〉이라는 제목의 4단 기사에서 『동아일보』 1월 16일자 기사의 핵심적인 내용을 그대로 옮기다시피 했다. 다른 신문들이 보도지침으로 손을 놓고 있는 사이 『동아일보』가 경찰 발표 쇼크사를 고문치사로 뒤집는 특종을 한 것이다.

1보를 특종 보도한 『중앙일보』는 16일자 석간에 박 군 관련기사를 왜 쓰지 않았을까. 이 기사를 특종 보도한 신성호 기자는 2017년 2월 9일 저자와의 인터뷰에서 이두석 당시 사회부장의 회고담을 이렇게 전했다.

"솔직히 『중앙일보』가 사건을 처음 터뜨렸다는 게 부담으로 작용했다. 그래서 후속 보도에 상대적으로 소극적인 측면이 있었음을 부인할 수가 없다. 1980년대를 돌아보면 『중앙일보』는 삼성의 계열사여서 지금과는 위상이 달랐다."

심재철 교수와 이경숙 씨는 『한국언론학회보』 1999년 봄호에 실린 〈국민의제 형성에서 탐사보도의 역할-박종철 사건을 중심으로-〉라는 논문에서 '박종철 사건의 경우 수도권 일간지의 검찰 기자가 최초의 문제 제기자라고 볼 수 있다'면서 『중앙일보』와 『동아일보』의 역할을 다음과 같이 규정했다.

『중앙일보』가 서울대학교 언어학과 학생이었던 박종철의 죽음을 2단 기사로 보도했고, 낙종한 『동아일보』는 진실을 은폐하려던 당국의 사건 조작을 파헤쳤다. 뉴스경쟁을 통해 국내 언론은 정권의 비도덕성을 폭로해 국민의 공분을 일으켰으며 이러한 노력은 결국 권위주의 정권의 퇴장을 앞당기는 데 기여했다.[17]

심재철 이경숙의 논문은 국내외 학자들의 논문을 인용해 탐사보도란 부정, 비리와 관련된 사회 문제를 일정 기간 심층적으로 조사해 폭로하는 보도 형태라고 규정하고 있다. 이 논문이 인용한 안광식 (1984)은 특정 단서를 잡은 기자는 끈질긴 인내심과 풍부한 상상력 그리고 예리한 기지와 용기로 확실한 증거를 잡을 수 있다고 탐사보도에 대해 규정한다.

박종철 사건은 한국 언론사상 가장 대표적인 특종이라는 평가를 받고 있다. 『월간조선』이 언론계 원로와 고참 기자들을 상대로 실시한 설문조사에서 가장 많은 사람들이 꼽은 특종이 이 사건 보도였다.[18]

신성호 기자의 첫 보도는 격발장치 역할을 하면서 고문 가능성을 비치는 성과를 냈지만 구체적인 증거를 제시하지 않았고 '2단' 보도지침을 지켰다.

그러나 『동아일보』는 『중앙일보』에서 이 기사를 보고 2시간 후에 제작한 이날 지방판에 중간톱 5단 기사로 키우고 박종철의 얼굴 사진까지 구해 게재했다. 저자가 당시 사진기자들을 대상으로 취재를 했으나 정확한 사진 입수 경위를 알고 있는 사람은 없었다. 여러 전언을 종합해보면 경찰병원 영안실에서 박 군의 영정 사진을 복사해 온 것

---

17 심재철 이경숙 논문 83~84쪽.
18 허용범(2000)의 《한국언론 100대 특종》(나남출판사) 250쪽.

으로 추정된다.

이어 다음 날에는 부검에 입회한 삼촌과 의사 오연상 씨의 증언을 토대로 쇼크사가 아니라 고문치사임을 밝히는 기사를 썼다. 『동아일보』는 비록 첫 보도에서는 한발 늦었으나 다음해인 1998년 1월까지 이어진 보도의 전 과정을 통해 탐사보도의 전형적인 사례로 꼽히는 지면을 제작했다.

6

사회부 기자들의 '미귀(未歸)' 항의와
남시욱 편집국장의 결심

1월 16일자 『동아일보』는 〈고문수사와 국정 수사권—진상의 척결만
이 수사의 신뢰도 회복한다〉는 제목의 사설에서 경찰과 검찰 수사의
문제점을 조목조목 짚고 있다. 2명만으로 물고문이 가능하냐는 의문
을 제기하고, 얼굴 없는 현장 검증, 초동 수사를 경찰에 맡긴 대목을
아프게 찌르고 있다. 이어 고문치사 사건 수사에 신뢰를 가질 수 없
다며 국회의 국정조사권 발동을 요구하고 있다. 이 사설은 훗날 사제
단의 폭로 성명에서도 '고문 범인은 결코 2명일 수 없다'는 주장의 근
거로 제시됐다.

고문에 가담한 경찰관도 두 사람뿐이며, 피명 등의 상처와 사인(死因)도
오직 물고문 때문이었다는 것이 검찰 발표의 줄거리다. 박 군의 연행시간
또한 경찰 발표와 1시간 남짓의 차이가 있었을 뿐이며, 물고문 이외의 전
기고문이나 다른 폭행은 없었다고도 한다. 솔직히 말해서 우리는 검찰 수
사를 정면으로 부인할 만한 반증(反證)을 갖지는 못한다. 그러나 수사 과

정에서 스스로 증거를 제시하고 '말을 해야 할 시신(屍身)을 왜 그렇게도 서둘러 화장해버렸는가.'(중략) 두 사람만이 고문에 가담했다는 수사 결과 역시 동일하다. 그 의문들은 물론 확증에 근거한 것이라기보다는 일상적인 경험칙(經驗則)에서 우러나는 것이다. 우리의 의문을 더욱 가중시키는 것은 이제까지 지켜보아온 수사 과정이다. 경찰의 극단적인 범행을 처음부터 경찰 자체의 수사에 맡겼다는 것도 납득이 되지 않는다.(중략) 더구나 수사의 대단원(大團圓)이라고도 할 수 있는 현장 검증에 범인을 내세우지 못한 이유는 무엇인가.(중략) 이번 사건에 대한 국민적 관심을 외면한 채, 현장 검증을 비공개리에 해치우고, 범인마저 내세우지 않은 진정한 이유는 무엇인가.

『동아일보』는 앞에서 설명한 바와 같이 1월 16일자에서 박종철의 죽음이 고문치사임을 알리는 기사를 사회면 중간톱에 크고 작은 제목 다섯 개를 달아 단독 보도했으나 다른 신문들은 일절 다루지 않았다. 당국의 압력이 『동아일보』에 가중될 수밖에 없었다. 1월 17일자에는 의사 오연상 씨의 물고문 의심 발언도 담겨 있었으나 결국 기사는 실망스럽게도 사회면 아래쪽에 2단짜리로 작게 처리됐다.

정의감에 불타던 젊은 사건기자들이 이날 저녁 회사에 미귀(未歸)하는 스트라이크를 했다. 사건기자들은 경찰서나 사건 현장에 있다가 오후 6시경 특별한 일이 없으면 회사에 복귀해 회의를 한다. 그런데 이날 기자들이 사발통문을 돌려 회사에 들어오지 않은 것이다. 편집부에 있다가 사회부로 온 윤상삼[1] 기자와 사건기자 고참인 황열헌 기

---

1 도쿄특파원을 마치고 귀국해 1999년 43세에 간암으로 유명을 달리함. 『동아일보』기자들은 10주기까지

자가 주동을 했다. 장병수[2] 시경 캡[3]은 지면에 대한 젊은 기자들의 불만을 정구종 사회부장에게 그대로 보고했다. 남시욱 편집국장은 정부장의 보고를 받고 "사실로 확인되는 것은 다 써도 좋다"고 말했다.

그러나 대공분실이라는 은폐된 밀실에서 일어난 고문치사인지라 취재에 어려움이 컸다. 장병수 캡은 "있는 그대로 다 쓴다. 그렇지만 사실과 다르거나 잘못 짚은 기사가 나가면 우리가 엄청난 공격을 당할 것이다. 무거운 책임감을 갖고 써라"라고 더듬거리는 경상도 사투리로 훈시를 했다.

정부 당국이 박종철 사건 기사에 대한 통제를 강화하려 시도하자 남 국장은 사안의 중대성을 감안해 이 사건을 진두지휘하기로 결심하고 전 편집국이 합심해서 사건의 진상을 끝까지 파헤치도록 당부했다. 그는 부장 회의에서 주무부서인 사회부뿐 아니라 정치부 외신부(현재의 국제부) 문화부 데스크들도 열의를 갖고 이 야만적인 사건을 입체적으로 보도하기 위해 최선을 다하라고 지시했다. 남 국장은 정치부는 박종철 사건에 대한 정부의 방침과 정치권의 움직임을, 외신부는 국제사회의 반응을, 문화부는 고문에 대한 학술적 문제를 다루도록 당부했다. 사회부는 특별취재팀을 구성해 종합적인 사건 취재와 고문에 관한 특집기획을 준비했다. 다른 부서들도 적극적으로 지면 제작에 협력해 전 편집국이 혼연일체가 되어 사회면 정치면 국제면 문

기일에 광명시 가학동에 있는 그의 묘소에서 추도식을 거행했다.

2 경북고와 서울대 정치학과를 나와 『동아일보』 사건기자 캡을 할 때 박종철 사건 취재를 지휘했다. 퇴사 후 《사건기자 1987년》이라는 소책자를 펴냈다. 롯데자이언츠 대표이사를 지냈다.

3 서울시경찰청에 캡(captain의 준말) 기자가 상주하면서 일선 경찰서에 출입하는 기자들을 지휘해 주요 사건을 취재하는 시스템. 한국 언론 초창기부터 내려온 유습이다. 시경 캡은 경찰기자의 대장이고 기자 훈련소장이라고도 할 수 있다. 시경 캡은 신문사 직제상 정식 직책이 아니어서 인사발령 소식에도 나지 않는다. 최근 들어 정식 명칭이 '기동취재팀장'으로 바뀌었지만 대부분의 언론사는 아직도 '캡'이라고 부른다.

화면에 걸쳐 이 사건을 종합적으로 보도하는 데 성공했다. 독자들의 폭풍적인 호응을 얻어 『동아일보』의 성가(聲價)가 최고조에 달한 느낌이었다.

저자는 검찰에 출입할 때 정해창 대검차장이 "남시욱 국장이 고문을 당한 경험이 있어 박 군 기사를 크게 쓴다는 소문이 있다"라고 말하는 것을 들은 적이 있다. 『동아일보』가 박종철 기사를 연일 크게 보도하는 바람에 검찰 상부가 곤혹스러울 때였다.

남 국장의 회고를 들어보면 정 대검차장의 말은 사실과 다르다. 출판국장 재직 당시인 1985년 광주민주화운동 5주년 특집기사 때문에 유신 시대와 5공 초기에 악명 높았던 보안사 대공분실에 불려갔지만 고문은 당하지 않았다.

『신동아』 윤재걸[4] 기자는 광주 출신으로 르포라이터 경력이 있다. 이정윤 『신동아』 부장이 광주민주화운동 5주년 특집기사 원고에서 일부 문제가 될 수 있는 내용을 지울 때마다 윤 기자가 옆에 붙어 있다가 따졌다. 5공 정권의 서슬이 퍼럴 때여서 근거가 확인되지 않은 주장은 함부로 쓸 수가 없었다. 이정윤 부장이 윤 기자의 고집이 강해 데스크를 못 보겠다고 보고하자 남 국장은 "원고를 나한테 가져오라"고 해 직접 데스크를 봤다.

광주민주화운동 5주년을 맞아 『월간조선』과 『신동아』가 동시에 기사를 썼으나 광주 현지에서 『월간조선』은 불매운동이 벌어졌고 『신동아』는 인기 폭발이었다. 1985년 『신동아』 7월호에 게재된 〈다큐멘터

---

4 광주일고와 연세대 정외과를 나와 『동아일보』 기자로 활동했으나 1980년 신군부에 의해 해직됐다가 1985년 복직. 평화민주당(평민당) 부대변인을 지냄.

리-광주, 그 비극의 10일간〉 제하의 특집기사는 5년이 지난 그때까지도 진상이 제대로 알려져 있지 않던 광주민주화운동의 실체에 근접한 내용으로 가득했다. 광주 문제에는 군이 민감한 반응을 보일 때라 보안사가 윤 기자를 연행해갔다. 윤 기자는 보안사에서 고문을 당하고 나와 "그래도 국장이 많이 지우고 고쳐서 다행이었다"고 말했다. 12·12 군사반란 때 정승화[5] 육군참모총장도 체포해 고문했던 악명 높은 서빙고분실이 성남으로 이전한 뒤였다.

『신동아』 이 부장과 남 국장도 성남 보안사 대공분실로 연행됐다. 남 국장이 작은 방에 앉아 있으려니 흰 가운을 입은 사람이 와서 혈압을 쟀다. "아 이제 건강상태를 확인하고 본격적으로 고문을 하는가 보다"라고 생각하고 긴장을 하는데 30분 뒤에 수사관이 들어오더니 백지를 주며 신상명세서를 쓰라고 했다.

수사관이 백지를 가득 채운 신상명세를 읽어보다가 "사령관님 몇 년 후배냐"고 물었다. 이종구[6] 보안사령관이 경북고 동기였다. "후배가 아니라 동기생"이라고 하자 "아이고, 그러면 조금만 협조하면 될걸, 왜 이렇게 오셨습니까"라고 말했다. 보안사 측은 기사 가운데 '헬리콥터가 기총소사를 했다'는 부분을 가장 문제 삼았다. 윤 기자가 광주 문인들이 쓴 글을 인용도 하지 않고 그대로 옮긴 것 같았다. 문제가 될 만한 것은 다 삭제했는데 미처 손을 쓰지 못한 것이 후회스러웠다.

그러나 남 국장은 "수사관이나 나나 당시 현장에 가본 것은 아니

---

5 1929~2002. 경북 금릉 출신으로 육사 5기. 1979년 10·26 당시 육군참모총장. 12월 12일 군사반란을 일으킨 전두환 신군부에 체포돼 옥고를 치름.

6 경북고 졸. 육사 14기. 보안사령관과 육군참모총장을 역임하고 노태우 정부에서 국방부장관을 지냄.

지 않으냐"고 반문했다. 수사관은 광주민주화운동을 기록한 합수부의 보고서와 비교하면서 보고서에 없는 것은 유언비어(流言蜚語)로 단정했다. 그러나 국립과학수사연구소는 2017년 1월 12일 광주시에 보낸 감정보고서에서 "금남로 전일빌딩 외벽과 내부에서 발견된 180여 개의 탄흔은 헬기가 호버링(공중정지) 상태에서 고도만 상하로 변화하면서 사격한 상황이 유력하게 추정된다"고 밝혔다. 『신동아』 기사가 전혀 근거 없는 것은 아니었던 것이다.

남 국장이 연행돼 있는 동안 김병관[7] 부사장이 이종구 사령관과 협의해 광주민주화운동 5주년 기사가 실린 잡지를 회수하는 노력을 했다. 보안사 수사관은 "밖에서 협조가 잘돼 조사가 끝났습니다. 여기로 차가 오면 안 되니 남서울 호텔로 차를 부르십쇼"라고 말했다. 윤 기자만 고문을 당하고 남 국장과 이 부장은 고문을 당하지 않았다. 보안사는 민감한 시기에 언론인을 조사하는 것을 달갑게 여기지 않는 기색이 역력했다. 조사 도중에 준수하게 생긴 사복요원이 들어와 "국장님 저는 고등학교 9년 후배입니다. 육사 0기입니다"라고 인사를 하고 돌아가는 일도 있었다.

그로부터 2년 후 박종철 사건이 터지자 남 국장은 평소에 잘 알던 김윤환[8] 대통령 정무1수석비서관으로부터 협조요청을 받는 동시에 거꾸로 그를 통해 정권 내부의 기류가 돌아가는 것을 감잡고 적절히 대응할 수 있는 정보도 얻었다. 김 수석은 경북고 3년 선배였다. 『대구매

---

7 1934~2008. 『동아일보』 부사장 및 사장, 회장으로 재직. 고려중앙학원 이사장 역임.
8 1932~2003. 『대구일보』 기자, 『조선일보』 주일특파원, 주미특파원을 지냄. 4선 의원. 노태우 정부에서 대통령 비서실장, 김영삼 정부에서 정무1장관 역임.

일』주필을 지내고『조선일보』로 옮겨 주필을 하던 최석채[9] 씨가『영남일보』기자를 하던 그를 끌어올려『조선일보』기자가 됐다. 허주(虛舟)라는 아호로 잘 알려진 그는 언론인으로서는 명성을 누리지 못했으나 정계에 진출해 4선 의원에 정무 제1장관 등을 지냈다.

박종철 사건 당시 시국사건 처리에서 강경론은 장세동 안기부장이 주도했고 김 수석은 온건론자였다. 온건론은 88올림픽을 성공적으로 치르기 위해서는 시국사건에 강경 일변도로 나가서는 안 된다는 의견이었다. 6월항쟁의 절정기에 명동성당을 수백 명 시위대가 점거하고 있을 때도 안기부는 "군을 동원해서라도 진압하자"는 의견이었으나 김 수석은 반대했다.

남 국장은 서울대 정치학과를 졸업하고『동아일보』에 들어왔다. 그때 서울대 정치학과 학생은 고등고시를 하거나 한국은행 또는 언론사에 들어가는 것이 목표였다. 그가 신문사에 들어온 1959년은 자유당 말기로 당시『동아일보』기자의 위상은 대단했다. 국민이 '지사(志士)'로 대접해줄 정도였다.

그는『동아일보』주일특파원 정치부장 편집국장 논설실장 상무를 역임한 뒤『문화일보』로 옮겨 사장을 지냈다. 그 후로는 줄곧 대학에서 학생들을 가르치다가 동아일보사 부설 화정평화재단 이사장에 취임했다. 그는 정계의 유혹이 몇 차례 있었지만 한눈팔지 않고 언론인의 외길을 걸었다.[10]

---

9 1917~1991.『대구매일』주필,『조선일보』주필,『문화방송』사장 역임.
10 남시욱이 쓴《체험적 기자론》에 저자가 2017년 1월 18일 인터뷰한 내용을 보태 정리함.

7

'야전사령관' 정구종 사회부장의
독전(督戰)

　　1985년 6월, 3년 반 동안의 주일특파원 근무를 마치고 사회부장으로 발령받은 정구종 부장은 당시 국내에서 전개되는 각종 시국사건을 접하며 '시차적응'에 꽤 시간이 걸렸다고 회고한다. 도쿄 부임 준비를 할 때는 군사정권의 강권통치가 살벌했고 세상이 바짝 얼어붙어 있었다. 돌아와 보니 대학가를 중심으로 세상이 들끓고 있었다.

　　그해 5월에는 대학생들의 서울 미국문화원 점거농성 사건이 터지면서 광주민주화운동을 계기로 대학가에 반미(反美) 회오리가 일고 있었다. 검찰은 7월 수사 발표에서 "대학가의 용공(容共) 운동권인 삼민투위가 미 문화원 점거농성 사건을 주도했다"고 밝혔다. 민정당 중앙정치연수원 점거농성 사건으로 서울시내 14개 대학 학생 193명이 구속된 사건도 충격을 주었다. 그러나 이러한 사건들은 서곡(序曲)에 지나지 않았다. 전두환 군사정권에 저항하는 대형 시국사건들이 폭주하면서 탄압 위주의 철권통치가 한계에 도달했음을 실감할 수 있었다.

　　1986년은 진통의 연속이었다. 전국 대학가의 교내외 시위가 2000

여 건이나 집계될 정도로 학교와 거리에는 매캐한 최루탄 연기가 가실 날이 없었다. 대학생들의 잇단 분신, 투신 자살은 유신 시절에도 없던 극한투쟁이었다. 그리고 건국대 점거농성 사건으로 건국 이래 단일 사건으로는 사법사상 최대의 구속자(1287명)를 냈다. 사회부는 그야말로 시국사건의 홍수 속에서 '시국사회부'로 불릴 정도였다.

전두환 신군부의 언론 통제 수단이었던 신문·방송의 통폐합을 겪으면서 한국 언론은 정권의 공공연한 통제와 간섭 속에 순치돼 '제도 언론'의 굴레를 벗어나지 못하고 있었다. 대학생, 재야단체, 종교계의 시국 관련 집회 시위 성명은 지면에서 1단 이상 키우기 어려웠다. 그 내용도 보도지침과 홍보조정에 의해 극히 제한된 부분만 전달하는 수준이었다.

이 같은 어려움 속에서도 젊은 기자들은 인내와 용기로 시국 현장의 최일선을 지켰다. 곳곳에서 민주화운동권 인사들로부터 '제도언론의 하수인'이라는 비아냥을 당하면서도 사회면 제일 아래쪽에 배치되는 1단짜리 시국 관련 기사를 열심히 송고했다.

국회는 제 기능을 못 하고 재야 정치인의 활약이 두드러지던 시기여서 정치인의 장외투쟁 취재는 사회부 기자들의 몫이었다. 민주화추진협의회(민추협) 의장인 김영삼 씨가 개헌서명 운동을 발표하자 사회부 기자들은 경찰 포위망을 뚫고 들어가다 멱살을 잡히고 폭행을 당하면서도 김 씨에게 접근해 기사를 취재하고 송고했다.

정 부장은 극심한 언론 통제 속에서도 '1단 벽'을 허물고 시국사건을 사회면 톱기사로 키우는 모험을 감행했다. 예를 들어 명동성당의 시국집회를 사건 자체만 쓰면 1단으로 그치겠지만 집회를 둘러싼 주최 측의 움직임과 경찰의 경비 대응, 그리고 주변 상가와 주민 반응을 묶어 그날의 사회면 머리기사로 올리는 식이었다. 외견상 균형을 잡는 기사처럼 보이지만 시국집회의 중대성을 독자들에게 전달하는 효과가 있었다.

한 학기 동안 일어난 대학가의 집회 시위를 묶는 기사도 사회면의 톱으로 올렸다. 데모 통계와 함께 동원된 경찰 장비와 경비 병력, 부상자 수 그리고 사용된 최루탄의 양을 취재해 시국집회의 격렬함을 전하고 상황의 심각함을 일깨웠다. 언론 통제 당국은 단순한 집회 시위만 보도하지 않고 경찰 및 주변 움직임까지 곁들여 일견 균형을 맞춘 듯 보이는 기사가 못마땅했겠지만 본격적인 시비는 걸지 않았다.

그러나 언론이 사회 곳곳에서 잇따라 발생하는 민주화 요구의 열망을 과감히 전달하지 못하고 여전히 몸을 사린다는 비난을 면치는 못했다. 대학교수의 민주화선언, 중등교사의 교육민주화선언, 관련 교사들에 대한 탄압 등 일련의 저항운동을 언론이 충실히 보도하지는 못했다. 그에 따른 독자, 곧 국민의 불만도 컸다. 전두환 정권의 강권통치 아래서 언론도, 사회도 무력감을 느끼던 침울한 시대였다. 편집 간부들과 일선 기자들의 힘든 노력에도 불구하고 사회 곳곳에서 터져 나오는 민주화의 열망을 충분히 담아주지 않는다는 비난을 받아야 했다.

그러나 말없는 다수의 민의가 결코 잠들어 있지 않음을 확인한 것이 『KBS』 시청료 거부 운동 보도였다. 국민의 시청료를 받아 운영하는 공영방송 『KBS』는 지나친 편파 왜곡보도와 정권 홍보로 국민의 신뢰를 잃고 있었다.

전두환 정부 때는 뉴스 시보(時報)를 알리는 9시 종이 '땡~' 하고 울린 직후 "전두환 대통령은~"으로 시작하는 뉴스를 내보내 '땡전 뉴스'라는 조롱을 당했다. 심지어 1983년 9월 1일 소련군이 대한항공 007편을 격추시켜 269명이 사망한 사건이 터졌음에도 9시 시보가 울리자마자 "오늘 전두환 대통령은~"으로 시작했다. 전 대통령이 서울 거리에서 활짝 웃으며 빗자루를 들고 조기 청소를 하는 뉴스였다. 『KBS』와 『MBC』 양 방송사는 전두환 영상만을 취급하는 '땡전뉴스' 편집실을 따로 두고 있었다.

1986년 1월 한국기독교교회협의회(KNCC) 가맹 6개 교단을 중심으로 발족한 『KBS』 시청료 거부 기독교 범국민운동본부'가 중심이 되어 전개한 시청료 거부 운동은 종교계 대학가 사회·재야단체로 확산하면서 소비자보호 운동, 사회정의실현 운동 차원에서 반정부적 저항 운동으로 번져갔다.

『KBS』 시청료 거부 운동이 본격 확산된 것은 4월 초부터였다. 『동아일보』가 『KBS』 시청료 거부 운동을 집중 보도하자 『KBS』는 본질을 덮어두고 뉴스를 통해 『동아일보』에 대한 원색적인 공격을 시작했다. 『동아일보』는 『KBS』를 공격하는 대신 그때까지 1~2단 보도에 그쳤던 시청료 거부 운동 기사를 사회면 톱으로 올렸다.

이 기사를 계기로 시청료 거부 운동은 전국으로 확산돼 26개의 지역 운동본부가 발족되었으며, 'KBS 뉴스 안 보기' 운동으로 번져 『KBS』의 운영과 인사체계를 고치는 법안이 국회에 제출됐다.

이 캠페인을 보도하는 동안 신문사로 걸려온 수백 통의 전화와 지면에 대한 시민의 뜨거운 반응은 누구도 막을 수 없는 민의(民意) 바로 그것이었다. 언론은 국민의 뜻에 항상 귀 기울이고 지켜봐야 한다는 귀중한 교훈을 새삼 확인하는 순간이었다.

『동아일보』의 『KBS』 시청료 거부 운동 캠페인은 외국 언론에서도 보도했는데, 프랑스의 『르몽드』는 '4월 초 이후 『동아일보』는 공영 『KBS』 시청료 거부 운동의 진원지가 됐다'고 보도했다.

1987년 공권력의 고문에 의한 한 대학생의 죽음이 민주화의 여명을 열게 되리라는 것을 누구도 감지하지 못하고 새해가 밝았다. 정 부장은 고문치사 사건 첫 보도 직후 사회부에 '특별취재반'을 만들어 박종철의 사망 원인이 고문치사임을 밝히기 위해 집중 취재에 돌입하는 한편 차제에 이 땅에서 고문을 영구히 추방하자는 취지의 캠페인을 시리즈로 전개했다. 정권 창출 과정부터 폭력과 고문, 투옥으로 권력을 유지하고 있던 5공 세력에 대한 정면도전과도 같은 지면 제작에 독자들의 격려 전화가 쇄도했다. 『동아일보』 보도가 나갈 때마다 수많은 독자들이 편집국으로 전화를 걸어와 "『동아』만 믿는다"며 격려를 아끼지 않았다.[1]

사건 후 첫 주말인 1월 17일 밤과 일요일인 18일, 정 부장과 함께 전만길[2], 노한성[3] 차장을 비롯해 거의 전 부원이 참석한 지면 대책회의가 계속됐다. 특별취재반은 현장 취재, 자료 수집, 관계자 면담으로 역할을 분담했다.

1월 19일자 석간은 문자 그대로 1면부터 사회면까지 5개면에 걸쳐 박종철 사건 사실규명과 고문추방 캠페인 기사로 메워졌다. 각 출입처 기자실마다 『동아일보』 쇼크로 술렁였다. 『연합통신』 서시주 사회부장은 정 부장과 연세대 동문으로 평소 가깝게 지내는 사이였다. 그는 이날 자 신문을 보고 정 부장에게 격려 겸 걱정을 하는 전화를 걸

---

1 《동아일보 社史》권5 291쪽.
2 『동아일보』 사회부장, 『대한매일』 사장을 지냄.
3 『동아일보』 사회부차장, 체육부장, 광고국장, ㈜파라다이스 상임감사를 지냄.

어왔다. 당시는 도청이 일상적인 시절이어서 통화는 길지 않았다.

"이승만 정권을 무너뜨린 4·19 전후의 『동아일보』를 보는 것 같소. 정 부장 부디 몸조심 하쇼."

그날부터 석간『동아일보』가판이 40만 부까지 나가기 시작했다. 가정 배달 부수 60만 부에 가판을 합하면 100만 부가 나간 것이다. 국민적인 격려 속에 보도를 지속하던 어느 날 『동아일보』가판 총책이 봉투를 들고 사회부에 나타났다.

"가판 10년 동안 적자가 쌓여 있었는데요. 사회면 기사 덕분에 가판이 동나 그동안 진 빚을 갚고도 남았습니다." 사회부원 회식에 쓰라며 내민 봉투에는 150만 원이 들어 있었다. 그때 보통 직장인 월급이 20만 원 정도였으니 꽤 큰돈이었다.

박종철 관련 기사 가운데 특히 자식을 둔 부모들의 심금을 울린 글은 황열헌 기자가 칼럼 〈창(恕)〉에 쓴 장례식 현장 스케치였다. 이날 석간이 배달된 뒤 문공부 홍보조정실의 『동아일보』 담당 서병호 국장이 정 부장에게 전화를 걸어왔다.

"부장님, 나 오늘 〈창〉 보고 울었습니다. 홍보조정이고 뭐고, 일할 생각 안 납니다."

그 후 그로부터 전과 같은 협조요청 전화가 뜸해졌다.

이 사건은 4·19의 기폭제가 된 김주열[4] 학생 희생 사건에 비교되기도 한다. 당국의 은폐를 추적한 언론보도는 미국 닉슨 대통령을 물러나게 했던 『워싱턴포스트』의 탐사보도에 견줄 수 있다. 신변의 위협을

---

4 1944~1960. 1960년 3·15 부정선거 규탄 시위에 참여했다가 사망한 학생. 눈에 최루탄이 박힌 그의 시신이 마산 중앙부두 앞 바다에 떠오르면서 4·19의 도화선이 됐다.

무릅쓰고 진실을 귀띔해준 '딥 스로트'(deep throat·내부고발자)들이 없었더라면 진실을 캐는 취재가 어려웠을 것이다.

『동아일보』 사회부는 박 군 사건 1탄 2탄 3탄의 보도로 한국기자상을 3연패하는 전무후무한 기록을 세웠다. 회사에서는 김차웅과 저자가 특종상을, 윤상삼 황열헌 임채청[5] 기자가 노력상을 받았다. 박종철 사건 취재팀은 『동아일보』가 그해 신문 제작에 가장 공이 큰 사원에게 주는 동아대상도 받았다.

매일 오전 7시경부터 그날의 정보와 지면 구성의 재료를 정리해준 전만길 노한성 송석형[6] 김용정[7] 김차웅 차장이 고생을 많이 했다. 육정수[8] 장병수 정동우[9] 등 역대 시경 캡들은 가정을 내팽개치다시피 하며 지면 제작을 위해 수년간이나 헌신했다. 황호택 임채청 기자 등 법조팀도 특종을 캐내 사회면을 떠받치는 큰 기둥이었다.

사회부장 4년은 긴장의 연속이었다. 사무실 전화는 물론이고 집 전화도 직직거렸다. 정보기관의 도청이 사생활 깊숙이까지 들어와 있던 시절이었다. 한번은 기관원들이 회사에 연행하러 왔다는 연락을 받고 피신한 일도 있었다. "지면으로는 공권력을 비판하면서도 그 공권력의 주체들과 식사하고 술 마시며 어울렸던 것도 부끄러움으로 남는다"고 정 부장은 한국기자협회가 발행한 『저널리즘』 1992년 겨울호 〈정구종의 나의 사회부장 시절〉에서 고백했다.

---

5 『동아일보』 논설위원 편집국장, 『채널A』 대표이사·전무를 거쳐 현재 『동아일보』 부사장.
6 『동아방송』· 『동아일보』 기자, 『SBS』 보도국장 상무, 한국방송기자클럽 회장을 지냄.
7 1943~2013. 『동아일보』 논설위원, 편집국장 역임. 다산연구소 대표.
8 『동아일보』 편집국 부국장, 논설위원을 지냄.
9 『동아일보』 홍콩특파원, 사회부장을 지냄. 건국대 미디어커뮤니케이션학과 교수.

정 부장은 연세대 국문과에 다닐 때 『연세춘추』 편집장을 지냈다. 그는 어릴 때부터 추리소설을 좋아했다. 코넌 도일의 소설이나 《셜록 홈스의 모험》《괴도 루팡》 등을 탐독했다. 견습 9기로 『동아일보』에 입사한 그는 사건 추적에 흥미를 느껴 기자 생활 거의 전부를 사회부에서 보냈다. 꼬박 10년을 일선 경찰서, 시경 캡, 치안본부와 내무부 담당에 이르기까지 사건·사고를 뒤쫓는 현장에서 지내고 사건 담당 데스크를 맡았다.

사회부 기자 및 데스크로 근무하는 동안 울진·삼척 무장공비 침투 사건, 124군 부대의 청와대 습격 미수 사건, YH 농성 사건[10], 박정희 대통령 시해, 12·12 군사반란, 광주민주화운동 같은 굵직한 사건이 발생할 때마다 현장을 뛰는 취재에 참여하고 데스크로서 기사를 취사선택하는 게이트키퍼(Gatekeeper) 역할을 했다.

1968년 울진·삼척에 침투한 무장공비들은 서해안 산간지대를 따라 휴전선 쪽으로 달아났는데 이들을 포위하며 추적한 우리 군은 작전이 진행되는 2개월 동안 111명을 사살하고 5명을 생포했다. 우리 측도 군경 27명, 예비군 6명이 전사하고 민간인 16명을 포함해 모두 49명이 목숨을 잃었다.

북한 공비들은 침투 두 달여 만에 대부분 사살되면서 토벌작전이 끝났다. 당시 삼척군 하장면의 한 산간마을에서 무장공비들에게 "나는 공산당이 싫어요"라고 저항했다가 처참하게 살해된 10살 초등학생 이승복 사건이 일어났다.

---

10 가발 수출업체인 YH무역의 여성 근로자들이 회사 폐업 조치에 항의해 야당인 신민당 당사에서 1979년 8월 9~11일 농성 시위를 벌인 사건이다. 경찰이 강제 해산하는 과정에서 여성 근로자 1명이 추락사했다. 후일 김영삼 의원 제명 파동과 부마 민중항쟁, 10·26 사태로 이어지면서 박정희 정권의 종말을 재촉했다.

이승복 어린이 사건은 당시 『조선일보』 강인원[11] 기자가 주민의 증언을 바탕으로 기사화해 큰 반향을 일으켰고 나중에 초등학교 교과서에도 실렸다. 그리고 사건이 일어난 지 20여 년이 지난 후 이승복 어린이가 정말로 "나는 공산당이 싫어요"라고 말했을까 하는 의문이 제기돼 일각에서 이 기사에 대한 검증작업을 했다.

당시 마을 현장에는 없었지만 그 일대에서 공비 토벌작전을 취재했던 정구종 기자는 이승복의 저항이 충분히 있었을 것으로 믿고 있다. 그렇지 않다면 북한 공비들이 어린 소년을 칼로 무참히 살해할 이유가 무엇이겠는가. 게다가 강인원 기자가 이승복의 형과 마을 주민으로부터 들은 얘기를 각색해 꾸며낼 겨를도, 까닭도 없었다.

1979년 12월 12일 밤 이른바 신군부가 군사반란을 일으키던 날 사회부원들은 철야를 하며 상황 파악에 전념하고 있었다. 10·26사태 이후 신문사에 배치돼 있던 계엄군이 증파돼 층마다 10여 명씩 배치되더니 광화문 쪽으로 난 창문을 열어젖히고 커튼 뒤에서 거리 쪽을 향해 총을 겨누는 것이 아닌가. 신군부 지원부대가 시내로 들어오면 일전불사(一戰不辭)할 태세였다. 데스크를 지키던 정구종 차장은 총격전이 벌어졌을 때 몸을 숨길 수 있도록 되도록 창가에서 멀리 떨어진 안쪽의 기둥 뒤편 책상에 앉아 외근 기자들이 보내오는 각종 정보를 정리하고 있었다. 무전기를 메고 다니는 통신병이 쉴 새 없이 주고받는 대화 가운데서 "너희들, 서울 들어오면 다 죽는다!"라는 소리를 듣고는 아찔했다. 그날 밤 시내 곳곳에서 벌어진 군부대 사이의 '통신전쟁'이었다.

---

11 『조선일보』 기자 출신으로 총무처 대변인, 소청심사위원을 지냄.

새벽 5시가 가까울 무렵 육중한 탱크가 광화문 네거리에 접근하더니 중앙청 쪽으로 가는 소리가 들렸다. 한참 후에는 회사에 배치됐던 계엄군이 물러가고 대신 새로운 병력이 투입되었다. 이른바 성공한 '반란군'이었다. 그러고는 대치 상태가 풀리고 시내 전체를 신군부의 병력이 장악했다. 신군부 측이 최규하 대통령을 윽박질러 정승화 계엄사령관 체포영장에 서명을 받은 후였다.

전두환 소장 등 신군부가 정치 전면에 나선 12·12 군사반란은 이처럼 일촉즉발의 긴장상태에서 전개됐다. 그날 밤 사회부 데스크들은 총격전이 벌어질지도 모를 광화문 네거리 『동아일보』 편집국에서 두려움에 떨며 꼬박 밤을 지새웠다.

1987년 1월 박종철 고문치사 사건이 발생한 이후 6·10시민항쟁과 6·29선언이 이어지기까지 전국의 대도시에서는 거의 매일 학생과 시민들의 민주화 요구 시위 및 집회가 잇따랐다. 이를 저지하는 경찰의 최루탄 발사로 거리는 최루가스로 뒤덮였고 민의의 함성을 전하고자 현장을 뛰는 취재기자들은 최루가스를 연일 뒤집어쓰면서 분투했다. 시경 캡 장병수 기자는 당시 상황을 이렇게 기록했다.

"저녁에 시위 취재현장에서 돌아온 경찰기자들의 후줄근한 모습들을 내근 선배들이 민망스럽게 지켜보았다. 옷에서는 톡톡 쏘는 냄새와 함께 최루가스가 계속 뚝뚝 떨어져서 '가까이 오지 말라'는 농담을 듣기도 했다. 정구종 사회부장은 '6·26 대행진'이 끝나던 날 밤늦게 돌아온 경찰기자들을 맥줏집으로 데려가 '맥주 세례'를 퍼부었다. 몸에 밴 최루탄 가스에는 맥주만 한 특효약도 없다. 경찰 출입 기자들은 맥주 세례에 이어 24시간 대중사우나에서 목욕을 할 때 비로소 하루의 피로감을 씻을 수 있

었다."(장병수, 『東友』〈事件記者 1987年〉, 동아일보사)

　박종철 고문치사 사건의 고비마다 정 부장은 일찍이 선배기자들로
부터 배운 불문율을 되새기면서 경찰 및 검찰 담당 기자들을 독려해
진상규명에 박차를 가했다. 불문율은 간단했다. 곧 "기자는 현장이
중요하며 사건현장에 다시 가봐야 한다"는 단순한 가르침이다. 남영
동 대공분실의 고문현장, 박종철 사체를 부검했던 병원들과 그곳에서
만난 의사와 가족들, 그리고 현장의 진실을 몰래 알려준 얼굴 없는
'딥 스로트'들을 심층 취재하는 탐사보도를 통해 『동아일보』는 박종철
사건 은폐 조작의 전모를 밝혀낼 수 있었다.

　이 사건이 반전에 반전을 거듭한 것은 기자들의 현장취재와 재취재
의 결과였다. 사건 발생 4개월 후인 5월 18일 천주교정의구현사제단
의 김승훈 신부가 "박종철 군 고문치사 사건의 범인이 은폐 조작되었
다"고 폭탄선언을 했을 때 경찰당국은 "터무니없는 주장"이라고 부인
했다. 그러나 검찰은 재수사에 착수해 고문 가담 경찰관 3명을 밝혀
내고 추가로 구속하기에 이른다.

　정 부장은 당시 사무실 근무를 하던 김차웅 차장에게 도대체 어떻
게 고문 경찰관을 5명에서 2명으로 축소 조작한 것인지 담당 출입처
인 치안본부에 나가 알아보라고 지시했다. 김 차장은 치안본부 곳곳
을 뛰어다니며 취재를 한 끝에 배 총경으로부터 박처원 치안감 등이
조작 시나리오를 썼다는 특종을 건져냈다. 다른 신문들이 '3명 추가
구속'이라는 검찰 발표만을 보도할 때 『동아일보』는 〈관련 상사 모임
에서 범인의 축소 조작을 모의했다〉는 특종을 건져 올렸다. 결국 검
찰이 은폐 조작의 배후 수사에 나서지 않을 수 없게 만든 것이다.

사건 발생 1년을 앞둔 1988년 1월 초 정 부장은 취재를 담당했던 당시 법조팀에 박종철의 1주기 특집을 만들어 보도록 지시했다. 저자(황호택 기자)는 사건 수사 후 춘천지검으로 좌천 발령을 받고 근무하다가 옷을 벗은 안상수 검사를 만나 경찰 간부들이 박종철 사망 당시 부검의사에게 압력을 넣어 고문치사를 은폐하려 했던 사실을 알아냈다. 황 기자의 보고를 들은 정 부장은 치안본부를 담당하는 정동우 기자에게 부검의사 황적준 박사를 취재하도록 했다. 정 기자가 황 박사를 인터뷰해 일기장을 복사해오면서 경찰 최고위층의 은폐 음모를 밝혀내기에 이르렀다.

　노태우 씨가 '6·29 선언'을 발표하던 날 저녁 『동아일보』 사회부는 한국기자상 3년 연속 수상을 자축하는 회식이 예정돼 있었다. 정 부장은 소주잔을 높이 든 부원들과 함께 성큼 다가온 '민주화 시대'를 자축하면서도 '새 시대를 맞았다'는 기쁨보다는 무언가 허탈한 느낌에 시달렸다. 열심히 쫓아가던 목표물이 갑자기 사라진 데 대한 실속감(失速感)이라고나 할까···.[12]

12 한국기자협회 『저널리즘』 1992년 겨울호 146~160쪽 〈정구종의 나의 사회부장 시절-민주화의 새벽 연민의의 함성 속에〉, 2017년 1월 16일 황호택의 정구종 인터뷰, 『관훈저널』 2017년 봄호, 통권 142호 정구종의 미니 회고 〈산업화 민주화 정보화 시대에 언론인으로 달려온 43년〉을 보완 정리함.

8

최환 공안부장·정구영 지검장
'부검 없는 화장' 막다

　박종철 사건을 연일 보도하며 국민의 저항의식에 불을 붙인 것은 언론이었지만 언론 혼자의 힘만으로 박종철 사건의 진상이 드러난 것은 아니다. 박종철 사체에 대한 정확한 부검이 이뤄지지 않았다면 5공 정권에서 생겨난 수많은 의문사 중 하나로 처리됐을 수도 있다. 남영동 대공수사단의 경찰들은 가족을 회유해 박종철의 사체를 부검 없이 화장하기 위해 집요하게 시도했다. 이를 막아내는 데 중요한 역할을 한 인물이 최환[1] 서울지검 공안부장과 정구영[2] 서울지검장이었다.

　안상수 검사는 검찰을 떠난 뒤 박종철 수사 일화를 담은 책을 펴내고 정치에 입문하면서 그가 한 일은 널리 알려져 있다. 하지만 검사

---

1 충북 영동 출신으로 전주고와 서울대 정치학과를 나왔다. 공안통으로 서울지검 공안부장을 지냈다. 서울지검 남부지청장을 할 때 용팔이 사건을 수사해 장세동 전 안기부장을 구속했다. 대전고검장과 부산고검장을 지냈고 자유민주연합(자민련)에 입당해 국회의원 선거에 출마한 경력도 있다.
2 경남 하동 출신으로 부산고와 서울대 법대를 졸업했다. 법무부 검찰국장, 서울지검장, 광주고검장, 대통령 민정수석비서관(노태우 정부), 검찰총장을 지냈다.

들은 당시 검찰청법에 명시된 검사동일체(同一體) 원칙에 따라 상명하복을 했다. 검찰총장을 정점으로 한 피라미드 구조에서 최 부장과 정지검장의 지휘와 병풍 역할이 중요했다.

최환 공안부장은 1월 14일 저녁 8시경 치안본부 경찰관 2명의 방문을 받았다. 전두환 정권이 말기에 접어들면서 시국과 관련한 긴급 상황이 자주 발생하고 있었으므로 최 부장은 매일 저녁 늦게까지 상황근무를 했다.

남영동 대공분실은 박종철 고문치사 사고가 나자 직원 3명을 부산에 보내 그의 아버지 박정기 씨를 데리고 서울로 올라오는 길이었다. 대공 경찰은 공안부의 지휘를 받으니 경찰 편을 들어주리라는 기대가 있었을 것이다. 그들은 "박정기 씨로부터 합의서를 받았다"며 "박 씨가 오늘 밤에라도 화장을 해서 유골 가루를 달라고 합니다"라고 말했다. 화장을 하기 위한 법적 절차로 검사의 변사체 처리 지휘를 받기 위해 찾아온 것이었다.

가족과 합의했다는 것도 그 시점에선 거짓말이었다. 박 씨가 아들의 죽음을 어렴풋이 알아챈 것은 서울로 올라오는 기차 안에서였다. 동행한 경찰들은 박 씨에게 "마음을 단단하게 먹어야 합니다" "어떤 일이 있더라도 당황하지 마세요" 같은 말을 했다. 기차는 새벽 4시경 서울역에 도착했다.[3]

남영동 대공분실 사람들이 박정기 씨에게 박종철의 죽음을 공식으로 통고한 것은 다음 날인 15일 아침이었다.[4] 그러니까 대공분실은 가

---

3 2017년 3월 24일 저자의 박정기 인터뷰.
4 박정기의 책 76~79쪽.

족의 동의도 받지 않고 부검도 없이 박종철의 시신을 먼저 화장하고 사후에 합의를 얻어내려고 시도했던 것 같다.

최 부장은 "책상을 '탁' 치니 '억' 하고 죽었다"는 식의 A4 용지 두 페이지 보고서를 읽고 고문치사임을 직감했다. 그는 짐짓 시침을 떼고서 "박 군의 부모는 어디 계시냐"고 경찰에게 물었다.

"부산에 계십니다. 밤에 화장을 할 수 있도록 화장터 직원들을 대기시켜 놓았습니다. 밤에라도 화장을 해서 부산 집에 내려보내려고 합니다."

최 부장은 무언가에 쫓기듯 서두르는 경찰관들을 상대로 느릿느릿 이야기를 시작했다. 충북 영동이 고향인 최 부장은 말이 약간 느린 편이다.

"두 분도 학교 다니는 애들이 있겠지요. 자녀가 학교 다녀오겠다고 나갔다가 죽었다는데 화장이든 매장이든 그 전에 부모가 마지막으로 얼굴이라도 봐야 하지 않겠습니까. 한번 처지를 바꿔서 생각해보세요."

경찰들은 쉽게 물러서지 않았다. 위협하는 듯한 분위기도 느껴졌다. "대공 요원이 실수를 했는데 공안부장님께서 봐줘야 하지 않겠습니까?"

그들은 미리 생각해둔 듯 '실수'라는 단어를 선택했다. 실수라는 단어에서 고문의 냄새가 확 풍겼다. 똑바로 정신이 박힌 검사라면 고문하다 죽은 시체를 부검도 하지 않고 화장하겠다는 경찰에 무작정 협조해줄 수는 없었다. 경찰은 가족을 회유해놓고 고문의 증거인 시신을 태워버리려는 의도였다.

최 부장은 두 경찰관에게 "돌아가서 내일 아침에 용산경찰서장의 '변사사건 발생 보고 및 지휘품신서'를 갖고 오면 일찍 처리해주겠다"고 말하고 돌려보냈다. 남영동 대공분실은 용산경찰서 관내에 있었다.

정구영 지검장은 '검찰의 꽃'이라는 서울지검장이 된 뒤 눈코 뜰 새 없이 바빴다. 박종철이 죽은 14일은 검사장이 되고 나서 처음으로 술 약속을 잡은 날이었다. 서울 예술의 전당 근처 '초동'이라는 술집에서 이학봉[5] 안기부 2차장과 술 약속이 돼 있었다. 이 차장은 경남고, 정 지검장은 부산고를 나왔지만 졸업연도가 같다.

그가 차를 타고 예술의 전당 앞을 지날 때 무전기가 울렸다. 휴대전화가 없던 시절이라 주요 수사기관 책임자는 무전기를 차에 싣고 다녔는데 크기가 목침만 했다. 무전기에서 최환 공안부장의 목소리가 들렸다.

"검사장님 몇 분 후에 약속장소에 도착하십니까?"

"10분 정도 걸릴 것 같은데…."

"도착하면 일반전화로 전화를 주십쇼."

무선전화는 보안이 되지 않아 전 세계에 대고 방송을 하는 것과 같았다. 그래서 무선전화로는 간단한 연락이나 소재 파악만 하고 실제 중요한 말은 일반전화로 하는 것이 상식이었다.

정 지검장이 '초동'에 도착해 전화를 걸자 최 부장이 박종철 사망사건 보고를 했다.

"저녁 하시는데 심각한 보고를 드려 죄송합니다. 대학생이 하나 죽었습니다."

"어디서?"

---

[5] 1938~2014. 1980년 계엄사령부 합동수사본부 수사단장. 청와대 민정수석, 안기부 2차장, 13대 의원을 지냈다.

"경찰이 갈 데까지 간 것 같습니다. 대학생이 치안본부 남영동 분실에서 조사를 받다 죽었습니다. 경찰에 시체를 잘 보존하라고 지휘를 해놓고 지금 긴급하게 보고를 드리는 것입니다."

정 지검장은 "내가 사무실로 들어갈까"라고 물었다. 최 공안부장은 "제가 알아서 잘 처리하겠습니다. 내일 아침 일찍 상세한 보고를 드리겠습니다"라고 말했다.

정 지검장은 최 부장의 전화를 받고 식당의 방으로 들어갔다. 나중에 이학봉 차장의 연락을 받고 김종호[6] 내무부장관이 합류했다. 김 장관은 박종철 사건을 보고받아 내용을 파악하고 있었다. 그는 정 지검장에게 "내가 책임져야지…"라며 장관직을 사퇴할 결심을 굳히고 있었다.

최 공안부장은 다음 날 아침 9시에 정 지검장에게 보고했다. 그는 "틀림없이 고문이 있었습니다. 대공수사단 쪽도 제가 잘 아니 직접 지휘하겠습니다"라고 보고했다. 정 지검장은 최 부장을 신뢰했다. "소신껏 하게."

최 공안부장은 공안부 검사를 데리고 부검과 수사를 해보겠다는 구상을 정 지검장에게 말했다. 정 지검장은 "공안부장을 하는 사람이 어떻게 안기부나 대공경찰과 맞서려고 하느냐"면서 용산경찰서를 관할하는 형사2부(부장 신창언[7])에서 부검 담당 검사를 찾아보라고 지시했다.

그러나 평소 업무량이 많은 형사부 검사들이라 골치 아픈 사건의 부검 지휘를 하겠다고 나서는 사람이 없었다. 최 부장은 용산경찰서를 지휘하는 형사 2부 수석검사이자 15일 일과시간 당직이기도 한 안

---

6 충북 괴산 출신으로 6선 의원에 내무부장관 정무1장관 국회부의장을 지냈다.
7 서울지검 형사2부장, 제주지검장, 부산지검장, 헌법재판소 헌법재판관을 지냈다.

상수 검사에게 맡기자고 정 지검장에게 건의했다.

"안 검사는 몇 년 된 검사요?"

"9년차 검사입니다."

"경험이 많은 고참이라 괜찮겠네."

정 검사장은 매일 아침 최 부장에게 보고를 받고 서동권 검찰총장실에 올라갔다.

15일 오전 7시 30분경 남영동 대공분실 경찰들이 용산경찰서장이 발행한 '변사사건 발생 보고 및 지휘품신서'를 갖고 서울지검에 들어왔다. 변사체를 부검하려면 압수수색 영장이 필요했다.

이날 안상수 검사가 출근해 사무실에 들어서자마자 형사 2부 신창언 부장검사로부터 전화가 걸려왔다. 서익원[8] 2차장이 급히 찾는다는 내용이었다. 서 차장은 그에게 "안 검사가 박 군 사건의 부검 지휘를 맡으라"고 했다. 안 검사는 "운동권 학생은 원래 공안부에서 맡지 않습니까. 그것도 치안본부 대공분실에서 일어난 일인데요"라고 반문했다. 서 차장은 "공안부에서 처리하면 국민의 의혹을 살 우려도 있고, 또 일단 변사사건이니까…"라고 말했다. 서 차장에게 "그러면 부검 준비를 해야 할 텐데 누구와 의논하면 됩니까"라고 물었다.

"최환 공안부장과 협의하면서 해요."

안 검사가 보기에 부검의 지휘체계는 이미 상부에서 검토가 다 된 듯했다. 서 차장 설명에 따르면 전날 밤 치안본부로부터 사건 발생에 대한 보고를 받아 내용을 잘 알고 있는 최 부장이 안 검사의 부검 지

---

[8] 1940~1999. 서울지검 차장검사, 수원지검장을 지냄.

휘를 지원한다고 했다.[9]

당시 경찰은 연일 반정부 시위대로부터 공격당하는 전두환 정권을 수호하는 첨병이었다. 경찰력으로 정권을 유지하다 보니 청와대와 안기부가 경찰을 싸고돌았다. 과거에는 경찰이 검사의 지휘품신을 받으러 오면 "영감님 영감님" 하며 납작 엎드렸으나 5공 정권에서는 태도가 달라졌다. 최환 부장은 형사소송법상 수사 주체인 검찰을 타고 오르려는 경찰을 못마땅해하는 언사를 취재기자들 앞에서도 가끔 드러냈다.

더욱이 경찰의 대공 분야는 일반 사건과 달리 검찰의 지휘를 받는 게 아니라 안기부 직할이었다. 치안본부 대공분실은 경찰 자체는 물론이거니와 검찰의 통제권 밖에 있었다.

최 부장은 방으로 안상수 검사를 불러 대공분실에서 사체를 넘겨받아 부검을 집행할 전략을 숙의했다. 그는 안 검사에게 "당신이랑 나랑 단단히 각오를 하고 일을 하자. 김근태 전기고문과 권인숙 성고문에서 보듯이 경찰의 인권 유린을 이대로 놔둬서는 안 된다"고 말했다.

"우선 경찰병원에서 부검을 하면 국민이 부검 결과가 어떻게 나와도 믿지 않을 것입니다. 왕십리에 있는 경찰병원에서 가까운 한양대병원으로 시신을 옮겨 부검합시다. 안 검사는 부검할 때 특이소견이 나오면 의사들 보는 데서 기록을 하고 의사들의 서명을 받아요. 황적준은 경찰 산하에 있는 국립과학수사연구소 의사라 믿기 어려우니 서울대병원 등 다른 대학병원의 법의학 교수를 부검의로 정합시다. 박 군 가족 중의 한 사람을 입회시키고 한양대병원의 외과전문의도 입회시켜야 합니다. 전문의 2명이 보면 훨씬 정확한 판단을 할 수 있을 겁

9 안상수 책 20~23쪽.

니다."[10]

안 검사는 법원에 영장을 신청해 오전 10시 30분경 발부받았다. 최 부장은 한양대병원장에게 전화를 해서 "중요한 시신을 부검해야 하니 경험 있는 외과의사를 집도의로 추천해달라"고 말했다.

그런데 시간이 흘러도 경찰에서 부검 준비가 됐다는 연락이 오지 않았다. 정 지검장이 퇴근하기 전에 부검을 마치고 결과를 보고해야 할 텐데 경찰은 시신이 안치된 경찰병원에서 부검을 하자고 떼를 썼다.

최 부장이 안 검사와 협의를 하고 있을 때 강민창 치안본부장에게서 전화가 왔다. 그는 대뜸 "외상도 없고 쇼크사로 죽었는데 우리를 못 믿는 겁니까"라며 따지듯 말했다. 그는 '쇼크사'라는 말을 반복했다. 서로 언성이 높아졌다. 최 부장은 "부검 영장이 발부됐다. 검찰은 집행해야 한다. 강 본부장이 끝까지 말을 듣지 않으면 공무집행을 방해한 현행범으로 체포하러 가겠다"고까지 말했다.

최 부장검사가 세게 나가자 강 본부장의 태도가 다소 누그러지며 "그럼 우리 경찰병원에서 합시다"라고 떼를 썼다. 최 부장은 "경찰이 조사하다 죽은 학생을 경찰병원에서 부검하고 경찰 소속 의사가 집도를 하면 그 결과를 누가 믿겠느냐"고 설득했다.

"어떤 일이 있어도 경찰병원에서 가까운 한양대병원에서 부검을 해야 합니다."

강 본부장은 그렇다면 국립과학수사연구소 황적준 박사를 집도의로 보내겠다고 물러섰다. 그리고 그는 전화를 끊기 전에 "말이 거칠었던 것을 용서하십시오"라고 했다. 부검 장소를 놓고 몇 시간 신경전을

---

10 저자의 최환 인터뷰.

벌이고 나서야 경찰은 시신을 한양대병원으로 옮겼다.

안 검사가 한양대병원으로 가 부검대 위에 뉘어 있는 시신을 보니 온몸에 군데군데 멍든 자국이 보였다. 적어도 '탁' 치니 '억' 하고 죽었다는 것은 말도 안 된다는 것을 한눈에 알 수 있었다. 의사 가운을 입은 사람에게 "부검의냐"고 물어보니 "국립과학수사연구소 황적준입니다"라고 대답했다. 그렇게 대학병원 의사를 부검의로 선정하라고 다짐을 했건만 경찰이 검찰의 지시를 무시해버린 것이다. 안 검사가 한양대병원 의사 박동호 씨에게 "외과의사냐"고 묻자 "마취과"라고 대답했다. 최 부장이 분명히 부검 경험이 있는 외과의사를 보내달라고 했음에도 경찰이 마취과 의사를 데려온 것이다.

유족대표로는 박종철의 형 종부 씨와 삼촌인 박월길 씨가 왔지만 종부 씨가 "동생 몸에 칼을 대는 걸 못 보겠다"며 입회를 꺼려 삼촌인 월길 씨만 입회했다. 국립과학수사연구소 의사 황적준 씨와 부검 보조직원 2명 그리고 사진사가 참여했다. 검사를 포함해 모두 7명이었다.

안 검사는 부검실 안에 들어와 있는 경찰들의 기세를 제압할 필요성을 느꼈다. 그는 경찰들을 향해 묵념을 제의했다.

"한 대학생이 경찰에서 조사받다 죽었는데 경위야 어쨌든 억울한 죽음입니다. 시신의 명복을 비는 묵념을 하고 나서 부검에 임합시다. 일동 묵념!" 그리고 경찰 간부들을 내보내고 밤 9시 5분경에야 부검에 착수해 1시간 20분이 걸렸다. 안 검사가 다음 날 출근하자마자 정 지검장에게 올라가 부검 결과를 상세히 설명하자 정 지검장은 "경찰의 횡포가 이 지경에 이르렀구나" 하고 한탄했다.[11]

11 안상수 책 33~43쪽.

9
의사 오연상의 용기 있는 증언

1월 17일에는 박종철 사건 보도지침이 '사회면 2단 이내'로 내려왔다. 2단은 제목의 크기를 말한다. 그러나 보도지침에도 허점이 있었다. 기사의 분량에 대한 제한은 구체적으로 하지 않았다. 이를 이용해 제목의 크기는 보도지침을 지키면서 기사 꼬리를 길게 늘여 빼거나 제목을 여러 개 다는 기법이 자주 쓰였다. 17일자 기사에는 무려 제목이 다섯 개나 달렸다. 〈수사경관 2명〉〈검찰 소환방침〉〈의사—"좁은 수사실 바닥에 물기"〉〈왕진 갔을 때 숨겨 있었다〉에 〈대학생 조사 중 사망사건〉이라는 작은 제목이 붙었다.

이 기사의 주된 내용을 제공한 사람은 부검에 입회한 한양대 의사 박동호 씨와 남영동 대공수사분실 509호에 가서 박종철을 응급조치한 중앙대부속용산병원 내과전문의 오연상이었다.

이에 앞서 14일 숨진 박 군의 시체를 대공수사2단 취조실에서 처음 검안한 중앙대부속용산병원 내과전문의 오연상 씨(32)는 "14일 오전 11시 45

분경 박 군을 처음 보았을 때는 이미 숨진 상태였고 호흡곤란으로 사망한 것으로 판단됐으며 물을 많이 먹었다는 말을 조사관들로부터 들었다"고 밝혔다.

오 씨의 말은 박 군의 사망 경위와 관련 경찰이 밝힌 "14일 오전 10시 51분경 신문에 들어갔는데 신문 도중 박 군이 갑자기 '억' 소리를 지르며 쓰러져 중앙대부속병원으로 옮겼으나 12시경 숨졌다"는 내용과 서로 엇갈렸다.

오 씨는 자신이 조사실에 도착했을 때 박 군은 조사실 간이침상 위에 반듯이 누운 채 3명가량의 수사관으로부터 입으로 하는 입대(對)입 인공호흡을 받고 있었다고 말했다.

의사 오 씨는 "도착 즉시 박 군을 검진한 결과 동공이 모두 열린 채 호흡과 맥박이 없었으며 변을 배설한 것으로 보아 항문도 열려 있는 것으로 추정되는 등 이미 사망한 것으로 판단되는 여러 가지 징후가 명백히 나타나 있었다"고 말했다.

오 씨는 이 검안서에서 "외상의 흔적은 발견할 수 없었고 복부 팽만이 심했으며 폐에서 사망시 등에 들리는 수포음(水泡音)이 전체적으로 들렸다"고 적었다.

오 씨는 또 검진 당시 수사관들이 "중요한 사람이니 꼭 살아야 한다" "살려 달라"는 말을 몇 차례 했고 사망선고를 한 뒤에도 병원으로 데려가 계속 치료해줄 것을 요구, 낮 12시 40분경 응급실로 데려갔으나 사망이 이미 확인된 뒤여서 박 군의 시체는 중앙대용산병원 이송 5~10분쯤 뒤 경찰병원 영안실로 옮겨졌다고 말했다.

오 씨는 오전 11시 45분경 조사실에 도착했을 당시 박 군은 바지만 입은 채 윗옷이 벗겨져 있었던 것으로 기억되며 약간 비좁은 조사실 바닥에는

물기가 있었다"고 말했다.[1]

오연상 씨에 대한 취재는 작고한 윤상삼 기자가 맡았다. 박 씨를 검안한 다음 날인 15일 아침부터 형사가 오 교수의 진료실 앞을 지키며 기자는 물론이고 외부인의 접촉을 막았다.

윤 기자가 16일 용산병원에 도착했을 때 그는 밖에서 식사를 마치고 막 돌아오는 길이었다. 윤 기자는 진료를 기다리는 환자들을 밀치고 다짜고짜 진료실에 들어갔다.

그는 윤 기자의 질문을 받고 무척 망설이는 태도였다. 윤 기자가 30분 넘게 입에 침이 마르도록 설득했지만 묵묵부답이었다. 나중에 안 일이지만 그는 원래 과묵한 성품으로 속마음을 함부로 드러내지 않는 사람이었다. 매우 조심스럽고 신중했다.

윤 기자는 설득 모드를 공격 모드로 바꿨다. "대공분실에 갔다는데 거짓말을 할 겁니까. 의사의 양심을 걸고 솔직히 말해주세요." 그리고 그의 이름이 들어간 『동아일보』를 보여줬다. 신문을 두 번이나 꼼꼼히 읽고 난 그는 "다 나왔네요"라더니 대기 환자들과 간호사들을 모두 밖으로 내보낸 뒤 입을 열었다. 기사 쓸 때 "취재원을 보호해 달라"는 조건도 달지 않았다. 작고한 윤 기자는 다음과 같은 취재기를 남겼다.

"박 군에 대한 소생 작업이 진행되는 동안 경찰관으로부터 '물을 많이 먹었다'는 말을 들었으며 박 군의 복부가 팽만해 있었고 폐에서 수포음이 들렸습니다. 조사실 바닥에는 물기가 축축했구요."

1 『동아일보』 1987년 1월 17일 기사 7면.

이 대목에서 필자(윤 기자)는 잠시 그의 말을 가로막았다. 그의 증언은 물고문에 의한 치사를 입증해주는 결정적인 단서였다. 급히 회사에 전화를 걸어 그의 증언 중 핵심적인 부분, 특히 폐에서 들린 수포음이 핵심이라고 보고했다. 오 씨의 증언은 거의 토씨 하나 빠지지 않고 신문에 실렸다.[2]

그러나 수포음이란 사망한 사람의 폐에 피나 체액이 스며들어 폐부종이 발생해 나는 것으로 물고문과 직접적인 관계가 있다고는 볼 수 없다. 복부 팽만도 물을 먹어 그렇게 된 것이 아니라 인공호흡을 하면 바람이 들어가 배가 부풀려질 수 있다. 바닥에 있던 물기도 경찰이 박종철이 기절한 것으로 알고 깨어나게 하기 위해 뿌린 것이었다.

그러니 수사관들이 오 씨에게 들려준 '물을 많이 먹었다'는 말은 물고문이 있었음을 알려주는 결정적 증거였다. 수포음이나 복부 팽만, 바닥의 물기는 물고문의 정황을 강조하기 위해 오 씨가 일부러 강조한 말이었다.

16일 『동아일보』 기사는 부검에 입회한 삼촌 박월길 씨와 의사 박동호 씨의 증언을 통해 쇼크사가 고문치사임을 밝힌 특종이었고, 17일 기사는 고문의 수법이 물고문이었음을 입증한 것이었다.

오 씨는 윤 기자의 취재에 응한 후 그날 저녁 용산 그레이스 호텔에 끌려가 24시간 동안 경찰 조사를 받았다. 다음 날에는 신길동 대공분실에서 다시 조사를 받았다. 이후에는 일주일간 기자와 경찰을 피

---

2 한국기자협회 발행 《한국기자상 30년사》 윤상삼의 취재기 279~286쪽.

해 도피 생활을 했다.

오 씨는 후일 "만약 경찰이 박 군이 고문 도중 이미 숨진 것을 확인 했다면 외부 의사를 부를 필요도 없이 알아서 시체를 처리했을 것"이라며 "내가 그 시체가 있던 현장을 봤기 때문에 그 후 진실을 얘기할 수 있었다"고 말했다.[3]

오 씨가 현장을 목도하지 않았더라면 박종철의 죽음은 의문사로 묻혀버릴 가능성이 있었다. 5공 치하에서는 시국 관련 수배자들이 바닷가나 동굴 등에서 죽은 시체로 발견되는 의문사 사건이 다수 발생했다. 유가족들의 탄원으로 후일 김대중 정부에서 의문사진상규명위원회[4]가 출범했다.

박종철 사건으로 민심이 소용돌이칠 무렵 국회에서 신민당 의원들이 재수사를 요구한 의문사만도 3건이나 됐다. 서울대 사회복지학과 4년 우종원(23)의 시신은 1985년 10월 11일 밤 11시경 충북 영동군 황간면 서송원리 앞 경부선 하행선 철로 변 콩밭에서 발견됐다. 유인물 배포사건으로 구속됐다 특사로 풀려난 우종원은 삼민투위와 관련해 수배돼 도피 중이었다.

근로자 신호수(24)의 시신은 1986년 6월 19일 고향에서 4km가량 떨어진 전남 여천군 돌산읍 평사리 대미산 중턱 동굴에서 방위병에 의해 발견됐다. 신호수는 5·3인천사태 관련 혐의로 경찰관이라고 자

---

3 2007년 1월 11일 「동아일보」 인터뷰.
4 김대중 정부 때인 2000년 10월 17일 출범해 2004년 6월 30일까지 활동한 기구로 군사독재 통치시대에 민주화운동과 관련해 공권력에 희생된 의문사를 규명하는 조사를 담당했다. 의문사와 관련한 정보를 쥐고 있는 쪽이 국가정보원, 검경, 기무사령부 등이어서 의문사에 수사권을 주지 않은 특별법의 한계로 진상규명 불능으로 끝난 경우가 더 많았다. 노무현 정부 때는 한층 더 넓은 범위를 다루는 '진실·화해를 위한 과거사 정리위원회'가 활동했다.

칭한 남자 3명에게 연행됐다.

　김성수(18·서울대 지리학과 1년)의 시신은 1986년 6월 21일 부산 송도 앞바다에서 고기를 잡던 스쿠버다이버가 발견했다. 발견 당시 김성수의 몸에는 콘크리트 덩어리 3개가 허리에 매달려 있었다.

3

탐사보도와
기자 정신

10

하늘이여 땅이여 사람들이여

16일 아침 8시 30분경 강민창 치안본부장은 기자들에게 부검 결과 사인을 '쇼크사'라고 밝혔다. 강 본부장은 부검 결과 물고문으로 판명이 났는데도 "조직 검사를 할 필요가 있다"는 이야기를 했다. 부검 현장에서 '경부 압박에 의한 질식사'로 사인 규명이 됐는데 구태여 조직 검사를 할 이유가 없었다. 경찰은 이렇게 물고문을 뒤집으려는 시도를 멈추지 않고 있었다.

최환 공안부장은 정구영 지검장에게 "사인 조작을 막기 위해 고문한 경관을 조사해야 한다"고 건의했다. 정 지검장은 "수사는 내가 생각 좀 해본 뒤에 결정하겠다"며 서동권 총장실로 올라갔다. 그 뒤 총장실에서 최 부장을 호출했다.

당시는 공안 상황이 급박했다. 정부의 호헌 방침에 야당이 개헌 요구로 대립하며 시국이 시끄러운 상황이었다. 잠잠하던 학원가도 박종철의 죽음이 알려지면 들썩거릴 움직임이 있었다.

서 총장과 정 지검장은 최 공안부장에게 "공안 상황이 녹록지 않으니 이제 박 군 수사 지휘를 신창언 형사2부장에게 넘기고 공안 업무에 전념하라"라고 지시했다. 최 부장은 아쉬웠지만 거부할 수 없는 지시였다. 당시 경찰의 로비를 받은 청와대와 안기부에서 "최 공안부장에게 수사 지휘를 계속 맡기지 말라"는 주문이 전달돼 있음을 감지했다고 최 부장은 회고했다.[1]

최 부장은 박종철 사건에서 손을 떼면서 "박 군 수사는 형사부보다는 특수부에서 맡는 게 좋을 것 같습니다"라는 의견을 말했다. 고문 사건을 형사부로 보낼 경우 수사가 잘되지 않으리라는 생각을 했기 때문이다. 형사부 검사들은 경찰에서 송치 받은 사건을 처리하는 업무를 주로 맡기 때문에 수사를 통해 새로운 사실을 밝혀내려는 적극성이나 투지가 부족한 편이었다.

정 지검장은 "특수부도 바쁘다"면서 "그건 나한테 맡겨라"라고 말했다. 최 부장검사가 "그러면 특수부 검사라도 1명 붙이는 것이 좋겠습니다"라고 건의해 이승구[2] 검사가 박종철 사건 수사에 참여하게 됐다. 16일 오후 4시경에는 『동아일보』 옆에 있는 서린호텔[3]에서 관계기관 대책회의가 열렸다. 서린호텔은 광화문 네거리 바로 옆에 있어서 청와대 안기부 경찰 검찰(당시 서소문에 검찰청사가 있었음)이 모이기에 편했다.

그때까지도 강 치안본부장이 '쇼크사'라고 우기자 관계기관 대책회의 참석자들이 "이 사건을 지금까지 지휘한 최환 부장에게 이야기를 들어보자"고 해 최 부장이 그 자리에 나가게 됐다. 청와대에서는 홍보

---

1 2017년 1월 16일 저자의 최환 인터뷰.
2 서울지검 검사, 대검 중앙수사부 1,2과장, 서울서부지검장을 지냈다.
3 지금의 청계한국빌딩. 청계광장 옆에 있음.

수석비서관이 나와 있었다. 최 부장은 "경찰 소속인 황적준 박사도 물고문을 인정하는데 지금 와서 사인을 뒤집을 수 있겠습니까"라고 강 치안본부장에게 말했다.

강 치안본부장도 별수 없다고 판단했는지 "그럼 그렇게 합시다"라고 수긍했다. 대신 대국민 사과문에 경찰의 사기가 떨어지지 않도록 배려하는 표현을 써야 한다고 주장해 회의에서 받아들여졌다.

이날 서동권 검찰총장이 또 다른 관계기관 대책회의에 다녀온 후 박종철 사건 초동수사가 경찰로 넘어갔다. 강 치안본부장은 "17일 오후 3시부터 이강년⁴ 치안본부 수사부장을 전담 특별조사반장으로 자체 조사에 들어갔다"고 발표했다. 그는 취조 경찰관 2명의 신병은 확보돼 있다고 말했지만 이름도 공개하지 않았고 가혹행위 여부도 언급하지 않았다.

정 지검장은 간부들과 침통한 표정으로 논의를 하다가 검사장실에서 나와 검찰 출입기자들을 만났다. 기자들은 "왜 초동수사권을 경찰에 빼앗겼느냐"고 검찰의 자존심을 후벼 파는 질문을 했다. 그는 기자들의 질문을 받다가 갑자기 상기한 얼굴로 "경찰이 물고문 사실은 인정해야 합니다"라고 큰 소리로 말했다. 검찰, 경찰을 통틀어 수사기관에서 물고문이라는 말이 등장한 것은 처음이었다. 이 발언은 17일자 조간신문에 크게 보도됐다.

검찰은 관계기관 대책회의 결정으로 경찰이 초동수사권을 빼앗아 가자 무척 자존심이 상했다. "물고문은 인정하라"는 정구영 서울지검장의 발언은 검찰의 자존심을 추스르면서 경찰이 사인(死因) 조작을 못

---

4 경남 도경국장, 치안본부 3차장, 전북도지사를 지냈다.

하도록 쐐기를 박는 말이었다. 정 지검장의 "물고문을 인정하라"는 발언에 발끈한 강 치안본부장은 기자들 앞에서 도발적인 언사를 했다.

"사실 경찰은 궂은일을 도맡아 한다. 그런데 검찰은 마치 무슨 공이나 세운 것처럼 목소리를 높이고 있다. 검찰은 서기까지 합해봐야 3000명인데 경찰은 12만 명이다."

부검 결과는 물고문으로 나왔지만 경찰은 아직도 쇼크사에 대한 미련을 버리지 못하고 있을 때였다. 1년 뒤 『동아일보』가 특종으로 보도한 황적준 박사의 일기를 통해 밝혀진 사실이지만 강 본부장과 박처원 치안감이 번갈아 황 박사에게 "감정서를 '심장 쇼크사'로 작성하라"며 회유와 압박을 가하고 있을 때였다.

정통성이 취약해 시국치안을 경찰에 의존하던 전두환 정권은 경찰을 감싸고돌았다. 관계기관 대책회의를 주도하는 안기부도 경찰 편을 들어 검찰이 밀릴 수밖에 없었다. 더욱이 대공 사건은 검찰의 지휘를 받는 게 아니라 안기부의 직할이었다.

강 치안본부장은 1년 뒤 황적준 박사에게 거짓 소견서를 쓰라고 압박한 사실이 드러나면서 검찰에 구속되는 수모를 겪었다. 그의 구속사유에는 직권남용과 직무유기뿐 아니라 3000명과 12만 명 운운하며 검찰을 능멸한 괘씸죄도 포함됐을 것이다.

1987년 1월 17일자 『동아일보』에는 박종철 사건 관련기사의 크기가 현저히 줄어들었다. 16일자 기사에 대한 반동으로 홍보조정실의 압력이 강했던 것 같다. 하지만 이날 3면에 김중배 논설위원이 〈하늘이여 땅이여 사람들이여〉라는 칼럼을 실어 심금을 울렸다. 박종철 사건 담당인 안상수 검사는 '수사 도중 이 글을 읽고 감동을 받아 진실을 꼭 밝히리라는 결의를 다지게 되었다'고 책에 썼다.

(전략)한스 켈젠은 '민주정치의 진위를 가르는 것'이라는 저서에서 대표성과 다수결의 원리를 말하고, 종교와 경제의 민주적 흐름을 말한다. 그러나 나는 그의 책엔 빠져 있는 인권을, 민주정치의 진위를 판별하는 으뜸가는 징표로 삼고 싶어 한다.

인권이 목적이라면, 민주는 그 수단이다. 따라서 인권을 존중하지 않는 국가권력이 남아 있는 한, 우리는 언제 어느 땅에서나 민주를 노래할 수 없다. 인권이 유린되는 민주란 '레테르의 사기'이며 역설일 뿐이다.

이른바 '성고문' 파동의 한가운데 섰던 권 양을, 그 변호인단은 "우리가 그 이름을 부르기를 삼가지 않으면 안 되게 된 사람"이라고 불렀다. 그건 비록 무너졌으나마 처녀의 마지막 '성역'을 지키고자 하는 뜻이다.

그러나 박종철, 그의 죽음과 이름은 거듭 되새겨지고 거듭 불려져야 한다. 건강과 밝음이 충만했다는 그 젊음이 무슨 변고로 주검이 되어 우리 앞에 나타났는가. 우리는 그 진상을 한 점의 의문도 없이 밝혀야 한다.(중략)

거듭 말하고자 한다. 설령 고문이 없었다고 할지라도 죽음의 방치는 용납될 수 없다. 다시 처녀의 부끄러움을 벗고 법정에 선 권 양의 최후진술이 생각난다.

무더운 여름날, 한 여학생이 교도소에 끌려왔다. 그 여학생은 화상을 입어 하반신이 곪아 터졌다고 한다. 그러나 교도소는 검찰의 지시가 없다는 이유로 찜질이나 응급조치 없이 방치했음을 고발하는 것이다. 권 양은 말한다.

"나는 너네도 딸이 있고 너네도 사람이냐고 외쳤습니다. 그것은 이데올로기도 아니고 사람의 도리입니다."

그렇다. 인권은 이데올로기가 아니다. 그것은 어김없는 사람의 사람다운 도리인 것이다. 그 사람의 도리를 어기는 땅에선 어떤 찬란한 이데올로기도 무색할 뿐이다.

그 역리(逆理)를 바로잡으려면 우선 박종철, 그의 죽음이 우리 앞에 눈이 부시도록 조명되어야 한다. '사인(死因)'은 거침없이 밝혀지고, 그 '사인'을 죽이는 길이 열려야 한다.(후략)

6면 〈창(窓)〉에 실린 황열헌 기자의 〈철아 잘 가그래이. 이 아비는 할 말이 없다이〉는 수많은 사람들의 심금을 울리면서 박종철 관련 시위나 추도행사의 플래카드에도 등장했다.

당시 경찰병원은 중부경찰서 관내에 있었다. 중부경찰서를 담당하던 『동아일보』 황열헌 기자는 16일 박종철의 사체를 태우는 벽제화장터에 가보기로 했다. 다른 신문기자들은 "기사도 안 나가는데 뭐하러 가느냐"며 움직이지 않았다. 황 기자는 평소 죽이 맞던 『한국일보』 유동희[5] 기자에게 "역사의 현장에 가보자"고 권유했다. 당시 『한국일보』 사회부 기자들은 "사건 보도는 『한국일보』"라는 남다른 자부심을 갖고 있었다. 두 기자는 박종철을 태운 재를 뿌리는 임진강 샛강까지 동행했다.

회사에서는 사회면에 2단으로 난 박종철 사건 관련기사 내용을 확인하기 위해 수시로 전화를 걸어왔다. 치안본부에서 전날 고문치사임을 보여주는 근거를 조목조목 들이댄 『동아일보』 보도가 오보라며 사회부에 강력한 항의를 하고 있었다. 화장터에서 공중전화기가 있는

---

5 『한국일보』 사회부 기자, 베이징 특파원, 국제부 차장을 지냄.

'종철아 잘 가그래이'라고 적힌 플래카드를 들고 교문을 나서는 고려대 시위학생들.(『한국일보』 제공)

구멍가게까지는 500m 거리가 넘었다. 그는 삐삐가 울리면 전화를 걸러 구멍가게로 달려 내려갔다. 박종철의 화장을 지켜보면서 화장장과 구멍가게를 족히 대여섯 번은 오갔을 것이다. 이날은 확인에 확인을 거듭하느라 ①판 신문이 평소보다 30분가량 늦게 나왔다.

황열헌 기자의 〈창(窓)〉-"철아 잘 가그래이…"

15일 오후 6시경 서울 중구 황학동 경찰병원 영안실. 치안본부 대공수사2단에서 교내시위 혐의 등으로 조사를 받다 숨진 서울대생 박종철 군(21·언어학과 3년)의 분향실이 마련된 이곳의 경비는 삼엄하기 짝이 없었다.

기자들이 도착, 분향실로 들어가려 하자 건장한 체구의 경찰관들이 몸으로 막고 나섰다. 기자들이 분향실 안을 향해 "유가족 누구 없습니까"라고 소리치자 건장한 사내들 뒤편에 웅크리고 앉아 흐느끼고 있던 박 군의 누나 은숙 양(24)이 나섰다.

"13일 밤 철이한테서 전화가 걸려왔어요. 하숙비를 좀 보내달라고…. 그런데 집에는 돈이 한 푼도 없었거든요…" 박 양은 목이 메어 잠시 말을 끊었다.

"그런데… 14일 저녁 낯선 남자가 찾아와 아부지를 데리고 상경한 뒤 오늘 아침 아부지한테서 염불책과 철이 사진을 가져오라는 전화가 왔잖아요." 박 군의 누나는 말을 잇지 못하고 흐느꼈다. 이때 아버지 박정기 씨(57)가 실성한 모습으로 분향실 안으로 들어왔다.

"뭐요. 뭘 알고 싶소. 우리 자식이 못돼서 죽었소." 박 씨는 내뱉듯 외쳤다. 기자가 "아드님을 왜 못됐다고 하십니까"라고 묻자 박 씨는 "이놈의 세상은 똑똑하면 못된 거지요"라고 고함지르듯 말하고 고개를 떨군 뒤 박 양을 데리고 나갔다.

16일 오전 8시 25분 박 군의 사체는 영안실을 떠나 벽제 화장장으로 옮겨져 오전 9시 10분 화장됐다.

두 시간여 화장이 계속되는 동안 아버지 박 씨는 박 군의 영정 앞에서 정신 나간 듯 혼잣말을 계속했고 어머니 정차순 씨(54)는 실신, 병원으로 옮겨졌다.

화장이 끝난 박 군의 유골은 분골실로 옮겨졌고 잠시 뒤 하얀 잿가루로 변해 박 군의 형 종부 씨(29)의 가슴에 안겨졌다.

종부 씨는 아무 말 없이 박 군의 유해를 가슴에 꼭 끌어안은 채 경찰이 마련한 검은색 승용차에 올랐다. 잠시 후 일행은 화장장 근처의 임진강 지류에 도착했다.

아버지 박 씨는 아들의 유골가루를 싼 흰 종이를 풀고 잿빛 가루를 한 줌 한 줌 쥐어 하염없이 샛강 위로 뿌렸다.

"철아, 잘 가그래이…" 아버지 박 씨는 가슴 속에서 쥐어짜는 듯한 목소리로 말했다.

아버지 박 씨는 끝으로 흰 종이를 강물 위에 띄우며 "철아, 잘 가그래이…. 이 아부지는 아무 할 말이 없다이…"라고 통곡을 삼키며 허공을 향해 외쳤다. 이를 지켜보는 주위 사람들은 흐느끼거나 눈시울을 붉혔다. 박 군의 유골 가루를 뿌린 후 박 군의 아버지를 태운 승용차는 경찰병원에 들러 박 군의 부검을 지켜본 삼촌 월길 씨를 태우고 시내를 한동안 헤맨 뒤 치안본부 대공분실 마당 안으로 사라졌다.

황 기자는 종철이 아버지가 한 말은 정확히 "철아 잘 가그라이"라고 지금도 기억하고 있다. 그러나 부산 출신으로 그쪽 사투리에 밝은 김차웅 차장이 데스크를 보는 과정에서 '잘 가그래이'로 바꿨다. 그날 저녁 사회부 데스크와 기자들은 황 기자의 취재 목격담을 들으며 숙연해졌다. "현장에 있던 사건기자 두 명이 모두 울었습니다. 취재고 뭐고 집어치우고 소주나 한잔 했으면 하는 심정이었는데, 취재차에 다시 올라타 유족들을 뒤따를 때는 가슴이 미어지더군요."

보도지침의 틈을 비집고 박종철 사건 기사가 커지기 시작하면서 사고 현장인 남영동 대공분실 앞에 기자들이 진을 치고 날을 새웠다. 사건기자들을 지휘하는 각사 시경 캡들은 회의를 열어 "언론사끼리 소모적 경쟁을 할 일이 아니다. 부도덕한 정권과의 싸움이다"라는 데 의견을 모으고 『동아일보』 황열헌 기자를 현장 캡으로 지명했다. 황 기자는 각사 기자들로 하루에 2명씩 조를 편성해 남영동 대공분실 정문을 지키며 드나드는 사람들을 체크했다.

장병수 시경 캡은 일요일인 1월 18일 윤상삼 기자와 함께 온 박정기 씨와 회사 근처 술집에서 주꾸미구이 안주에 소주를 마셨다. 박 씨는 부산시청 수도국에서 33년간 재직하고 종철이가 죽은 해인 1987년 6월 정년퇴직했다. 그는 나중에 민주화운동유가족협의회 회장이 되었고 1991년 7월 고 강경대를 숨지게 한 전경들의 공판을 방청하다 법정 소란으로 투옥돼 99일간 옥살이를 하기도 했다. 장 기자는 험한 세상이 그를 늦깎이 투사로 만들었다고 생각했다.

저자가 2017년 3월 24일 인터뷰를 위해 부산으로 찾아갔을 때 박정기 씨는 엉치뼈 골절로 병원에 입원해 있었다. 그는 "아내도 건강이 안 좋아 병원에서 간병을 해주지 못하고 집에 있다"고 말했다. 저자가 "오래전에 유시춘 씨와 함께 셋이서 저녁을 한 적이 있다"고 말하자 "시춘이 잘 있나"라고 물으며 얼굴에 화색이 돌았다.

88세의 노인은 목소리도 가늘고 거동이 불편했지만 30년 전의 일을 생생하게 기억했다. 아들의 죽음은 퇴직 후 목욕탕집 사장이 되는 것이 꿈이었던 이 노인의 삶을 완전히 바꿔놓았다. 그가 아들의 유골을 임진강에 뿌리고 부산에 내려온 뒤 노무현[6] 문재인[7] 변호사가 찾아와 여러 가지 말을 했지만 그는 그냥 돌려보냈다. 그러나 시위와 집회 현장에서 아들의 이름이 나부끼는 것을 보면서 비로소 아들을 죽게 만든 원인에 대해 관심을 갖게 됐다. '이제 종철이는 내 자식만이

---

6 제16대 대통령.

7 경희대 법대를 졸업하고 사법시험 22회 합격. 유신 반대 및 1980년 계엄령 위반으로 두 차례 수감생활. 19대 국회의원. 제19대 대통령.

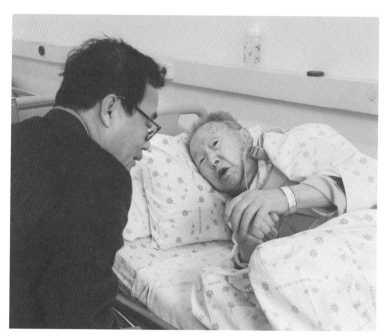

저자와 인터뷰하는 박정기 씨.(사진 박경모)

아니구나'라는 생각이 들었다. 부지런히 신문에 나는 아들의 추도식
기사를 모았다. 그와 가족 주변을 늘 형사가 따라붙으며 감시했다.
1987년 2월 7일에는 전국적으로 아들의 추도식이 열렸다. 아내와 딸
은숙이 이날 사리암에서 울부짖으며 타종하는 모습이 신문에도 크게
났다. 그도 이날 형사를 따돌리고 서울 명동성당에 갔다가 다시 붙들
려 부산으로 끌려 내려갔다.[8]

  "종철아 잘 가그래이, 이 아부지는 아무 할 말이 없다이…" 아들이
고문을 받다 죽은 지 이틀 만에 아들의 시신을 화장해 임진강에 뿌리

8 박정기의 책 86~88쪽.

면서 아버지가 한 이 말은 국민의 심금을 울렸다.

담당 간호사는 박 씨의 건강상태에 대해 "복합골절이 다시 생겨서 시술을 했다. 통증이 심한 편인데 조용히 지내신다"고 말했다.

11
'지구 최후의 날' 같은 지면

　사회부 사건기자들의 회사 미귀 스트라이크가 벌어진 다음 날인 18일은 신문이 나오지 않는 일요일이었다. 장병수 시경 캡은 기사를 준비하면서 윤상삼 황열헌 기자와 함께 "오늘 우리가 기사를 많이 써내지만 이 중 절반이나 나가겠느냐"는 농담을 주고받았다. 그런데 19일 시경 기자실에서 『동아일보』를 받아보고 깜짝 놀랐다. 사건기자들이 준비한 기사가 지면에 몽땅 다 나가고 정치부에서 준비한 기사와 물고문 장면의 삽화까지 들어가 있었다.

　장 캡은 '안기부서 잡으러 올 텐데 도망가야 하는 것 아닌가'라는 생각이 들어 회사에 전화를 걸었다. 정구종 부장과 사건 데스크인 전만길 차장이 자리를 그대로 지키고 있었다. 시경 기자실에서는 다른 신문의 시경 캡들이 농담 반 진담 반으로 "『동아일보』, 이것 반칙 아니냐"는 말을 했다. 보도지침으로 작게 쓰게 돼 있는 기사를 1면 톱부터 시작해 6개 면에 깔았으니 그런 말을 할 만도 했다. 오랫동안 보도지침에 길들여져 있던 기자들에게 이날 『동아일보』는 충격으로 다가 왔다. 정말 보도지침을 일거에 깨부수고 무력화시킨 용감한 반칙이었다.

1월 19일자 『동아일보』 지면은 전체 12면 중에서 6개 면을 박종철 사건 기사로 뒤덮다시피 했다. 이날 자 신문은 김성열[1] 사장 표현대로 '지구 최후의 날'처럼 제작됐다. 각부 기자들이 주말에도 집에 들어가 쉬지 못하고 발로 뛰어 쓴 생생한 기사들을 포함해 고문 관계 기획기사들로 제1, 2, 3, 5, 10, 11면을 도배했다. 당국이 언제 강제적으로 보도를 전면 통제할지 모르니 기왕 보도하는 김에 많은 기사를 쏟아 넣자는 계산에서였다. 당시의 언론 상황에서 이날 지면은 폭탄과 같은 위력을 발휘했다. 신문이 나온 직후 남시욱 편집국장은 사우나탕으로 사라졌다. 사무실에 있으면 기사를 빼거나 줄여 달라는 압력전화로 전화통에 불이 날 판이었다.

1면 종합
- 물拷問도중 질식死
- 內務장관 治安본부장 해임요구
- 新民 眞相조사단 구성
- 民正 本會議 常委소집 검토
- 盧총리 오늘 西獨도착
- 全大統領 56회 생신
- 檢察,관계자 16명 調査
- 金內務 사과談話
- 1달러 150엔 한때 붕괴
- 횡설수설
- 洪대변인 辭表

---

1 1922~2002. 서울대 정치학과를 나와 『동아방송』 국장, 『동아일보』 사장을 지냈다.

2면 경제

- 社說
  - 拷問경관과 求償판결
- 어느 福祉院의 人間冒瀆
- 企業이윤5% 福祉기금으로
- 梗塞政局덮친 「拷問회오리」
- 對美상품 구매반 2월末 파견키로
- 中·蘇와 關係개선 노력
- 서울 파레스百貨店 2億5千萬원 부도
- "美 일방적開放요구 국민저항감 높인다"
- 經濟단신
- 動靜
- 崔국회부의장 出國
- 人事

3면 사회

- 焦点
  - 輿論빗발에 「眞相」 무期공개
- 拷問 사라져야 한다 追放캠페인
  - 잔혹의 實相
- 뜻밖의 災殃에 오도가도 못하게 됐다
- 「중대決斷」은 拷問근절등 방향이어야
- 民推協 朴군 추도식 가진 뒤 농성돌입
- 餘錄

5면 사회
- "친구所在 대라" 密室의 물拷問
- 東亞時論
- 국민은 政黨의 장식품 아니다

10면 사회
- 경찰 "최대危機…터질게 터졌다"
- 「朴鍾哲군 拷問致死사건」警察발표(全文)
- 수석합격
- 東亞 포스트
- 부음
- 올림픽福券 당첨번호 제198회

11면 사회
- 趙漢慶 姜鎭圭경관이 拷問
- 福祉院生 百80명 강제勞役 釜山「형제」
- 유치원생 9명 死亡
- 光州 다섯쌍동이 두女子아기 숨져
- 20일 朴군 추모제 서울大 교문통제
- 拷問致死행위 유감
- 朴군관련 大字報
- "人權유린 拷問행위 의로운 분노 느껴야"
  金추기경
- 俞成煥의원 첫公判열려
- 휴지통

147

〈『동아일보』 1987년 1월 19일자 고문 관련 지면〉

이날 19일자 신문에는 남국장의 지시로 박종철의 고문 장면을 묘사한 서양식 일러스트레이션이 지면에 처음으로 등장해 폭발적인 반응을 일으켰다. 물론 아직 고문 경관이 5명인 줄 모르던 때라 2명이 물고문을 하는 장면이었다. ①판 신문이 나가자 당국의 압박

『동아일보』 1987년 1월 19일자 사회면에 백인수 화백이 그린 물고문 삽화. '경찰이 밝힌 박 군의 물고문 모습'이라는 캡션(설명)이 들어 있다.

이 심해졌다. 홍인근[2] 부국장은 홍보조정실로부터 "『조선』 『한국』 등 조간신문들이 삽화를 따라간다고 한다. 삽화를 빼라"는 요구를 받았다고 회고했다. 결국 ②판 신문부터 삽화가 빠졌다. 당시 언론에 대한 당국의 간섭과 압박이 얼마나 심했는지를 보여주는 일화다.

"반칙"이라고 불평하던 타사의 시경 캡들이 회사 전화를 받고 갑자기 조용해지더니 일선 사건기자들에게 "『동아일보』 기사 내용을 확인하고 맞으면 베끼라"는 지시를 하기 시작했다.

이날 자 『동아일보』 5면에 실린 윤상삼 황열헌 김회평[3] 등 사건기자들이 발로 뛴 르포 기사가 사건의 진행과 개요를 잘 보여주고 있다. 〈친

---

2 『동아일보』 도쿄 특파원, 편집국장, 학교법인 고려중앙학원 상임이사를 지냈다.
3 『동아일보』 기자를 지냄. 『문화일보』 논설위원.

구 소재(所在) 대라' 밀실의 물고문〉이라는 큰 제목 밑에 〈숨진 박종철
군 연행에서 고문―사망―화장까지〉라는 부제가 달린 기사였다.

　서울대를 담당하는 김회평 기자는 박종철의 숨지기 전날 행적을 상
세하게 추적해 기사에 담았다. 아침 10시 하숙집을 나와 일본어 동계
강좌를 수강하고 학과 사무실에 들러 오랜만에 친구들과 만나 동동
주를 마신 것이 박종철의 전날 행적이었다.

박종철 군은 숨지기 전날인 13일 오전 10시경 '일본어 동계강좌'를 수강
하러 학교에 간다며 서울 관악구 신림9동 246의 26 하숙집을 나섰다. 박
군은 지난 12월 29일 고향인 부산에 내려갔다가 이달 3일 상경, 계속 하
숙집에서만 지내다 이날 외출은 오랜만의 일이었다.

일본어 강좌를 들은 박 군은 오후 5시경 교내 3동 건물에 있는 언어학과
사무실에 들러 이번 학기 성적표를 받고 동급생 신모 군(21·언어학과 3년)
등 2명과 학교 앞 289번 버스종점 뒤 식당 '일미집'으로 향했다.

박 군 등은 방학 후 첫 대면이어서인지 서로 방학 중 지낸 얘기를 나누며
유쾌한 분위기에서 막걸리 한 병 반을 나눠 마셨다.

이들 중 한 명은 자리를 뜨고 뒤에 남은 박 군과 신 군은 박 군의 하숙집
에서 300m 떨어진 '민속촌' 주점으로 자리를 옮겨 동동주를 한 단지와 3
분의 1단지 정도를 더 마신 뒤 주점 앞에서 헤어졌다. 이때가 13일 밤 11
시경. 박 군은 헤어질 때 "목요일(15일)에 일본어 강좌가 있으니 그날 학교
에서 보자"고 말했으며 취한 상태는 아니었다.

박 군은 이어 밤 11시경 '민속촌' 근처 차도 변에서 우연히 후배인 언어학
과 2학년생을 만났으나 별다른 얘기는 없었다. 박 군은 자정이 다 될 무렵
에는 자신의 하숙집에서 70m가량 떨어진 같은 과 동급생 박모 군의 하숙

집에 들렀다. 박 군은 이날 동급생 박 군의 성적표를 대신 받아와 이를 건네주려 들렀으나 친구 박 군이 없자 성적표를 놔두고 "하숙집에 가겠다"고 떠났다는 것. 이때가 박 군이 주위의 사람들에게 목격된 마지막이었으며 박 군은 이날 밤 하숙집에 들어오지 않았다.

친구 박 군은 14일 새벽 1시경 집에 들어와 박 군이 성적표를 놓고 갔다는 소식을 듣고 함께 있던 친구 한 명과 박 군의 하숙집을 찾아갔으나 바깥에서 보기에 박 군 방의 불이 꺼져 있어 자는 줄 알고 되돌아왔다는 것.

박종철은 하숙방에서 잠들어 있다 다음 날 새벽 대공수사단 형사들에게 연행됐다. 검찰의 재수사에서도 치안본부 대공수사2단 6명이 이날 새벽 박종철을 하숙방에서 검거한 것으로 확인됐다. 하숙집 주인 임정숙 씨와 아들 박경호 씨는 13일 밤 일찍 자서 박종철이 밤늦게 들어온 것을 몰랐다. 이들은 14일 아침 7시경 일어나 보니 박종철의 방에 경찰관 2명이 있었고 당시 박종철은 없었다고 진술했다. 조한경 경위 등 6명이 검거작전에 나서 4명이 박종철을 연행해가고 나머지 2명이 하숙방에 대기하다가 하숙집 주인 아들에게 목격된 것이다.

치안본부는 18일 첫 조사 결과 발표에서 박종철 연행시간에 대해 '오전 6시경부터 하숙집 부근에서 잠복하다 오전 8시 10분경 임의동행했다'고 밝혔다. 그러나 야당인 신민당에서는 박종철이 13일 밤에 연행됐다고 주장해 검찰은 연행시간을 집중적으로 조사했다. 검찰은 1월 24일 수사 결과 발표에서 연행시간을 6시 40분경이라고 밝혔다. 박종철을 태운 차가 7시 55분경 들어온 것으로 대공분실 정문통과 일지에 기록돼 있었다.

경찰이 피의자를 검거할 때는 주로 인적이 없는 새벽을 택하는 것이 관행이었다. 새벽에 잠들어 있을 때 덮쳐야 검거하기 쉽고 연행할 때 목격자가 많으면 박종철의 자백을 받아 진짜 잡으려고 하는 박종운에게 알려질 가능성이 있었기 때문이다.

부산에는 윤상삼 기자가 내려가 다음과 같이 박종철 가족의 모습을 담았다.

14일 저녁 8시경 부산시 영도구 청학동 377 박 군의 집에 40대 중반의 건장한 남성이 찾아와 박 군의 어머니를 찾았다. 혼자서 집을 지키고 있던 은숙 양(24)이 "집에 아무도 없다"고 대답하자 이 남자는 "차나 한잔 마시자"고 박 양을 데리고 나가려 했다.

이때 마침 박 군의 아버지 정기 씨(57)가 대문에 들어섰고 그는 아버지 박 씨를 데리고 집 건너편 대하다방으로 들어갔다. 잠시 후 박 씨로부터 전화가 와 "직장관계로 아는 미스터 김이라는 사람인데 늦어진다"고 말했다. 밤 10시가 다 돼서야 어머니 정차순 씨(54)가 들어왔다. "얘, 그 미스터 김이라는 사람 혹시 형사 같지 않더냐"고 어머니 정 씨가 딸에게 불안한 듯 물었다.

박 양이 다방으로 전화를 걸었다.

"아부지 그 사람 형사 맞죠?"

"응."

잠시 후 아버지 박 씨가 집으로 들어와 딴말은 일절 없이 당장 서울에 가야 하니 돈 5만 원만 구해오라고 했다. 어머니 정 씨가 "이 밤중에 어디서 돈을 구해오느냐"며 난색을 표하자 박 씨는 "어쨌든 가야 한다"며 형사와 함께 나섰다. 서울행 야간열차에 올라타자 그때까지 박 군의 신변에 무슨 일이 있다고 얼버무리던 형사가 박 군의 사망사실을 털어놓았다.

다음 날인 15일 아침 서울에 간 아버지 박 씨로부터 부산 집으로 전화가 걸려왔다.

"염불 책하고 철이 사진 가지고 전부 올라오그라."

아버지의 울음 섞인 떨리는 목소리를 듣는 순간 박 양은 가슴이 철렁 내려앉았다. 형사가 왔다는 사실로 동생이 시위 관련으로 경찰에 잡혀간 줄로만 생각했다가 염불 책과 사진을 갖고 오라는 말에 '모든 것이 끝났구나' 하는 생각에 눈앞이 캄캄해졌다.

삼촌 박월길 씨가 "사인도 안 밝혀졌는데 이렇게 서둘러 화장해도 되는 것인지…"라고 탄식할 정도로 경찰은 유가족과 합의를 해놓고 화장을 서둘렀다. 대공수사단은 1월 15일 오후 박 군의 아버지 정기 씨에게 9500만 원을 주고 '일절 민·형사상 문제를 제기하지 않는다'는 합의서를 작성했다. 1억 원에서 왜 500만 원이 모자란 돈을 주었을까. 짐작건대 1억 원을 줌으로써 '억대의 보상금'을 주고 합의했다는 말을 듣지 않으려고 그랬던 것 같다.[4]

부검팀은 정밀감정에 필요한 혈액, 장기 및 위의 내용물 등은 따로 떼어 보관했다. 부검 내용도 상세히 기록하고 사진도 찍어놓았다.

시신을 화장한다고 고문의 증거가 사라지는 것은 아니지만 경찰은 화장한 유골가루를 임진강 물에 흘려보냄으로써 박 군의 묘소를 못 만들게 하고 싶었을 것이다.

---

4 신성호 책 《특종 1987》 135쪽. 2017년 1월 저자와의 인터뷰에서 최환 당시 서울지검 공안부장도 14일 밤 찾아온 경찰들로부터 이 같은 합의내용을 들었다고 술회했다.

12

고문 추방 캠페인 시리즈

　1월 19일자 『동아일보』 고문 관련 특집 중 특히 3면의 〈추방 캠페인—고문 사라져야 한다〉 시리즈는 사회부 기자들이 특별취재반을 편성해 완성한 빛나는 기사였다. 특별취재반은 김차웅 배인준[1] 정동우 황호택(저자) 윤상삼 심규선[2] 황열헌 임채청 기자 등 8명이었다. 첫 번째 시리즈는 저자가 쓴 〈잔혹의 실상〉이다. 이 기사에는 수갑을 차고 쇠사슬에 매달려 있는 두 손을 클로즈업한 사진이 들어갔다. 저자가 한승헌[3] 변호사 사무실에서 구해온 것으로 앰네스티 인터내셔널[4]에서 발간한 《80년대의 고문 보고서》 표지에 나오는 사진이다.

　원래 이 기사의 가인쇄 대장에는 '황호택 기자'라는 바이라인이 들

---

1 『동아일보』 사회부 경제부 기자, 도쿄 특파원, 경제부장, 주필을 지냈다.

2 『동아일보』 사회부 기자, 도쿄특파원, 편집국장을 지냈다.

3 전주고와 전북대 법대를 나와 제8회 고등고시 사법과 합격. 서울지검 검사. 김대중 내란음모 사건 등으로 두 차례 옥고를 치렀다. 김대중 정부에서 감사원장을 지냈다. 《법과 인간의 항변》 등 10여 권의 저서와 시집이 있다.

4 국제사면위원회 또는 앰네스티 인터내셔널(Amnesty International). 1961년 영국의 피터 베넨슨 변호사가 시작한 인권운동단체로 150여 국가에 80여 지부와 110여 개의 지역사무실을 두고 있다.

어 있었다. 그런데 공무국을 시찰하다가 대장을 본 김성열 사장이 "기자를 보호해야 한다"며 이름을 빼라고 했다.

고문추방 캠페인은 당시 서슬 퍼렇던 5공 정권에 대한 도전이나 다름없었다. 5공은 12·12 군사반란을 일으켜 정권을 장악하는 과정에서 불법적인 폭력, 고문과 투옥을 일삼았다. 이 시리즈에는 특이하게 넘버링(numbering), 즉 시리즈를 구성하는 개별기사의 게재 순서를 표시하는 일련번호가 없었다. 당국의 압력으로 언제 끝날지 몰라서 번호를 붙이지 않았다. 이 책에서는 편의상 번호를 붙여 그 내용을 소개한다.

①잔혹의 실상(1월 19일자)

'그들은 두 의자 사이에 쇠파이프를 걸쳐놓고 내 몸을 수갑과 포승으로 엮어 매달았다. 나는 쇠파이프에 거꾸로 매달린 상태에서 그들의 잔악한 행위를 낱낱이 지켜볼 수 있었다. 그들은 내 코와 입 부근을 수건으로 덮고 물을 뿌렸다. 한 형사가 비눗물이 든 주전자에 고춧가루를 듬뿍 풀었다. 그가 주전자를 들고 막 조제한 액체를 수건 위로 부었다. 나는 호흡을 멈추고 매운 액체를 계속 삼켰다. 그들은 화를 내며 수건을 입 안으로 밀어넣었다. 이번에는 아예 콧구멍 속으로 고춧가루를 밀어넣고 눈에도 비벼넣었다. 그 위로 물을 부었다. 나는 이 짓을 두 차례 당하고 나서 의식을 잃었다.'

대한변협의 진상보고서에 나오는 김시훈[5] 씨(34)의 고문 폭로 기록은 야만

---

5 1981년 6월 24일 전주시 효자동 2가 자립원 앞 고갯길에서 동네주민 최 모 씨가 흉기에 찔려 숨진 채 발견됐다. 전주경찰서는 사건 발생 18일 만인 7월 12일 이 사건의 범인으로 전주대 신축공사장 인부였던

스러운 고문의 실상을 통렬하게 고발한다. 심신에 가해지는 처절한 고통을 견디며 허위 자백을 거부하고 진실과 양심을 지킬 수 있는 사람은 실제로 많지 않다. 죽음을 각오한 사람이라도 체력과 인내력의 한계점에 이르게 되면 결국 고문 기술자의 의도에 굴복해 '각본의 대사'를 중얼거리는 자동인형이 돼버리게 마련이다. 전주시 효자동 비사벌자립원 앞 살인사건(81년 6월)의 용의자로 몰린 김 씨는 꼬박 나흘을 버티다 '항복'을 했다. 김 씨는 자포자기의 심경에서 경찰이 불러주는 대로 '사람을 죽였다'는 자술서를 썼다. 전주경찰서 수사과 형사들은 고문으로 쥐어짜낸 이 자술서를 가운데 놓고 서로 부르고 받아 적으며 피의자 신문조서를 만들었다. 그리고 김 씨의 오른손을 끌어다 인주를 묻혀 조서용지에 손도장을 눌렀다. 김 씨는 '억울하게 사형선고를 받고 교수대에서 사라지더라도 몸이나 성해서 죽자'는 기분이었다고 당시의 심경을 술회했다.

1심에서는 고문 조작을 감지한 법관으로부터 무죄판결을 받았으나 2심에 올라가 자필로 쓰고 지장까지 찍은 자술서가 유력한 증거로 채택돼 징역 15년을 선고받았다. 대법원 계류 중 살인사건의 진범이 붙잡히는 바람에 1982년 9월 14일 구속집행정지로 석방된 김 씨는 고문과 1년 2개월여의 옥살이 후유증으로 노동일을 다시 시작하기 어려울 만큼 몸이 많이 상했다. 고문은 이처럼 진실을 캐내는 수사기술이 아니라 인간의 체력과 인내력을 시험하는 악형일 뿐이다. 인간의 생물학적 한계를 최대한 이용하는 고문은 피의자의 건강과 생명에 중대한 위협을 준다. 인간으로서 지녀야 할 최소한도의 인격과 품위마저도 야수화한 고문기술자의 발밑에서 무참

김시훈 씨(당시 30세)를 검거하고 잔혹한 고문을 통해 범행을 자백 받았다. 김시훈 씨는 1심 전주지법에서 무죄, 2심 광주고법에서는 징역 15년이 선고됐다. 이후 대법원 판결을 기다리던 중 82년 7월 말 이리경찰서가 이 사건의 진범을 검거하면서 결백이 입증됐다.

하게 짓밟혀 버린다.

1983년 3월 2일 부산대 부속병원 외과 수술실에서 숨진 한일합섬 이사 김근조[6] 씨(사망 당시 42세)는 팬티만 입은 상태에서 치안본부 특수수사대 요원들로부터 죽음으로까지 이르게 되는 고문을 당했다. 이 사건 고문의 실상은 아직까지 상세히 드러나지 않았으나 유족들의 증언과 재판기록을 통해 여관 구석방에서 이루어진 고문 상황을 대강 유추해볼 수 있다. 김 이사의 사망 직후 시신을 살펴본 맏형 김상조 씨(55)는 "가슴 겨드랑이 발목 팔목이 시퍼렇게 멍들어 있었다. 양쪽 무릎의 살갗이 직경 1.5cm가량 피멍이 든 채 부풀어 있었다"고 증언했다. 동서인 외과의사 김오경 씨는 "손마디 관절, 무릎 발목 관절 등 아픔을 참기 어려운 부위에 지능적으로 고문을 한 흔적이 뚜렷했다"고 말했다.(중략)

이 사건 이후 고문을 비난하는 여론이 들끓어 특정범죄가중처벌법이 개정돼 고문수사관을 최고 무기징역에까지 처하는 규정이 신설됐다. 그러나 고문 존속의 원인이 법제도의 미비에 있는 것 같지는 않다. 특가법에 고문 수사관 엄단 규정이 신설된 이후 지금까지 이 법이 적용돼 처벌받은 수사 관은 단 한 명도 없다. 헌법 제1조 2항은 '모든 국민은 고문을 받지 아니하 며 형사상 자기에게 불리한 진술을 강요당하지 아니한다'고 고문금지를 명백히 선언하고 있다. 제헌 이후 헌법이 여덟 차례나 뒤바뀌는 곡절을 겪 으면서도 고문금지 규정은 건재해왔지만 우리 사회에서 고문시비는 끊이 지 않고 있다. 근본적으로 법의 집행자인 수사관들에 의해 지켜지지 않는

6 한일합섬이 정부 방침에 따라 비(非)업무용 부동산을 토지개발공사에 매각한 후 자기 회사 계열 간부 사원들을 경매자로 가장시켜 담합 후 낙찰 받은 사건이 일어나자 감사원의 의뢰를 받아 치안본부 특별 수사대가 수사를 시작했다. 한일합섬 김근조 이사 등 관련자들을 부산 시내 여관에 불법 감금한 채 고문 을 하다가 김 이사가 사망하는 사건이 일어난다. 이 사건으로 김만희 경위는 징역 4년형이 확정됐다. 이 사 건을 계기로 특정범죄가중처벌법이 개정돼 고문행위를 가중 처벌하는 조항이 들어갔다.

법조문상의 모든 인권보장 규정은 법전의 장식일 수밖에 없다.

고문이 짧은 시간에 피의자의 자백을 얻어내는 효과적인 수단일 수도 있겠지만 장기적 안목에서 보면 그 효율성이 지극히 의심스럽다. 근래에 이르러 법원은 고숙종[7] 여인 사건, 정재파[8] 군 사건 등을 계기로 엄격한 증거를 요구하는 추세로 나아가고 있다. 적어도 일반 형사사건에 있어서는 고문수사에 대한 제동을 강화하고 있어 고문으로 만든 수사기록은 피고인이 법정에서 부인할 경우 아무런 증거능력도 인정받지 못한다. 설사 피고인이 수사기관에서 조사받을 때 자필로 쓰고 지장까지 찍은 자술서일지라도 법정에서 부인해버리면 증거가치 면에서 휴지와 다름이 없다. 법원의 증거요구가 엄격한 사건에서는 고문을 통한 자백은 '증거의 여왕'이 아니라 오히려 무죄판결을 유도하는 심증(心證)으로 작용할 뿐이다.

고문수사관은 형사책임뿐만이 아니라 민사상의 손해배상 책임까지 져야 한다는 것이 법원의 최근 판례이다. 서울민사지법은 지난 16일 한일합섬 김 이사를 고문치사한 김만희 경위에게 830여만 원을 국가에 물어주라는 판결을 내렸다. 김 이사의 유족들이 국가를 상대로 손해배상 및 위자료 청구소송을 내 830여만 원의 일부 승소판결을 받자 국가가 다시 김 경위에게 손해배상의 변상을 요구하는 소송을 냈던 것.(중략)

---

7 1981년 8월 4일 서울 용산구 한남동의 한 가옥에서 윤경화 씨(당시 71세)와 가정부, 윤 씨의 양녀가 죽은 채 발견됐다. 윤 노파의 조카며느리인 고 씨는 살인 용의자로 검거돼 경찰과 검찰의 2회 조사 때까지는 범행을 자백했지만 검찰 3회 조사 때부터 "고문으로 허위 자백했다"며 진술을 번복했다. 82년 2월 서울형사지법은 피고인 고숙종 씨에게 무죄를 선고했다. 고 씨를 고문했던 하영웅 순경이 윤 노파의 통장을 훔쳐 돈을 찾으려다가 발각되기도 했다.

8 1981년 9월 21일 메이퀸으로 뽑힌 적이 있는 여대생 박상은 양이 서울 강남구 삼성동의 한 야석장에서 시체로 발견됐다. 처음에는 대학생 장모 씨가 용의자로 지목됐으나 검찰은 장 씨를 무혐의로 석방하고 정모 씨를 범인으로 지목했다. 정 씨는 범행을 자백했으나 법정에서 강압에 못 이겨 거짓자백을 했다는 주장을 했고 무죄판결을 받았다.

부천경찰서 '성고문사건'의 권 양은 아직도 항소심 공판을 기다리고 있고, 재정 신청도 대법원 계류 중이다. 권 양 사건을 계기로 인신구속 사무를 집행하는 일선 수사기관에 커다란 경각심을 불러일으켰던 것도 사실이지만 성고문의 파문이 가라앉기도 전에 박종철 군이 인권의 사각지대에서 사망했다. 수배자를 잡으려는 과열수사 분위기가 고문을 부른 점이 두 사건의 공통점이라고 할 수 있다. 사회질서 확립을 위해 쓰라고 수사기관에 주어진 힘은 언제든지 남용 위험의 속성을 지니고 있다. 이 수사 권력의 남용을 제어하는 장치들이 우리사회에서 제대로 가동하지 못하는 것이 고문 존속의 원인이라고 재야 법조인들은 지적한다.

현재 법원에 계류 중인 사건 중에도 피고인들이 고문을 주장하는 사건들이 더러 있다. 다만 여론의 주목을 받지 못해 사실 여부가 가려지지 않았을 뿐이다. 홍성우 변호사는 "법률을 몇 줄 고치거나 고문을 안 하겠다는 수사당국의 다짐으로 고문이 사라지는 것은 아니며 수사 공무원들의 의식전환이 절대로 필요하다"고 강조했다. 한승헌 변호사는 "인권은 그것을 지킬 만한 바탕을 쌓은 국민만이 누릴 수 있다"며 "사회전반의 인권의식 제고(提高)만이 고문을 퇴치할 수 있을 것"이라고 진단했다.〈특별취재반〉

두 번째 기사인 피해자들의 증언은 그때까지 신문에 보도되지 않았던 충격적인 내용을 담았다. 최형우[9] 의원은 현역 의원 신분으로 10월 유신 선포 직후 수사정보기관에 연행돼 물고문, 전기고문, 구타, 잠 안 재우기를 당했다. 그가 대정부 질문에서 "한 모(한태연[10]) 교수

---

9 6선 의원에 정무제1장관(노태우 정부) 내무부장관(김영삼 정부)을 지냈다. 김영삼 전 대통령의 측근으로 '좌(左) 동영 우(右) 형우'라는 말을 들었다.
10 서울대 법대 부교수와 동국대 교수를 지내고 비례대표 의원, 유정회 의원을 역임했다. 갈봉근 교수와

를 비롯해 몇몇이 새 헌법을 만들고 있다는데…"라고 말한 정보의 진원지를 대라는 것이 고문의 이유였다. 김한수[11] 의원도 대정부 질문과 관련해 고문수사를 받았다. 회기 중 불체포 특권을 지닌 국회의원들이 영장도 없이 끌려가 무지막지하게 당한 고문사례는 당시에는 기사화하지 못했던 내용이다.

이 시리즈에 대해 당시 구속자 가족들의 모임인 민주화실천가족운동협의회(민가협) 창립 총무였던 유시춘 씨는 권순택과의 e메일 인터뷰에서 "군사정권의 고문 실상을 잘 모르는 일반 국민에게 고문 실상을 자세히 알리고 결과적으로 국민의 공분을 불러일으키는 불쏘시개 역할을 해냈다"면서 "내가 직접 고문에 관한 증언을 해줄 수 있는 고문 피해자들을 섭외해서 『동아일보』 기자에게 연락해준 적도 여러 번 있었다"고 말했다.[12]

②피해자들의 증언(1월 20일자)

(전략)

◇朴모 군(21·서울대 경제학과 83년 입학)=지난해 5월 25일 서울 관악구 봉천동 집을 나서다 서울대 자민투 지하조직 관련 혐의로 치안본부 대공수사요원 2명에게 연행됐다.

잠시 후 도착한 곳은 말로만 듣던 속칭 '남영동' 치안본부 대공수사단이었다.

함께 유신헌법 작성에 참여했다. 한 교수는 한 학술모임에서 신직수 법무부 장관이 김기춘 검사 등을 시켜 이미 헌법안을 만들어 놓은 상태에서 자구 수정에 관여했다고 말했다.

11 1935~2013. 『대한일보』 기자 출신으로 2선 의원.

12 권순택 논문 57쪽.

복도를 사이에 두고 양쪽으로 빽빽이 늘어선 취조실 중 한 곳에 들어서자 4~5명의 수사관이 몰려들어 주위를 에워쌌다.

"이 XX가 박XX야. 너 여기가 어딘 줄 알아?" 몇 마디 협박조의 얘기가 여기저기서 쏟아지더니 느닷없이 합세해 온몸을 마구 때리고 짓밟았다. 나중에는 몽둥이까지 등장했다.

10여 분간 정신없는 집단구타를 한 뒤 "너, 명재(이명재·서울대 자민투 위원장)와 유식(조유식·자민투 간부)이가 있는 곳을 대라"고 했다. "모른다"고 대답하자 그중 한 명이 "이 XX 안 되겠군, 옷 벗겨"라고 했다.

분위기에 가위 눌릴 수밖에 없었다. "내가 벗겠다"며 지시대로 팬티만 남기고 모두 벗었다. 그러자 그중 2명이 구정물(담배꽁초와 쓰레기 등이 둥둥 떠 있었다)이 가득 찬 욕조로 데려가 손을 빨랫줄 같은 것으로 뒤로 묶고 머리를 처박았다.

나는 견딜 수가 없어 계속 바둥거렸다. 숨이 막혀 버티기 어려웠다. 계속 7~8차례 내 머리를 욕조에 집어넣은 이들은 거의 탈진한 나에게 "인간적으로 얘기하겠느냐"고 물었다. 나는 괴로움을 견디지 못해 무조건 "하겠다"고 대답했다. 그러자 그들은 다시 옷을 입도록 하고 나의 최근 행적, 수배자의 소재 등을 캐물었다. 아는 대로 얘기했으나 수사관들은 "옷을 다시 벗겨"하고 소리를 버럭 질렀다.

다시 욕조에 머리를 박히고 계속 고통을 겪어야 했다. 그때 나는 비로소 도와줄 사람 하나 없는 극한적 상황에서 죽음의 공포를 느껴야 했다. "모든 것을 말하겠다"고 소리쳤으나 지휘자로 보이는 40대 남자는 "너 같은 놈과는 얘기 않겠다"며 침대로 끌고 갔다.

이들이 내 양 손목과 발목을 묶은 뒤 무릎 아래로 막대기를 집어넣는 소위 '통닭구이' 고문을 시작하려 할 때 담당 취조관인 이 부장(자기들끼리의 은어)이 들어와 "인간답게 얘기하겠느냐"며 뜻밖에 부드러운 어조로 달래 듯 말했다. 내가 "하겠다"고 응답하자 다시 옷을 입히고 그때부터 조서 작성에 들어갔다. 이때가 정오경으로 연행된 지 거의 한 시간 이상 흐른 뒤였다.

나는 23일 만인 6월 16일 검찰에 송치돼 재판에서 국가보안법(이적 동조)과 집시법 위반 혐의로 징역 1년 6개월에 집행유예 3년을 선고받고 1월 2일 석방됐다.

그때를 돌이켜볼 때 내가 당했던 고문에서 내 의식을 마비시킨 것은 단순한 육체적 고통이 아니라 정신적인 절망감이었다.

◇張榮仁 氏(여·27·해고 근로자·서울 동작구 대방동)=나는 83년 5월부터 서울 구로공단 내 반도체 부품 제조회사인 '롬코리아'에 생산직 사원으로 입사해 일했었다. 그러다가 위장 취업자로 적발돼 85년 7월 해고됐다.

이듬해인 86년 3월 2일 분신자살 근로자 박영진 씨의 장례식을 준비하러 전태일 기념관(서울 종로구 창신동)에 갔었다. 장례식을 치를 수 없게 돼 동료 근로자 70여 명과 함께 항의 농성을 벌인 것이 경찰에 연행된 계기가 됐다. 연행된 곳은 서울 동대문경찰서로, 3월 25일 낮에 연행됐다. 박 모 형사가 조사를 맡았다. 처음에는 묵비권을 행사하려고 마음먹었다.

형사는 몇 가지를 묻다가 대답을 하지 않자 지하실로 끌고 내려갔다. 지하실에 들어서자마자 대여섯 차례 주먹이 날아왔다.

"이런 법이 어디 있습니까" 하고 항변했다.

"법 좋아하네. 판사 앞에서나 실컷 떠들어라. 우리는 여기서는 법을 안 지켜도 돼"라고 말하며 구둣발로 무릎 관절 부분을 사정없이 걷어찼다. 견디기 어려울 만큼 통증이 왔다.

소리를 지르자 "어디다 대고 악을 쓰느냐" 며 머리채를 잡아 뒤로 젖히고 입을 틀어막았다. 다시 주먹, 이어서 볼펜으로 머리를 사정없이 찍었다.

나는 1시간 남짓 버티다 '육체적 고통보다는 모욕감을 견디지 못해' 묻는 대로 적당히 대답했고 결국 집시법 위반 혐의로 구속됐다.

유치장에 수감돼 알게 된 것은 내가 겪은 가혹행위는 놀랍게도 대단한 게 아니라는 사실이었다.

채모 양(24·전 남성전기 근로자)의 경우는 담당 형사를 포함한 3~4명으로부터 '장시간' 집단 구타를 당했다는 것이었다. 얼마 동안 맞았는지는 기억할 수조차 없었다는 것이었다.

며칠이 지나도록 채 양이 운신을 못하자 수사관들은 그를 경찰병원으로 싣고 가서 X레이를 찍게 하는 등 검진을 시켰다.

그 후 며칠 동안은 간호원이 유치장에 찾아와서 안티푸라민 마사지를 해주어야 했다.

나는 고문을 당하고 난 뒤 한동안은 '도대체 산다는 게 뭐냐' 하는 회의에 빠질 수밖에 없었다.

◇최형우 씨(52·신민당 부총재)=10월 유신 얼마 뒤인 1972년 10월 말 어느 날 밤 1시경 서울 은평구 불광동 집에서 3,4명의 수사관에 의해 서울 용산구에 있는 한 수사기관으로 연행됐다. 이곳에 끌려 들어가자마자 조사실 콘크리트 바닥에 내팽개쳐졌다.

잠시 후 이곳에 들어온 한 수사관은 "듣던 대로 인상이 고약하게 생겨먹었다"는 말을 내뱉고 무조건 "옷을 모두 벗어라"고 눈을 부라리며 말했다. 시키는 대로 옷을 벗고 허름한 옷으로 갈아입었다.

수사관들은 10월 유신으로 해산된 8대 국회 마지막 본회의에서 내가 행했던 "한모 교수를 위시해서 몇몇 사람들이 새 헌법을 만들고 있다는데 사실을 밝히라"고 주장한 대정부 질문에 대해 추궁하기 시작했다. "어디서 그런 정보를 얻었느냐"며 집중 추궁을 했다.

처음에 진술을 하지 않으려 하자 수사관들은 곧바로 물고문을 가하기 시작했다. 우선 두 팔과 발을 포승으로 한데 묶어 마치 '도살장으로 끌려가는 돼지 모양'을 만든 후 오금에 나무 막대기를 끼워 양쪽 책상 사이에 걸어놓았다.

다음에는 얼굴에 수건을 씌운 뒤 수건 위에 물을 붓기 시작했다. 수건이 물에 젖어감에 따라 호흡이 가빠지고 스며드는 물을 마실 수밖에 없었다. 수사관들은 이 같은 고문을 하루에도 몇 차례씩 반복하고 실신을 해야 그만뒀다. 보름 동안 이 같은 물고문 이외에도 잠을 재우지 않는 고문이나 전기고문, 마구 차고 때리는 고문 등을 수없이 당해야 했다.

'동물 이하의 취급을 당하다 보면 정의도 한줌 먼지가 될 수밖에 없다'고 생각을 했었다.

◇김한수 씨(52·신민당 국회의원)=72년 10월 25일 서울 영등포구 당산동 강마을아파트 1동 406호 집에서 검은 잠바 차림의 수사요원 2명에 의해 연행됐다. 집 앞에서 승용차가 막 출발하려는 순간 차 속의 무선전화 벨이 요란하게 울렸다. 통화 내용은 "야 그 물건 실었나" "예 실었습니다"라는 것이었다.

우리 집에서 그리 멀지 않은 곳에 위치한 어느 조사실로 끌려갔다. 그로부터 꼬박 4박 5일을 그곳에 감금된 채 고문수사를 받았다.

8대 국회 당시 국회에서 행한 발언을 중심으로 수사가 시작됐다.

"순순히 다 털어놓으면 살아서 돌아가겠지만 부인하면 죽어서 나가는 거

야" 하는 호통에 이어 수사관 4명으로부터 물고문, 구타 등을 반복해서
당했다.

고통을 이겨내지 못하고 실신했다가 깨어날 때마다 나는 여러 차례 바
닥에 오줌을 쌌고 그 위에서 짓밟힌 것을 알게 됐다. 그때의 일은 정말
악몽 같은 것이어서 잊어버리고 싶지만 좀처럼 머리에서 사라지지 않고
있다.

지독한 고문이 계속되는 동안 간간이 의사가 나타나 혈압과 체온을 재고
주사를 놓기도 했다.

나는 고문을 가한 수사관들로부터 조사를 받던 중 '정말 듣던 대로 독종'
이라는 소리를 여러 차례 들었다. 목숨을 버리더라도 버티겠다는 다짐도
했었으나 '매에는 당할 장사가 없다'는 옛말대로 나도 결국은 견딜 수가 없
었다.⟨특별취재반⟩

세 번째 ⟨평생을 괴롭히는 후유증⟩에는 국회의원 신분으로 연행돼
장애인이 된 강근호[13] 씨, 치안본부 대공수사단에서 조사를 받다 정
신이상이 된 이을호 씨 사례를 담았다. 이 씨는 전주고등학교가 낳은
천재로 2등보다 한참 앞서가는 1등이었으나 성적 높은 문과계열 학생
들이 흔히 가던 법대, 상대에 진학하지 않고 서울대 인문대 철학과에
들어갔다.

1985년 9월 그는 김근태 의장과 함께 붙들려가 남영동 대공분실에
서 민청련과 관련해 온갖 고문을 당하고 심신이 망가졌다. 30년 가까
운 세월 동안 19차례나 정신병원을 들락거렸다. 아내 최정순 씨도 이

---

13 1934~2008. 8대 국회의원과 민선 군산시장을 지냈다.

화여대에서 학생운동을 하다 2번이나 옥살이를 한 경력이 있다. 대형 출판사에서 전무로 일하다가 퇴직한 최 씨는 남편의 고향인 전북 부안으로 귀농(歸農)했다. 공기 맑은 고장에서 농사를 짓고 치료를 꾸준히 받으면서 남편의 상태는 몰라보게 좋아졌다. 지금은 동서양의 경전을 섭렵하며 저술을 준비하고 있다고 한다.

저자는 민가협 사람들과 함께 검찰청사에 나온 최정순 씨를 볼 때마다 짠한 생각이 들었다. 〈평생을 괴롭히는 후유증〉의 이 씨 사례도 유시춘 씨가 연결해준 것이다. 두 번째와 세 번째 기사는 사회부 기자들이 모아온 여러 증언과 자료를 취합했다.

③평생을 괴롭히는 후유증(1월 21일자)

고문은 끝나도 고문의 상처는 좀처럼 지워지지 않는다. 육체적 정신적으로 극한 상황을 넘나들던 고문 피해자들은 그 상황에서 벗어나도 자신의 주변 곳곳에서 당시를 일깨우는 아픈 기억과 맞닥뜨려 하루에도 몇 차례씩 고통을 되씹어야 한다.

고문 피해자들은 육체적 후유증으로 두통 등 각종 통증, 소화불량, 성기능 장애, 청력 및 시력 이상, 이상감각 등에 시달리는 것을 비롯해 더 큰 피해인 무력감, 기억 손상, 우울증, 불면증, 악몽과 가치관에 대한 회의 등 정신적인 고통을 오랫동안 감수해야 한다.

고문 피해자들은 이구동성으로 "고문을 당해보지 않은 사람은 고문이 얼마나 인간의 심성을 황폐화시키는지 모른다"고 말하고 있다. '어제' 당한 고문의 흔적을 지우기 위해 '오늘'을 희생하고 있는 고문 피해자들의 증언을 본인과 가족들의 입을 통해 들어본다.(중략)

◇이을호 씨(31·78년 서울대 졸업·현재 용인 정신병원 입원 중)=이 씨는 재학 중이던 지난 77년 교내시위 가담 혐의로 관악경찰서에 연행돼 1주일간 집단 구타를 당하며 조사를 받다 정신분열 증세를 일으켜 정신병원에 입원, 2개월간 치료를 받고 정상을 회복한 뒤 석방된 적이 있다고 부인 최정순 씨(31)는 말하고 있다.

이 씨는 78년 졸업 후 모 잡지사에 근무했으나 지난 85년 9월 4일 삼민투를 배후 조종한 혐의로 치안본부 대공분실로 연행됐다. 이 씨는 국가보안법 위반혐의로 구속돼 9월 24일 송치될 때까지 계속 조사 받았다는 것.

부인 최 씨에 따르면 수사관들이 이 씨에게 계속 정신적인 압박을 가해 검찰에 송치될 무렵에는 이미 정신분열 증세를 보이고 있었다는 것. 최 씨는 이 씨가 평소 명확하고 현실적인 사람인데 이때에는 "머리가 두 개 달린 닭과 돼지가 나타났다" "돌아가신 할아버지가 지켜주니 걱정 마라"는 말을 되풀이해 정신분열임을 직감했다고 한다.

이 씨는 송치 후 구치소에 수감됐으나 보름씩 잠을 안 자고 속옷을 찢고 춤을 추며 안경을 마구 집어던지는 등의 이상한 행동을 보여 송치 20일 만에 서울시립정신병원에 감정유치됐다. 이 씨는 85년 1월 20일 국립정신병원으로 보내져 지난해 6월 4일까지 7개월여 동안 5차례의 감정유치를 받은 끝에 6월 5일 정신분열증으로 진단받고 구속집행정지로 풀려나 현재 용인정신병원에 수용됐으나 장기간 치료를 받아야 된다는 것이다.

이 씨의 경우 심한 분노와 좌절을 느낄 때면 자신을 제어할 수 없다는 것이 부인 최 씨의 말이다. 부인 최 씨는 장기간 구금과 심한 심리적 압박이 이 씨의 발병 원인이라고 믿고 있으며 7개월여 동안 감정유치를 받으며 '관찰'이라는 이유로 치료를 제대로 받지 못해 증세가 악화됐다고 주장했다.

◇강근호 씨(54·신민당 소속 8대 의원)=지난 72년 10월 유신 선포 직후 현역 국회의원의 신분으로 수사기관에 연행돼 가혹한 고문을 당해 15년이 지난 지금까지도 지팡이 없이는 보행이 불편할 정도로 그 후유증에 시달리고 있다.

수사기관에 연행된 뒤 만 7일간 불법 감금돼 온몸을 발가벗긴 채 각목 등으로 전신을 구타당하는 등의 고문을 당했다. 이 밖에도 캄캄한 방안에 가둬놓고 얼굴에 정면으로 강렬한 조명을 비춰 공포감을 주거나 잠을 재우지 않는 등의 지능적 고문을 당했다. 3인 1개조의 수사요원들이 만 5일간 교대로 가하는 고문을 견디다 못해 마침내 실신, 혼수상태에 빠지는 바람에 의무기관으로 옮겨져 연행 7일 만에야 가까스로 풀려났다.

그러나 각목 등으로 전신을 구타당한 후유증으로 좌골신경통과 우측 대퇴부 마비가 심해 한 달간 입원치료를 받아야 했으며 퇴원 후에도 3년간이나 목발을 짚고 다녀야만 했다. 지금도 지팡이 없이는 보행이 불편한 상태이다.

아직도 가끔 다리에 10~20분씩 심한 통증과 함께 마비가 와 고통을 받고 있으며 매년 한두 차례 입원치료를 받고 있다. 또 날이 흐리거나 비가 오면 팔다리가 저리고 머리가 깨지는 듯이 아파 심한 고통에 시달리고 있다.

고문은 몸뿐 아니라 마음에도 심한 상처를 남겨 고문 이후 2,3년간은 검은색 지프가 뒤를 쫓는 것 같은 환각과 공포에 시달리기도 했으며 요즘도 술을 마신 날은 고문을 가하던 수사요원들의 모습이 떠올라 잠을 이루지 못한다.

◇심모 군(23·서울대 철학과 82년 입학)=지난 84년 1월 '서울대 외부인 감금 사건'으로 구속된 심 군은 구속 직후 정신착란 증세를 보였다. 당시 심

군을 변호했던 홍성우 변호사에 따르면 심 군은 지난 82년 교내 시위에 가담한 혐의로 연행된 뒤 구속돼 1년형을 살고 출감했는데 이때 이미 정신착란 증세를 보였다는 것.

심 군은 출감 직후 병원에 입원치료를 받은 끝에 정상을 회복해 지난 84년 3월 학원 자율화 조치로 복학했다. 그러나 심 군은 이해 11월 서울대 외부인 감금 사건에 관련된 혐의로 2개월간 수배된 끝에 경찰에 붙잡혀 관악경찰서 유치장에 구속된 직후 정신착란 증세를 일으켰다는 것. 홍 변호사는 "당시 심 군이 관악경찰서에서 고문을 당한 것 같지는 않지만 유치장에 수감된 것 자체가 충격이 돼 정신착란증이 재발된 것 같다"고 말했다.

심 군은 지난 82년 구속됐을 때 받은 상처가 워낙 깊어 비록 치료를 받고 정상을 회복했다 할지라도 '구속'이라는 같은 상황에 처하게 됐을 경우 정상인이라면 충분히 견뎌낼 수 있는 일이 커다란 충격으로 받아들여졌을 것이라고 홍 변호사는 설명했다. 가족과 홍 변호사에 따르면 심 군은 구치소에 수감된 후 "구치소 마당에 운동하러 나가면 하늘에 초계기가 떠 나를 지켜준다"는 등의 말을 하는 정신착란 증세를 보였다는 것. 심 군은 85년 2월 병보석으로 석방된 뒤 6개월가량 치료를 받고 지금까지 고향집에서 요양을 하고 있다.

심 군 가족들은 "요즈음은 거의 정상을 되찾고 있다"며 "이미 지난 일을 다 잊고 싶은 것이 가족들의 생각이어서 더 이상 당시를 거론하기 싫다"고 말했다.〈특별취재반〉

이 시리즈는 1월 22일자 3면에 4회 〈악습이 부르는 악행〉을 끝으로 '끝'이라는 표시도 없이 끝났다. 시리즈가 진행 중인 1월 21일 전두환 대통령은 인권보호 특별기구의 상설화를 내각에 지시했다. 22일부터는 『조선일보』가 〈인권보호 이것부터〉라는 인권 캠페인 시리즈를 5회에 걸쳐 게재했다. 두 신문의 시리즈가 끝난 후 천주교정의구현사제단은 '고문살인의 종식을 위한 우리의 선언'을 발표했다.

13

동아 경영진, 외풍(外風)을 막아주다

박종철 사건 첫 보도가 나간 지 일주일 후쯤 됐을 때였다. 장세동 안기부장이 각사 편집국장들을 저녁식사에 초대해 "이제 정부 당국의 발표가 있기 전까지는 박 군 사건을 신문에서 거론하지 말라"고 요청했다. 말씨는 부드러웠지만 그 자리의 분위기는 무거웠다. 어떤 순간에는 위협적으로 느껴지기도 했다.

장 부장의 말에 대해 좌중에서는 이렇다 저렇다 말을 안 했다. 남국장은 여기서 아무 말도 안 할 경우 묵시적 동의로 여겨질 수 있다고 판단했다. 장 부장 말에 이의를 제기하지 않았다가 그 이튿날에도 기사를 계속 내보낸다면 그것은 언론인으로서 비겁한 일이 된다. 한참 궁리 끝에 남 국장은 "사건 보도를 갑자기 뚝 끊는다면 그것은 도리어 이상한 일이므로 당분간은 속보를 안 쓸 수가 없지요"라고 말했다.

그렇기는 했지만 막상 속보를 계속 써대니까 정부 당국의 압력은 갈수록 대단했다. 이러다가는 신변에 무슨 일이 일어날 것 같은 불안감이 생겼다. 남 국장은 생각다 못해 홍인근 부국장을 불러 "만약 내가 어떻게 되더라도 박 군 사건은 끝까지 파헤쳐야 한다"고 당부했다. 남 국장으로선 비장한 결심이었는데 거기에는 상당한 이유가 있었다. 그의 경험에 비추어 이처럼 정부와 언론이 대립됐을 때 언론이 이길 수 있는 유일한 길은 당초의 초지를 굽히지 않고 끝까지 밀고 나가는 것이다. 만약 언론이 중도에서 굽히면 그것은 언론의 비참한 패배로 끝날 뿐이다.

정부 당국의 압력을 뿌리치겠다는 확고한 의지를 가지게 된 배경에는 그 나름대로 생각이 있었다. 전두환 정권이 유치한 서울올림픽이 그 이듬해 열리므로 언론에 대한 압력과 탄압에는 한계가 있으리라는 것이 그의 정세 판단이었다. 전두환 정권이 그 치적을 과시하기 위해 유치한 올림픽이 도리어 정권 행보에 치명적인 족쇄가 된다는 것이 당시 그의 생각이었다. 서울올림픽이 결과적으로 한국 민주화에 결정적인 기여를 하게 되리라는 전망을 그는 당시 세미나 같은 데서 공공연히 밝혔다.

『동아』가 박종철 사건을 줄기차게 보도하자 많은 독자들로부터 격려가 쏟아졌다. 편지로, 전화로 격려를 하고 직접 방문하는 사람도 있었다. 한번은 문화공보부 홍보조정실의 담당관 서병호 씨가 편집국장실로 찾아와 협조를 부탁해서 이야기를 나누고 있었다. 전화벨이 울려서 남 국장이 받았는데 부산의 어느 주부였다. 그녀는 "저도 대학생 자식을 가졌지만 이런 살인정권은 당장 퇴진시켜야 합니다. 아무쪼록 용기를 내어 끝까지 파헤쳐 주세요" 하고 우는 목소리로 말했다. 남 국장은 수화기를 서 씨에게 건네주었다. 그는 전화를 받더니 침통한 표정이 되어 더 이상 아무 말도 못하고 밖으로 나가버렸다.

검찰에서도 물론 가만히 있지 않았다. 경북고 후배인 정해창 대검 차장이 남 국장 방으로 찾아와 박종철 사건 보도를 자제해 달라고 하소연하다시피 간청했다. 그와의 평소 친분 관계를 믿고 남 국장은 "정부의 고충도 있겠지만 고문 사건만은 덮을 수가 없으니 검찰이 본분을 다하는 것이 불가피하지 않느냐"고 도리어 설득했다. 『동아일보』가 계속 박종철 사건을 파헤치는 것을 앉아서 보고만 있을 수 없었던 서동권 검찰총장이 남 국장과 가까운 정 대검차장을 보낸 것이다.

언론인 생활을 해본 사람이면 누구나 아는 일이지만 기사에 관한 압력 가운데 가장 견디기 어려운 것이 언론사 내부의 압력이다. 사실 외부로부터의 압력은 그것이 정부든 대기업이든 확고한 신념을 갖고 자세만 굽히지 않으면 막아낼 수 있지만 사내 고위층이 가하는 압력은 마음대로 하기가 어렵다. 특히 상사가 직접 가하는 압력은 대개 직무상 명령 형식을 띠므로 사표를 내지 않는 한 거부하기가 쉽지 않다.

편집국장의 입장에서 보면 직무상 상사는 바로 경영진이 되기 때문에 경영주가 언론 자유를 지킬 의지와 능력이 없으면 아무리 편집 책임자가 발버둥쳐도 소용없는 일이 된다. 5공 치하에서 많은 언론사가 언론 자유를 빼앗긴 것도 경영진을 통해 압력이 내려왔기 때문이다. 언론 자유는 경영주, 편집책임자, 취재진이 모두 이를 지킬 때 가능한 것이다.

그런 의미에서 남 국장은 운이 좋았다. 당시의 경영진은 남 국장의 신문 제작 방침을 전적으로 이해하고 지지해 주었기 때문이다. 물론 걱정이 안 될 수는 없었던 모양이다. 김성열 사장은 앞서 다룬 1월 19일자 박종철 고문치사 사건 관련 보도(도표 참조)를 보고 남 국장에게

"오늘 신문은 지구 최후의 날 지면처럼 만들었구먼" 하고 다소 우려 섞인 코멘트를 했으나 그 이상은 말하지 않았다. 사실 남 국장은 당국의 압력이 하도 심해 언제 어떻게 상황이 변할지 모를 긴박한 상황이어서 되도록 빠른 시일 안에 쓸 수 있는 모든 기사를 지면에서 소화할 속셈이었다.

김상만[1] 명예회장은 남 국장과 식사하는 자리에서 근심하는 표정을 짓고 "박종철 군 기사는 어떻게 돌아가나"라고 물었다. 남 국장이 한참 설명한 뒤에 "보도를 안 할 수는 없습니다. 이런 기사는 자연스럽게 '페이드 어웨이'(fade away·사라지다)되는 수밖에 없습니다"라고 하자 김 명예회장은 "그래, 그래, 자연스럽게 페이드 어웨이 해야지!" 하고 남 국장을 격려했다. 김 명예회장은 영국 런던대학과 일본 와세다대학에서 수학했다. 정부 당국이 명예회장에게 압력을 안 넣었을 리 없을 텐데 그는 편집에 간여하지 않았다.

남 국장은 후일 『동아일보』가 이처럼 용기 있게 보도할 수 있었던 것은 주무부인 사회부 등 편집국 전 부서가 혼연일체가 돼 노력한 데다 경영진의 전적인 뒷받침이 있었기 때문이라며 동아일보사 전체의 승리였다고 자평(自評)했다.

정구종 사회부장은 "남시욱 편집국장은 사회부가 취재한 기사와 기획을 일절 줄여라 마라 간섭하지 않았다. 임원실에서 전화를 하는 일도 없었다"고 당시 회사 분위기를 전했다.

황열헌 기자는 박종철 사건 초기의 언론 분위기에 대해 "타사 기자

---

1 1910~1994. 인촌 김성수의 장남. 영국 런던대학 경제학부와 일본 와세다대학 법학부를 졸업하고 『동아일보』 사장, 회장, 명예회장을 지냈다.

들은 기사를 써도 지면에 안 나가니 아예 취재를 하지 않는 경우도 있었다"면서 "박 군의 시신을 화장하고 강에 뿌릴 때도 나와 『한국일보』 유동희 기자 둘이서만 갔다"고 전했다. 황 기자는 "세상 사람들이 오래 기억한 특종을 하고 오래 기억된 〈창(窓)〉을 쓴 것은 국장, 부장이 버텨줬기 때문"이라고 말했다.

지면을 제작하는 편집부 기자들도 저항정신이 넘쳤다. 당시 편집 담당 부국장은 최성두[2] 씨였고, 편집부장은 이영조[3], 편집부 부장대우는 성낙오[4], 사회면 편집 담당은 한경석[5] 씨였다. 성 부장대우는 "문화공보부 홍보조정실에서 제목 크기, 배치까지 일일이 간섭하는 분위기에서 교묘한 편집 기술을 동원해 박종철 사건과 6월항쟁 관련기사를 눈에 띄게 편집하느라 머리를 짜냈다"고 말했다. 한 기자는 사회부에서 원고를 가져가면서 "화끈한 기사 더 없나요"라고 묻곤 했다.

---

2 부산 출신으로 서울대 경제학과를 나와 『부산일보』 『조선일보』 『동아일보』에서 편집부 기자로 일했다. 『동아일보』 편집국 국장대우, 『문화일보』 편집국장, 전무를 지냈다.
3 1941~2005. 『대구일보』 기자, 『동아일보』 편집부장, 『문화일보』 편집국 부국장, 『한국의료신문』 부회장을 지냈다. 화가로 활동하며 개인전도 열었다.
4 『조선일보』 『동아일보』 기자, 『동아일보』 편집부장, 편집국 국장대우, 공무국장 및 『영남일보』 사장을 지냈다.
5 『동아일보』 편집부장과 중앙대 신문방송학과 겸임교수를 지냈다.

14

박종철은 '수배자 박종운'의 소재를
끝까지 대지 않았다

　박종철의 어린 시절 별명이 땡철이었다. 〈학교 종〉이라는 동요를 배운 막내가 '학교종이 땡땡땡 어서 모이자'라는 노래를 부르는 모습이 너무 귀여워 가족들이 지어준 별명이었다.

　종철은 토성초등학교, 영남제일중학교, 혜광고등학교를 졸업한 뒤 재수를 해 서울대 언어학과에 들어갔다. 초등학교부터 고등학교까지 거의 1등을 차지하며 받은 상장만 해도 60장이 넘었다. 일곱 살 터울의 형 종부 씨는 서강대 화학공학과 77학번이다.

　종부 씨는 종철의 롤모델이었다. 종부 씨는 유신독재가 말기를 향해 치달을 때 가톨릭학생회장으로 학생데모에 적극 가담했다. 종부 씨는 경찰서에 세 번이나 붙잡혀 들어갔다가 나왔다. 그때마다 치안 본부에 근무하는 친척의 도움을 받았다. 종부 씨는 마포경찰서 맞은 편에 반(反)정부 플래카드를 내걸었다가 경찰에 검거된 적도 있다. 아버지가 담당 형사와 의논해 군대에 보내는 조건으로 풀려났다.

　종철은 알게 모르게 형의 영향을 많이 받았다. 형을 좋아하고 존경

해서 종부 씨가 군대에 갈 때는 울기까지 했다.[1]

1984년 3월 친구들을 따라 이념서클[2] '사회사상연구회'에 가입했다. 1980년대 초반부터 중반까지는 이념서클에 가입해야 의식 있는 대학생이 되는 것처럼 인식되던 시절이었다. 이념서클에 가입한 학생들은 세미나, 엠티, 합숙, 산행 훈련, 공장 활동을 하면서 학생운동을 이끌어나가고 졸업 후에는 사회운동 영역으로 나가 활동했다.

사회사상연구회는 학교에서 좀 떨어진 중국집 방에서 짜장면이나 우동으로 저녁을 먹고 짬뽕 국물을 안주로 소주를 마시며 독서 토론을 했다. 종철은 이곳에서 한국 근현대 정치사부터 공부하기 시작했다. 《한국 민족주의의 탐구》《해방 전후사의 인식》《전환시대의 논리》《민중과 지식인》 등을 읽고 토론했다.

4월에는 중국집 골방을 벗어나 산과 나무와 맑은 공기가 있는 자연에서 공부하는 엠티에도 참여했다. 그는 조영래 변호사가 쓴 《어느 청년 노동자의 삶과 죽음》이라는 전태일 열사의 평전을 읽은 소감을 말하고 주위에 열심히 권해야 할 책으로 결정했다고 밝혔다.

종철은 1학년 여름방학 때는 충북 영동군 옥계리에서 언어학과의 '농활(농촌 활동)'에 참여했다. 학생들은 폐를 끼치지 않으려고 농민이 내오는 새참을 일절 받아먹지 않는다는 원칙을 세웠다. 하지만 농민은 시골 음식이 학생들 입맛에 맞지 않아 거부하는 것으로 오해했다. 한번은 밭일을 하는 중에 농민이 국수를 내왔다. 아주머니는 국수가 불어터지면 버려야 하니 무조건 먹어야 한다고 강요했다. 2학년 선배

---

1 2017년 3월 13일 저자의 박종부 인터뷰, 14일 박은숙 인터뷰와 박정기 씨의 책 91~93쪽.
2 1972년 유신 선포 이후 대부분 학교에서 이념서클은 정부 탄압을 피해 비공식적 형태로 활동했다. 그래서 학내에선 '언더'라고 불렸고 공안 당국은 '지하 이념서클'이라고 불렸다.

가 작업을 멈추고 국수를 먹기로 결정했지만 종철은 밭둑으로 나오지 않고 혼자서 김을 맸다.

농활을 하는 동안 그는 순진할 정도로 원칙주의자의 모습을 보였다고 한다. 어쩌면 이런 곧은 기질이 훗날 경찰조사를 받을 때 그를 죽음으로 몬 것인지도 모른다.[3]

2학년 때는 가두시위에 나섰다가 두 차례 붙잡혀 구류를 5일, 3일 두 번 살았다. 여름방학 때는 노동법을 배우고 영세한 작업장에서 '공활(공장 활동)'을 했다. 3학년 때인 1986년 4월 11일 오후에는 노학연대 투쟁인 '장시간 노동 철폐와 노동운동 탄압하는 독재정권 퇴진 촉구 대회'에 참여해 가두시위를 벌이다가 붙잡혔다. 대부분의 시위 학생이 훈방조치 됐지만 그는 구류를 산 경력이 드러나 구속됐고 성동구치소에서 수인번호 80번을 가슴에 달았다.

감옥에서는 팔굽혀펴기로 체력을 다지며 독서에 몰두했다. 처음에는 10번밖에 못하던 팔굽혀펴기를 50번 가까이 할 수 있게 됐다. 머리가 맑을 때는 사회과학, 점심식사 후에는 어학, 저녁에 잠자리에 들 때는 소설을 읽으며 하루하루를 보냈다.

그가 구치소에서 가족들에게 넣어달라고 요청한 도서 목록을 보면 《한국경제의 전개과정》《한국경제의 논리》《소비에트 이데올로기Ⅰ, Ⅱ》《한국사회의 재인식》《장길산》이 있다. 《한국경제의 현 단계》는 금서(禁書)여서 반입이 안 되니 도로 찾아가라는 추신이 담긴 편지도 있다.

막내아들이 서울대에 들어가자 아버지는 무척 기뻐했다. 어머니는 텔레비전에 데모하는 장면만 나오면 걱정이 돼 서울 하숙집으로 전화

---

3 김윤영 책 《박종철, 유월의 전설》 86~87쪽.

를 했다. 어머니는 구치소 면회실에서도 "검사가 요구하는 대로 반성문을 써라" "앞으로는 데모하지 말라"고 아들을 타일렀다. 수의를 입고 이런 어머니 아버지를 면회하는 것은 종철에게 가슴 아픈 일이었다. 종철의 아버지 직장은 24시간 근무하고 다음 날은 쉬었다. 저녁 교대를 마치고 밤차 타고 올라와 성동구치소를 찾은 아버지에게 종철은 "차비 축내고 올라오지 마세요. 넣어달라는 책이나 넣어주세요"라면서 홱 돌아서기도 했다.[4]

종철이 집으로 보낸 7월 8일자 편지를 보면 운동권 의식이 넘치는 21살 젊은이의 모습이 잘 드러난다. '삼복더위에 라면으로 끼니 때우며 먼지와 기름 냄새로 가득한 무더운 작업장에서 묵묵히 땀 흘리며 일하는 노동자들에 비하면 저는 신선놀음입니다.(중략) 제가 구속돼 있는 사실을 왜 쉬쉬합니까.(중략) 내가 왜 구속되었는가를, 저들의 폭력성을, 우리들의 정당성을 사회적으로 고발하십시오.' 그는 1심에서 징역 10개월에 집행유예 2년을 받아 3개월 만에 석방됐다.[5]

1980년대라는 시대적 분위기에서 운동권 학생이 된 종철이 박종운(서울대 사회학과 3년)을 만난 것은 1985년 1월 동료들과 겨울 합숙을 할 때였다. 박종철과 박종운, 그들은 이름도 형제 같았다. 가두시위에서도 낯이 익은 얼굴이었다. 종운은 1985년 민주화추진위원회(민추위) 사건으로 지명수배를 받고 도피 중이었다.

1986년 11월 말에는 종운이 종철의 하숙방에 찾아왔다. 종철은 종운에게 갖고 있던 돈을 긁어모아 주었다. 1987년 1월 8일경에는 종운

4 박정기 책 26~27쪽.
5 김윤영 책 121~132쪽.

이 또 종철의 방에 찾아와 안기부가 수사 중인 제헌의회그룹(CA)을 재건하기 위한 연결책을 맡아달라고 했다. 종철은 선배의 청을 수락하고 누나 은숙이 떠준 털목도리를 주었다. 그리고 옆방 하숙생에게 1만 원을 빌려 선배의 손에 쥐어주었다. 그것이 그들의 마지막 만남이었다.

종철이 죽음의 고문을 당한 것은 주요 수배자 종운의 소재를 끝내 밝히지 않았기 때문이다. 종운은 숨어 있던 영등포구 대림동 독서실에서 1월 16일자 『동아일보』 보도를 보고 종철의 죽음을 알게 됐다.

종운은 1985년 10월 일어난 민추위 사건으로 수배됐다. 수배 상태에서 독서실을 전전했다. 경찰에 검거된 선후배들이 도망 다니는 그를 배후로 지목하면서 경찰에 신출귀몰하다는 인상을 줬다. 그는 "경찰이 나만 잡으면 학생운동을 잠재울 수 있다고 생각해 무리수를 두다 종철이가 희생됐다"고 말했다.

종운이 1987년 1월 8일 종철의 하숙집을 찾은 지 6일 후에 경찰이 들이닥쳤다. 종운은 그날 집밖으로 나와 바로 지나가는 택시를 잡아탔는데, 만약 택시를 타지 않고 걸어 나왔다면 주위에서 망보던 경찰에 검거됐을 것이다. 그랬다면 종철이 경찰에 끌려가 고문당하는 일도 벌어지지 않았을 것이다.

경찰에 끌려간 종철은 정말로 종운의 거처를 알지 못했다. 종운 씨는 후일 "내가 찾아달라고 한 사람의 이름이라도 댔다면 그 순간을 모면할 수 있었는데 종철이는 그러지 않았다"며 안타까워했다.

종운은 종철의 죽음으로 촉발된 6월 민주항쟁에 주도적으로 참여했다. 수배가 해제된 1988년 전국노동운동단체협의회 기관지 『노동운동』 편집위원을 지냈다.

사회주의에 경도됐던 그는 베를린장벽이 무너지고 소련이 붕괴하는 것을 보면서 사상의 전환을 했다. 그는 사회주의에 대한 환상을 버리고 소비자의 요구에 부응하는 시장경제가 가장 민주주의적이라는 확신을 갖게 됐다.

종운은 결혼을 하고 군대에 다녀온 후 학원 강사를 하다가 민주당에 참여해 민주개혁정치모임 청년위원회 운영위원, 서울시 강동구청장 비서실장을 했다. 2000년에는 고진화 의원 등과 함께 한나라당에 입당했다. 그는 "사람들이 나를 변절자라며 매도하지만 일상적으로 이뤄지는 반시장적 반민주적 행태를 극복하고 북한의 민주화를 이루는 것이 종철이의 정신을 발전시키는 것이라고 믿는다"고 말했다.

"종철이가 목숨을 던져 살린 네가 어떻게 보수 세력인 한나라당에 입당할 수 있느냐는 주위의 거센 비판이 너무 괴로웠습니다." 그는 "변절자라는 욕을 먹거나 인간적으로 힘들 때마다 종철이를 생각한다"며 민주화를 이뤘으니 편하게 살 수도 있지만 치열하게 생각하고 공부하고 글도 열심히 쓰게 만드는 힘은 종철이에 대한 의무감에서 나온다"고 말했다. 그러나 정치에 입문해서는 성공적이지 못했다. 2000, 2004, 2008년 총선에서 세 차례 거푸 떨어지고 정치의 꿈을 접었다.

그는 2007년 『동아일보』 인터뷰에서 "종철이가 '형, 너무 추워 보여요'라면서 누나가 짜준 털목도리를 내 목에 둘러주고 1만 원을 손에 쥐여 주던 그때의 모습을 잊을 수 없다"고 말했다.[6]

---

6 박종운에 관한 부분은 2007년 1월 11일 『동아일보』 A10면 기사를 정리함.

15

『MBC』 신경민 기자의
밤 9시 뉴스 단신보도

1987년 1월 15일 법조 기자실에서 『중앙일보』 ②판에 박종철 기사가 났다는 연락을 받은 기자들은 우르르 서울지검 최환 공안부장실로 몰려갔다. 이 중에는 『MBC』 신경민[1] 기자(현 국회의원)와 『동아일보』 임채청, 『한국일보』 신재민[2] 기자도 있었다. 최 부장은 기자들이 『중앙일보』 기사를 보여주자 고개를 끄덕였다. 기사가 맞다는 확인이었다.

법조 담당인 신경민 기자는 밤 9시에 이득렬[3] 앵커가 진행하는 뉴스데스크의 단신 담당자이기도 했다. 방송은 신문보다 보도지침을 더 엄격하게 지켜야 했다. 박종철 사건도 시국사건 보도지침에 따라 '노비디오'에 단신 처리를 했다. 고문 추정 같은 표현도 쓰지 않았다. 단

---

1 전주고, 서울대 사회학과를 나와 『MBC』 기자, 앵커, 워싱턴 특파원을 지냈다. 2선 의원.

2 충남 서천 출신으로 서울대 정치학과를 나와 『MBC』 『한국일보』 기자, 『조선일보』 편집국 부국장을 지냈다. 문화체육관광부 1,2차관 역임.

3 1939~2001. 『MBC』 앵커, 사장을 지내고 한국관광공사 사장 역임.

「MBC」 신경민 기자가 방송에서는 처음으로 박종철 사건을 단신뉴스로 보도했다.

신은 대개 10~20초 정도 분량이었다. 보도국에서는 단신의 경우 한 문장을 넘기면 안 된다는 암묵적 합의도 있었다고 신경민 의원은 저자와의 인터뷰에서 회고했다.

박종철 기사는 40초나 됐다. 기사가 한없이 늘어지자 데스크가 "이게 기사냐"고 힐난조로 말했다. 신 기자는 "이게 기사가 아니면 뭐냐"고 밀고나갔다. 데스크는 "네가 진행하니 네가 알아서 하라"며 원고를 건네주었다.

'어제 낮 12시쯤 서울 용산구 갈월동 치안본부 대공분실에서 조사를 받던 서울대학교 언어학과 21살 박종철 군이 갑자기 쓰러져 병원으로 옮기다가 숨졌습니다.

숨진 박 군은 서울대 민민투 책임자로서 수배 중인 사회복지학과[4] 박종운 군을 숨겨준 혐의로 어제 오전 경찰에 연행됐었습니다.

지금까지 간추린 뉴스였습니다.'

단신 뉴스에 이례적으로 〈운동권 대학생 경찰 조사 중 사망〉이라는 자막도 들어갔다. 신경민 기자가 두 줄짜리 단신을 끝내자 다시 이득렬 앵커가 나와 "뉴스데스크를 전부 마칩니다. 안녕히 계십시오"라며 마무리했다.

『MBC』 보도는 『중앙』 『동아』 기사와는 달리 고문을 추정하는 어떤 표현도 들어 있지 않았다. 그러나 전파는 신문보다 빨랐다. 박종철 기사가 실린 『동아일보』는 이미 인쇄돼 열차 편으로 이동하고 있었지만 다음 날 아침 부산, 대구, 광주에 도착했다. 그래서 『MBC』 단신이 '박종철'이라는 이름을 전국으로 널리 알린 최초의 보도가 됐다.

『KBS』는 이 기사를 한 줄도 내보내지 않았다. 당시 『MBC』는 공영방송인 『KBS』보다 분위기가 자유로웠다. 방송이 나간 뒤 보도국 간부들이 "신경민이는 끝도 없이 단신을 하냐"고 구시렁거렸다. 신 기자는 보도지침을 따르면서도 요령껏 일탈을 한 것이다. 그는 박종철의 주기(週忌)가 돌아올 때마다 이 기사를 떠올리며 "그래도 할 일을 했다"고 자위(自慰)했다.

법조를 출입하던 타사 기자들도 『중앙일보』 제1보를 확인해 기사를 송고했지만 다음 날 아침 한 줄도 보도되지 않자 취재 의욕을 잃었다. 조간인 『한국일보』 신재민 기자는 부검이 한양대에서 진행된다는

---

4 『MBC』 보도의 오류. 박종운은 서울대 사회학과 1981학번이다.

사실을 최환 부장검사실에서 알아내고 야근 기자에게 연락했다. 야근 기자는 부검이 끝난 후에야 현장에 도착했다. 다행히 부검에 입회한 박종철의 삼촌 월길 씨에게서 멍 자국 등 고문당한 흔적이 있다는 이야기를 들을 수 있었다. 신재민 기자는 검찰에서 취재한 내용과 야근 기자가 들은 월길 씨의 증언을 합쳐 기사를 썼으나 사회부장이 출고(出稿)도 하지 않는 바람에 힘이 빠졌다.

일부 신문사 데스크들이 이런 종류의 사건에는 몸을 사리는 보도 지침 관행에 젖어 있었다고 해도 과언이 아니다. 전두환 군사정권의 가혹한 탄압이 순치된 언론을 만들어낸 것이다.

4

은폐 조작 재수사,
내각 총사퇴로 치닫다

16

김승훈 신부의 폭탄 성명

박종철 사건에 대한 전두환 대통령의 생각은 경찰이 식구가 많다 보면 별의별 사고가 다 일어날 수 있는 것인데 반정부 세력이 이를 이용해 정권을 흔든다는 식이었다. 그는 1987년 2월 2일 청와대 수석비서관 회의에서 "경찰이 10만 명이고 그 사람들도 인간이니 실수할 수도 있고 별의별 사람이 다 있고 사고도 나기 마련이다"면서 "이런 사고로 정부와 집권 여당이 일일이 정치 싸움이나 체제 도전의 싸움에 말려들어 가서 허겁지겁하는 일이 있어서는 우스운 일이 된다"고 말했다. 그는 "경찰이 직무수행의 잘못을 저질렀으니 법치주의에 따라서 상응한 벌을 주고 도의적으로 국무위원과 경찰책임자를 처벌했으니 떳떳하게 대처해 나가라"고 지시했다.[1]

전 대통령은 2월 5일 노태우[2] 대표 등 민정당 고위 공직자들과 만

---

1 김성익의 책 『전두환 육성증언』 287~288쪽.
2 제13대 대통령.

찬을 함께하며 "야당은 박종철 사건과 부산 복지원 사건을 가지고 하나의 국민운동으로 몰고 가려고 하고 있는데 우리가 여기에 끌려가면 국민에게 불안감을 주고 정부는 약체가 되고 당은 고립된다"고 말했다. 전두환 대통령은 두 고문 경관을 구속 기소하고 김종호 내무부장관과 강민창 치안본부장이 물러났으면 되지 않았느냐는 인식을 드러냈다.[3] 그러나 박종철 사건은 그의 바람대로 굴러가지 않았다.

고문 경찰관 2명이 구속 기소되고 나서 신문에서는 박종철 보도가 뜸해졌다. 1987년 1월 15일부터 시작한 박종철 사건 보도는 22일 동안 신문방송을 달구었으나 북한을 탈출한 김만철[4] 씨 일가족 11명이 일본을 거쳐 2월 8일 도착하면서 박종철 사건은 언론의 의제 경쟁에서 밀려났다.[5]

교도소에 수감된 두 고문 경관의 마음이 흔들리면서 검찰도 2월 초순경 은폐 조작 사실을 알게 됐으나 안기부가 주도하는 관계기관 대책회의의 허가가 안 떨어져 수사를 못하고 끙끙 앓고만 있었다. 구속 피고인들은 1심에서 6개월 안에 재판을 끝내야 한다. 그런데도 고문 경찰관들에 대한 공판은 구속 기소된 지 넉 달이 가깝게 열리지 않고 있었다. 마음이 흔들리고 있는 이들이 법정에서 은폐 조작 사실을 터뜨렸다간 거대한 쓰나미가 덮칠 판이었다. 대공 경찰 간부들은 이미 구속 기소된 두 사람이 계속 총대를 메고 공판을 받으라고 회유하고

3 김성익의 책 293쪽.

4 1987년 2월 함경북도 청진에서 일가족 11명을 배에 태우고 '따뜻한 남쪽나라'를 찾아 나섰다가 일본을 거쳐 한국으로 들어왔다.

5 Shim, Salmon, Lee, Kim, & Kim, 2001, Investigative reporting of the Park Jong Chul Case and Its Implications for South Korea's Democratization, Korean Journal of Journalism and Communication Studies(한국언론학보 영어 특별호, 12월, 313~333쪽).

압박했다. 검찰은 독자적으로 수사를 결정하지 못하고 대공 경찰 간부들의 작업을 지켜만 보고 있었다. 그러다 결국 터질 게 터졌다.

1987년 5월 18일 광주민주화운동 7주년을 맞아 전국의 교회와 성당, 대학가에서 5·18 추모행사가 열렸다. 대학가에서는 전국 62개 대학의 2만2000여(경찰 추산) 학생이 추모집회를 가진 뒤 시위를 벌였다.

명동성당에서는 이날 오후 6시 30분부터 김수환[6] 추기경 집전으로 '5·18항쟁 희생자 추모 미사'가 열렸다. 김 추기경은 강론에서 "민족의 가슴에 칼을 찔러 깊은 상처를 내고 피를 흐르게 한 그 어처구니없는 사람들은 스스로 민족 앞에 나서서 죄를 고백하고 속죄해야 한다"고 강한 어조로 말했다.

이 미사가 끝난 뒤 천주교정의구현사제단 김승훈 신부는 '박종철 군 고문치사 사건의 진상이 조작되었다'는 제목의 유인물을 읽어나갔다. 이 성명은 이부영[7] 씨가 교도소에서 보낸 서신을 바탕으로 신문기사 등을 참조해 김정남[8] 씨가 보완해 작성한 것이다. 고영구 변호사의 부인 황국자 씨의 목격담에 따르면 김 신부가 제단에 올라가 십자가 앞에 절을 할 때 제의가 젖혀져 머리를 덮었는데 그 모습이 참으로 경건하고 엄숙했다고 한다. 성명을 읽어가는 동안 목소리가 떨리고 있었다.

『동아일보』는 5월 19일자 7면에 〈5·18 추모시위 경찰 충돌〉이라는 제목으로 사회면 중간톱 기사를 배치하고 2단으로 김승훈 신부의 성

---

6 1922~2009. 천주교 추기경. 한국 민주화에 크게 기여했다.

7 서울대 정치학과를 나와 『동아일보』 기자. 동아자유언론수호투쟁위원회 대변인. 3선 의원. 장준하기념사업회 회장. 열린우리당 의장 역임.

8 서울대 정치학과를 나와 오랫동안 민주화운동에 헌신. 김영삼 정부에서 청와대 교육문화사회수석비서관을 지냈다.

명 기사를 썼다. 이 기사에는 〈박종철 군 사건은 조작됐다〉는 제목이
붙었다.

사제단은 이 유인물에서 "박 군을 직접 고문하여 죽음에 이르게 한 진짜
범인은 현재 구속 기소돼 재판 계류 중인 조한경 경위와 강진규 경사가 아
니라 학원문화 1반 소속 황정웅 경위, 방근곤 경사, 이정오 경장 등 3명으
로 현재 경찰관 신분을 그대로 유지하고 있다"고 주장했다.

기사의 비중에 비해 크기가 작은 2단 기사였다. 당시 보도지침과
언론 통제가 극성을 부리는 상황에서 한 조간신문은 다음 날에야 사
회면 구석에 1단 제목으로 사제단 성명 기사를 『동아일보』와 거의 같
은 내용으로 썼다. 야당인 통일민주당이 진상을 조사키로 했다는 내
용이 추가돼 있었다.

이 사건의 수사검사인 안상수도 사제단이 성명을 발표한 사실을 모
르고 있다가 경향신문 기자가 "석간신문(동아일보) 보았느냐"고 물어
사회면 중간톱 기사 옆에 배치된 2단 기사를 찾아냈다.

사제단의 성명에는 황정웅만 이름을 제대로 쓰고 반금곤을 '방근
곤'으로, 이정호를 '이정오'로 잘못 쓰고 있었다. 안유 보안계장이 두
고문 경관으로부터 이름을 듣고 받아 적는 과정에서 오류가 생긴 것
이다.

다음 날인 5월 20일 11면에는 박정기 씨가 대한변협에 국가 상대
손해배상소송을 대행해달라는 진정서를 제출해 조준희 황인철 홍성
우 고영구 조영래 변호사 등 5명이 특별 소위원회를 구성했다는 내용
이 실렸다. 사제단 성명을 계기로 박종철 사건의 불씨를 살려보려는

재야의 활동이 시작된 것이다. 그리고 이 기사 뒤에 박종철 사건 축소 조작과 관련해 검찰의 수사 움직임을 알리는 중요한 1단짜리 기사가 실렸다. 『동아일보』만 쓴 단독 기사였다.

검찰과 경찰은 20일 박종철 군 고문치사 사건의 진범이 따로 있다는 천주교정의구현사제단의 성명 발표에 대해 '상식적으로 불가능한 일'이라며 이같은 주장이 나오게 된 경위에 대해 자체 조사를 펴고 있다.
검찰의 한 관계자는 "고문치사의 경우 법정형이 최고 무기징역까지 규정되어 있고 이 사건의 경우 피고인들에게 실제로 징역 10년 이상이 선고될 수 있을 것으로 보는데 어느 누가 진범이라고 허위 자백하겠느냐"며 "공범이 더 있을지 모른다는 주장은 몰라도 진범이 조작됐다는 주장은 전혀 터무니없는 것"이라고 밝혔다.

"진범이 조작된 것은 아니지만 공범이 더 있을지 모른다"는 안상수 검사의 말을 『동아일보』만 보도했지만 정작 이 발언의 중요성을 저자를 비롯한 『동아일보』 기자들도 제대로 파악하지 못했다. 저자는 안 검사 방에 들러 "진범이 따로 있다는데 사실입니까"라고 물어 이 답변을 직접 들었다. 담당검사로서는 기자에게 엄청난 힌트를 준 답변이었다. 그러나 5공화국 치하에서 '발표 저널리즘'에 길들여져 있던 탓인지, 이 말을 인용해 기사를 써놓고도 더 이상 추적하지 않은 둔함과 게으름을 지금도 부끄럽게 생각한다.
박종철 고문치사 사건에서는 기자들도 반성할 점이 많다. 임채청 기자는 『동아일보』 사내보인 『동우(東友)』 1987년 6월호(통권 206호)에서 안상수 검사의 말을 이렇게 전했다.

"기자들이 생각했던 것보다는 덜 부지런하고 덜 날카로운 덕분에 3개월 동안이나 비밀이 지켜졌죠. 조한경 경위와 강진규 경사가 구속된 뒤 기자들이 그 가족들을 한 번이라도 만나 이야기를 들어봤어도 뭔가 냄새를 맡았을 텐데…."

그러나 사제단 성명이 조한경 경위와 강진규 경사가 진범이 아니라고 주장한 대목은 잘못됐다. 확정 판결문에 따르면 조 경위는 "바른 대로 말하지 않는다"며 박종철을 폭행하고 두 차례 물고문을 지시한 사람이다. 강 경사도 물고문에 가담했다. 형과 아버지, 그리고 아내가 "정말 네가, 당신이 죽였느냐"고 묻자 변명하는 과정에서 자신의 역할을 축소하거나 부인한 것으로 보인다. 경찰이 자체 조사에서 고문 범인 5명을 2명으로 줄였기 때문에 '박종철 군 고문치사 사건의 진상이 조작되었다'는 사제단 성명의 큰 줄거리는 맞았다.

김승훈 신부는 성명을 발표한 뒤 경기도 시흥군 의왕읍 성 라자로 마을로 피정(避靜)을 갔다. 그곳을 찾아간 『동아일보』 김상영[9] 기자에게 김 신부는 "검찰이 '또 다른 범인이 있을지는 몰라도 범인이 조작되지는 않았다'고 밝힌 것을 보고 진실이 밝혀질 것 같다는 막연한 기대를 했습니다. 검찰이 스스로 다른 범인이 있는 것을 인정한 것으로 받아들일 수 있었기 때문이었습니다"라고 말했다. 옆에 있던 다른 신부가 일이 잘못되면 구속될 각오까지 김 신부가 하고 있었다는 말을 했다고 김 기자는 쓰고 있다.[10]

검찰은 20일 재수사를 최종 결정했다. 관계기관 대책회의의 결정으

---

9 『동아일보』 사회부 기자, 파리특파원, 경제부장, 논설위원, 편집국 부국장, 상무를 지냈다. CJ 그룹 부사장.
10 1987년 5월 22일 『동아일보』 김상영 기자의 김승훈 신부 인터뷰.

로 수사를 못하고 있다가 천주교정의구현사제단이 직접 고문한 경관 3명의 이름까지 공개하고 나오자 더 이상 덮을 수 없게 된 것이다.

17
기자 출신 이부영이
감옥에서 날린 비둘기

1970, 80년대 영등포교도소는 서울구치소와 함께 반체제 정치범이 가장 많이 수감됐던 곳이다. 이곳을 거쳐 간 수감자들은 '고척호텔'로 부르기도 했다. 긴급조치 1호로 구속됐던 백기완[1] 씨, 김지하[2] 시인, 함세웅[3] 신부, 시 〈겨울공화국〉을 쓴 양성우[4] 시인, 박형규[5] 목사 등 이 고척호텔을 거쳐 갔다.

영등포교도소에는 담장 안에 또 담을 친 특별사동이 있었다. 네 번째 망루 바로 아래 있는 이 특별사동은 교도소 안의 교도소와 같았다. 원래 여성 수감자들을 가두는 여사(女舍)였으나 시국사범이 늘어

---

1 통일운동가이자 민주화운동가. 유신헌법 철폐 100만 명 서명운동, 1979년 명동 YMCA 위장결혼식 사건 등으로 옥고를 치름. 1987년 제13대 대통령 선거에 무소속으로 입후보.
2 시인. 『사상계』에 발표한 풍자시 〈오적(五賊)〉, 민청학련 사건 등으로 옥고를 치름. 소설가 박경리의 사위.
3 신부. 천주교 정의평화위원회 인권위원장, 천주교 서울대교구 홍보국장, 『평화신문』 『평화방송』 사장을 지냄.
4 시인. 시 〈겨울공화국〉으로 교사직에서 파면당함. 13대 국회의원, 간행물윤리위원회 위원장을 지냄.
5 1923~2016. 서울 제일교회 목사. 1987년 민주헌법쟁취국민운동본부 상임공동대표.

나면서 여성 수감자들을 다른 곳으로 보내고 요(要)주의 시국사범을 수용하는 특별사동으로 개조했다.

구속된 고문 경찰관 조한경과 강진규는 1월 17일 영등포교도소에 수감된 후 24시간 감시를 받는 요주의 수감자가 됐다. 서울지검 안상수 검사는 기자들을 피해 교도소를 방문해 두 경찰관을 조사했다. 모든 재소자는 외부인을 만날 때 교도관이 반드시 입회해야 하므로 고문 경관이 가족과 나누는 대화도 교도관이 입회한 상태에서 진행됐다.

영등포교도소의 안유 보안계장은 교도소에서 일어나는 보안 사안을 1차로 취급하는 직책이었다. 시국사범이나 고문 경찰관들의 동향도 그의 손을 거쳐 상부로 보고됐다.

특별사동에는 1986년 5·3인천사태 배후조종 혐의로 수배됐다가 그해 10월 붙잡힌 이부영 씨도 있었다. 국시(國是) 파동으로 붙잡혀온 현역 국회의원 유성환 씨도 특별사동에 들어왔다. 그는 1986년 10월 14일 국회 대정부 질문에서 "대한민국의 국시는 반공(反共)이 아니라 통일이어야 한다"고 발언해 국가보안법 위반 혐의로 구속됐다.

다른 시국사범들은 1평도 안 되는 독방에 수감돼 있었지만 고문 경찰관들은 4평짜리 큰 방에 함께 수감됐다. 그들은 입감하던 날도 노란 봉투를 들고 있었다. 열어보니 빳빳한 1만 원짜리 지폐 20장이 들어있었다. 교도소 안에서 쓰라며 대공수사단이 마련해준 돈이었다.

이들에게 하루가 멀다 하고 대공수사단 사람들이 찾아왔다. 그들은 면회 시 교도관 입회를 하지 말아달라고 요구했다. 뭔가 비밀스럽게 하고 싶은 이야기가 있는 모양이었다. 교도소의 규칙상 그런 요구는 받아들일 수 없었다. 치안본부 대공수사단은 교도관 입회 없는 면회가 받아들여지지 않자 "메모는 하지 말라"는 조건을 달았다. 일절 기록을 남기지 않으려는 의도였다.

안유 계장은 이들의 면회장에 매번 들어가 음험한 음모와 갈등의 현장을 낱낱이 지켜볼 수 있었다. 이들의 대화를 통해 안 계장은 고문 경찰관이 이들 2명 외에도 더 있음을 알 수 있게 됐다. 대공수사단 간부들은 "당신들이 총대를 메고 조금 고생을 하면 가석방도 시켜주고 가족들 생계도 책임지고 충분히 보상하겠다"고 회유했다. 남영동 사람들은 각각 1억 원이 입금된 통장을 두 고문 경찰관에게 보여주었다. "만약에 말을 듣지 않으면 가족들도 생활이 어려워지고 두 사람도 밖에 나와 고생할 것"이라는 은근한 협박을 곁들였다.[6]

안 계장은 메모를 하지 말라는 요청 때문에 면회기록을 작성하지 않았지만 이들의 대화 속에 등장하는 3명의 경찰관 이름을 기록해뒀다. 이름만 기록하면 나머지 상황은 머릿속에서 되살리는 데 문제가 없었다.

당시 학생 50여 명이 수감돼 있던 영등포교도소는 시국사범들의 극한투쟁으로 몸살을 앓았다. 이들은 단식을 하거나 수시로 '샤우팅(shouting·구호를 큰 소리로 함께 외치는 행위를 교도소에서 일컫는 말)'을 했다. 각종 도구로 철문을 두드리는 소란도 피웠다. 때로는 물리력을 동원하고 징벌방에 넣어도 수그러들지 않았다.

학생들은 40대 중반의 민주화 인사 이부영 씨를 존경하며 따르고 있었다. 이 씨는 민주화 투쟁으로 1975년부터 1991년까지 5차례 투옥됐고, 12차례 구류를 살았으며 도합 7년여의 옥고를 치렀다.

---

6 저자의 2017년 1월 26일 안유 인터뷰.

안 계장이 이 씨에게 "형이 애들 소란 좀 중단시켜 줘요"라고 사정을 해서 이 씨가 움직이면 조용해졌다. 안 계장은 이 씨를 '형'이라고 불렀다. 이 씨가 군대생활을 할 때 안 씨의 친구와 함께 있었기 때문이다. 친구가 이 씨를 '형'이라고 부르자 그도 그렇게 부르기 시작했다. 그는 김지하, 이부영 씨 등이 서울구치소나 영등포구치소에 수감될 때 동료 교도관들에게 "잘 봐주라"고 부탁하곤 했다.

이 씨와 안 씨는 1975년에도 수감자와 교도관 신분으로 만난 적이 있다. 그 시절에는 재소자들이 신문도 보지 못했다. 안 계장은 신문을 읽고 이 씨가 궁금해하는 바깥세상 소식을 전해줬다. 영등포교도소에서 수감학생 관리를 도와준 데 대한 사례 같은 것이었다.

어느 날 또 학생들이 극렬한 저항을 시작했다. 그는 이 씨에게 달려가 "형 이번에 꼭 좀 도와줘. 내가 한 건 줄게"라고 말했다. 이 한 건이 바로 세상을 바꾸었다. 이 씨가 나서서 설득하자 학생들은 웅성거리다 조용해졌다.

안 씨는 그저 "먼 훗날 회고록에 쓰라"며 남영동 대공수사단 소속 고문 경찰관들이 모의한 은폐 조작 내용을 알려줬다. 이 씨가 이것을 종이에 적어 밖으로 빼돌릴 줄 알았으면 말렸을 것이라고 안 씨는 말한다. 안 씨는 "이 씨에게 그런 '기자 정신'이 남아 있을 줄은 미처 생각하지 못했다"고 회고했다.

안 씨가 이 씨에게 남영동 대공수사단의 은폐 조작 모의를 전해주자 이 씨는 "그러냐"고만 말하고 표정도 바꾸지 않았다. 명석한 이 씨는 메모를 하지 않았지만 안 씨가 전해준 말을 머릿속에 저장했다. 기억을 편지로 옮기는 과정에서 고문 경관 반금곤이 방근곤으로, 이정호가 이정오로 틀렸다.

이부영 씨의 회고에 따르면 안 씨는 이 사건이 지닌 폭발력을 충분히 숙지하고 있었다고 한다. 안 씨는 "형 이러다 나라가 망하는 거 아뇨? 학생을 물고문해서 죽여 놓고 범인을 조작한다는 게 말이 돼요? 내가 이런 나라를 위해 봉사해야 하는 건가요"라며 분을 삭이지 못했다고 한다.[7]

이 씨는 후일 안 씨에게 "그 이야기를 듣는 순간 정권이 끝났다고 생각했다"고 말했다. 그러면서도 표정 관리를 하면서 "나는 이 이야기를 안 들은 것으로 하겠다"고 안 씨의 입단속을 시켰다.

7년 동안 『동아일보』 기자를 했던 이부영 씨는 안유 계장의 제보를 받고 옥중에서도 집요한 취재를 시작했다. 같은 사동에 있어도 두 고문 경찰관은 특별 관리대상이어서 접촉할 기회가 없었다. 한겨울인데도 재소자들의 방은 난방이 되지 않았고 교도관들은 19공탄 난로를 피워놓고 근무했다. 영등포교도소에서는 라면과 김치를 간식으로 팔았다. 이 씨는 밤 12시를 넘긴 시각에 한 교도관에게 라면과 김치를 건네주며 19공탄 난로로 잘 끓여서 경찰관들에게 전해주라고 부탁했다. 교도소에서 김치를 넣어 끓인 라면은 겨울밤 최고의 특식이었다. 그들의 환심을 사기 위한 노력이었다. 경찰관들과 이 씨의 방은 복도로 연결돼 있었지만 세 칸이나 떨어져 있었다. 교도관들이 "노란 주전자에 담긴 김치라면을 경찰관들이 잘 받아먹더라"고 전해줬다.

3월 3일 박종철의 49재(齋)에 맞춰 바깥세상에서는 박종철 살인 고문을 규탄하는 집회와 시위가 열렸다. 영등포교도소 안에서도 시국사건 수감자들이 10일간 동조 단식투쟁을 벌였다. 이 씨는 단식투쟁

7 저자의 2017년 1월 25일 이부영 인터뷰.

2012년 1월 14일 서울 남영동 대공분실(현 경찰청 인권센터)에서 열린 고 박종철 25주기 추도식에서 1987년 영등포교도소에 복역하던 이부영 씨가 박종철 고문치사 사건 축소 은폐 시도를 제보하고, 외부로 알리는 역할을 했던 당시 안유 보안계장(왼쪽)과 한재동 교도관(오른쪽)을 소개하고 있다.

을 하며 창살 밖으로 고문 경찰관들에게 소리를 질렀다.

"나는 당신들도 정권의 희생자라고 생각합니다. 앞길이 창창한 학생들을 죽였으면 속죄하고 박 군의 명복을 빌어줘야 합니다. 나는 당신들이 마음속으로는 기도를 하고 있다고 믿고 있습니다. 속죄 기도를 하세요. 우리처럼 밥 굶으라는 이야기는 않겠지만…"

이 씨가 경찰관들의 방을 향해 창살 사이로 소리를 질러도 교도관들은 말리려들지 않았다. 그런데 그 후 그들이 심상치 않은 행동을 보이기 시작했다. 기독교 신자인 조한경 경위는 밤새도록 찬송가를 불렀고 젊은 강진규 경사는 흐느껴 울었다. 수감 경찰관들은 토요일 오후 늦은 시간에나 가족면회가 허용됐다. 다른 면회객들과 만나지 못하게 하려는 조치였다. 강 경사의 부친이 아들에게 "네가 정말 사람을 고문해 죽였느냐"고 물어보더라고 어느 교도관이 전해줬다. 이 씨는 뒷마당에서 운동을 하면서도 가끔 그 사람들의 이름을 불렀다. 그들은 내다보지 않았다.

이 씨는 남영동 대공수사단에서도 두 차례 조사를 받았다. 1975년 긴급조치 9호 위반으로 구속됐을 때는 그곳에서 심한 고문도 당했다. 사람을 흠씬 때려 일단 기를 죽여 놓고 조사를 하는 곳이었다.

이 씨는 두 경찰관이 남영동에서 자신을 조사한 적이 있는지는 모르지만 '직업상 내가 남영동을 거쳐 간 사실과 내 이름을 알고 있을 것'이라는 생각이 들었다. 경찰관이 교도소에 들어오면 일반인보다 더 불안해한다는 말을 교도관들로부터 들은 적이 있었다. 범죄자들은 대부분 자신을 조사하고 감옥에 넣은 경찰관들을 증오한다. 수사하면서 윽박지르고 때리기 때문이다.

박처원 치안감이 수감 중인 경찰관들을 찾아와 "너희들 빨갱이 하나 죽인 것 갖고 뭘 그렇게 고민하냐. 국가를 위해 일하다 실수한 걸 갖고… 조금만 고생해"라고 말했다는 소식을 이부영 씨는 교도관들로부터 들었다.[8]

조한경 경위는 박 치안감한테 "나는 직업상 이런 일을 저질렀다고 하자. 그런데 내 자식이 고문자의 아들로 살게 할 순 없다. 나 혼자 뒤집어쓰기엔 억울하다"는 말을 했다고 한다. 강진규 경사는 잠을 안 자고 우는 일이 많아 교도관들의 동정을 샀다. 조한경 경위가 찬송가를 부르는 소리가 복도를 통해 가끔 들려왔다.

---

8 이부영의 책 《다시 서는 저 들판에서》 90쪽.

김성기 법무부장관이 영등포교도소를 시찰하고 얼마 지나지 않은 3월 7일, 두 경찰관이 의정부교도소로 이감됐다. 시국사범과 학생이 많은 영등포교도소에 이들을 놔둘 경우 폭발성 높은 비밀이 새나갈 위험이 있다고 본 것이다. 정확한 판단이었지만 한발 늦었다. 이미 이부영 씨가 한재동이라는 교도관을 통해 '비둘기 통신'을 날린 뒤였다.

이 씨는 『동아일보』 체육부 기자로 근무할 때 삿포로 동계올림픽에 출전한 북한 스케이팅 선수 한필화[9]의 오빠 한필성을 성남 대단지에서 찾아내 인터뷰하는 특종을 한 적이 있다. 당시 성남 대단지는 서울 청계천변 등지에서 강제이주당한 철거민들이 사는 동네로 주소도 없었다. 철거민 중에는 이북 사람이 드물었다.

이 씨는 남대문시장에서 장사를 하다 망해 광주 대단지에 살고 있던 한 씨를 인터뷰해 한 면을 다 채우는 기사를 썼다. "필화야!…" "오빠!…" 하고 애절하게 부르는 두 혈육의 전화 목소리가 『동아방송』의 전파를 타고 전국에 울려 퍼졌다고 당시 사회부 기자였던 정구종 씨는 기억한다. 『동아방송』과 『아사히 방송』이 한국과 일본에서 함께 내보낸 두 남매의 육성 전화는 전국을 울음바다로 만들었다.

이부영 기자는 『동아일보』 문화부에 근무할 당시 〈보리밭〉의 작곡가 윤용하[10]의 유고집을 찾아내는 특종을 하기도 했다. 그는 저자와의 인터뷰에서 기자를 계속했더라면 박종철 고문 범인의 축소 조작을

---

9 1964년 동계올림픽 여자 스피드스케이팅 3000m 종목에서 은메달 획득. 북한을 빛낸 운동선수로 김일성상 계관인과 인민체육인 칭호를 받으며 체육인으로는 최고의 영예를 누렸다. 그의 오빠 한필성은 6·25전쟁 중 월남했다. 1971년 일본 『아사히신문』의 주선으로 한필성은 대회 참가차 일본에 머물던 한필화 씨와 전화통화를 했다. 한 씨는 1990년 삿포로에서 열린 동계 아시아경기에 임원으로 참가했다. 이때 다시 한필성 씨가 일본을 방문해 이들 남매가 극적으로 상봉했다.
10 1922~1965. 작곡가. 황해도 은율 출신. 대표작으로는 〈보리밭〉〈도라지꽃〉이 있다.

밝혀내는 대특종까지는 못 했을 것이라고 웃으며 말했다.

"독립운동이나 민주화운동은 순교자가 출현해야 뭔가 이뤄졌습니다. 유관순 열사, 김주열 열사, 이한열[11] 박종철 열사 모두 마찬가지입니다. 한국의 독립운동사, 민주화운동사에서 이들은 랜드마크처럼 서 있습니다. 그렇지만 이번 박 대통령 탄핵 촛불시위는 순교자 없이 큰 변화를 이뤄냈죠. 서로 던지고 두들겨 패는 일도 없었지요. 역사에서 흔치 않은 일이어서 감동을 받았습니다. 나는 박종철 군 사건을 터뜨리면서 남에게 피해를 줘서는 안 된다는 원칙을 지키려고 노력했습니다. 안유에게 업무일지에서 관련 내용을 삭제하라고 한 것도 취재원 보호를 위한 조치였습니다."[12]

이 씨는 2012년 1월 14일 열린 박종철 열사 25주기 추도식에서 처음으로 딥 스로트 역할을 한 안유 계장과 시국을 뒤흔든 '편지' 배달부 한재동 교도관을 공개했다.

"부영이 형은 3년 형을 받아 복역 중이었죠. 그래서 그렇게 빨리 밖으로 특종을 빼내 세상을 뒤집어놓을 줄은 몰랐어요. 나는 이야기를 해주며 일절 출처를 밝히지 말라고 했지만 역사의 물줄기가 아주 작은 것에서 바뀐다는 것도 깨달았지요. 내가 말해준 지 두어 달 만에 6월항쟁이 벌어지고 6·29 항복 선언이 나오고 대통령 직선제가 관철되고 세상이 엄청나게 바뀐 거죠. 부영이 형은 내가 퇴직할 때까지 특종의 출처를 밝히지 않았습니다. 2012년 25주기에야 취재원을 공개했습니다. 약속을 지켜준 거지요."[13]

11 1966~1987. 1987년 6월항쟁 참여 중 전경이 쏜 최루탄을 맞고 사망.
12 저자의 2017년 1월 23일 이부영 인터뷰.
13 저자의 2017년 1월 26일 안유 인터뷰.

안 씨는 이 인터뷰에서 "올드 보이들은 나를 '배신자'라고 합니다. 그러나 젊은 사람들은 용기를 치하하죠. 이번 국정농단 사태에서도 박근혜 대통령과의 의리를 중시하는 일각의 행태가 바로 국민에 대한 배신이 아닐까요"라고 말했다.

그는 이 사건의 파문이 커지자 '직장에서 쫓겨나고 구속되면 가족들을 어떻게 먹여 살리나' 하고 걱정했지만 경찰은 안 씨가 출처일 줄은 상상도 못하고 가족을 통해 사제단에게 전해진 것으로 의심했다. 다행히 이미 고문자들은 의정부로 이감돼 있었다.

안 씨는 인천구치소 부소장, 청송 제2교도소 소장, 서울지방교정청장을 거쳐 2003년 퇴직했다. 이부영은 25년이 지날 때까지 딥 스로트를 공개하지 않았으나 1980년대 영등포교도소에서 교도관으로 재직한 황용희 씨가 《가시 울타리의 증언》이라는 책을 통해 안유 계장의 일화를 공개하면서 세상에 알려졌다.[14]

황 교도관은 이 책에서 '안유의 공분(公憤)과 양심이 없었던들 박종철 군 고문치사 은폐 조작 사건이 제대로 알려질 수 없었을 것'이라고 쓰고 있다.

저자는 이 씨를 통해 안 씨와 한재동 교도관의 휴대전화 번호를 구했다. 이 씨는 안 씨와 가족끼리도 함께 만나는 등 교류를 계속하고 있다고 말했다.

---

14 황용희의 책 《가시 울타리의 증언》 173~176쪽.

18

'교도관 우체부'의 목숨 건 배달

이 씨는 안 씨에게 들은 은폐 조작의 기막힌 얘기를 한재동 교도관에게 전하며 편지를 쓸 수 있도록 볼펜과 종이를 달라고 부탁했다. 당시 수감자들은 종이와 볼펜을 지급받지 못했다. 그는 안 씨를 만나 새로운 이야기를 들을 때마다 기록을 추가했다. 이 씨는 이렇게 기록한 메모를 밖에 있는 재야 운동가 김정남 씨에게 전해달라고 한 씨에게 부탁하면서 "매우 위험한 일이니 하기 싫으면 안 해도 좋다"고 말했다.[1] 이 씨는 이 일을 진행하면서도 '교도소에 들어와서까지 교도관을 위험에 빠뜨리며 이렇게 무모한 일을 해야 하나' 싶은 회의가 일기도 했다.

한 씨는 고교를 졸업하고 여러 군데 공무원 시험을 치렀으나 교도관 시험에만 합격했다. 부친은 "대학에 가라"고 권유했으나 교도관 일을 해보니 보람도 있고 적성에도 맞았다. 지방 근무를 하던 그가

---

1 2017년 1월 26일 황호택의 한재동 인터뷰.

1976년 서울구치소에 근무할 때 자유언론 투쟁을 하다가 구속된 이 씨와 만나 친교를 맺게 됐다. 한 씨는 "나는 원래 반골기질이 있어서 정치범에 관심이 많았다. 나 자신은 양심적 행동을 못하더라도 그들을 도와줘야 한다고 생각해 어디서 근무하든 여러모로 도움을 주었다"고 말했다. 한 씨는 이 씨가 출감한 뒤에도 동아투위(동아자유언론수호투쟁위원회) 사무실이나 출판사 등에서 자주 만났다.

한 씨는 신체가 건장하고 심지가 굳은 사람이다. 건강을 위해 일주일 열흘씩 단식을 하기도 했다. 편지를 전달한 뒤 잘못돼 경찰에 붙잡히면 밀서(密書)의 우체부 노릇을 한 것이 드러나 가혹한 고문을 당하다 목숨이 위태로워질 수도 있었다. 한 씨는 이 씨가 한 말 중에 "걸리면 위태롭다. 조심하라"는 말이 머릿속에서 떠나지 않았다고 회고했다.

한 씨는 1971년 수원교도소에 첫 발령을 받았으나 3개월 만에 상사와의 불화로 대전으로 재발령을 받았다. 대전에서 같은 하숙방을 쓰는 동료 교도관이 보는 『씨알의 소리』[2]를 보고 정기구독자가 됐다. 그리고 『씨알의 소리』가 추천하는 책을 모두 읽었다. 이런 공부를 통해 민주화 의식을 지닌 사람으로 깨어났다.

교도관 중에는 감옥에 들어오는 재야인사와 학생들에게 호감을 가진 사람이 적지 않았다. 이들은 법정에서 민주화운동가들의 주장을 들으며 밖으로 표시는 안 했지만 속으로는 공감했다. 1970년대에는 반(反)유신 데모에 참여한 교도관도 있었다. 1980년대에는 교도관들이 학생들의 책을 빌려 보거나 신촌이나 광화문에 있던 금서(禁書) 책

---

2 함석헌(1901~1989) 씨가 발행하던 잡지.

방에 드나들기도 했다. 재야인사들에게 몰래 공부를 하러 다닌 사람들도 있었다.

한 씨는 1979년 3월 서울구치소에서 상급자의 부정부패와 부당한 일 처리에 항의해 전병용 교도관과 함께 연판장을 돌리다 공무집행방해 혐의로 구속된 적이 있다. 전 씨 등 다른 5명은 사표를 내 형사 처벌을 받지 않았지만 그는 사표 제출을 거부하는 바람에 구속까지 됐다. 그러나 행정소송에서 이겨 복직됐고 마산교도소에서 근무하다가 1987년 영등포교도소로 옮겼다.

전병용 씨는 교도관을 그만둔 후 간판업을 하고 있었다. 전 씨는 김지하 시인이 1974년 민청학련 사건에 연루됐을 때 시인의 〈양심선언〉을 외부로 유출하는 일에도 직접 가담한 인물이다.[3] 그는 후일 《감방별곡 : 어느 민주 교도관이 본 서울구치소》(공동체, 1990)라는 책을 펴냈다.

당시 김지하 시인이 수감된 사동의 청소를 담당하던 기결수가 반출한 것으로 연출했으나 실상은 전 씨가 김정남 씨에게 전달해 세상에 알린 것이었다. 전 씨는 야간 근무가 돌아올 때마다 취침시간이 지나고 밤이 깊을 때까지 기다렸다가 모두 잠든 것을 확인한 후 종이와 필기구를 김지하 시인에게 건넸다. 그리고 이 〈양심선언〉을 몸에 보관했다가 김정남 씨에게 전달했다. 김 시인은 자신에게 들씌워지고 있는 모략, 즉 가톨릭에 침투한 마르크스·레닌주의자로, 민주주의자를 위장한 공산주의 음모가로 몰아가는 데 대한 방어로 〈양심선언〉을 썼다. 김정남 씨는 책에 '1970년대 80년대 민주화운동의 전 과정 내내

3 김정남 《진실, 광장에 서다》 128~132쪽.

몇몇 교도관들의 헌신적인 협력은 눈물겨웠다'고 기록했다.

교도관 한 씨는 전직 교도관인 전병용 씨를 통해 이부영 씨의 편지를 김정남 씨에게 전달해주려고 했지만 전병용, 김정남 둘 다 경찰의 수배를 받고 도피 중이어서 만나기가 무척 어려웠다. 김정남 씨는 인천사태를 배후조종한 혐의로 수배 중이었다. 전병용 씨는 장기표[4] 씨를 숨겨주었다는 혐의로 수배를 받고 도망다니고 있었다. 이 씨가 추가로 취재한 내용을 편지에 담아 전달해 달라고 다시 한 씨를 불렀으나 이전 편지도 아직 전달하지 못하고 있던 참이었다. 며칠 뒤에야 교도관 한 씨가 이 씨에게 찾아와 "편지 3통을 전 씨에게 한꺼번에 전했다"고 말했다. 전 씨는 김 씨에게 편지를 전달해준 이틀 뒤에 체포돼 영등포교도소에 수감됐다. 전 씨가 이틀 일찍 체포됐더라면 이 씨의 편지는 김정남 씨의 손에 들어가지 못했을 것이다. 영등포교도소에서 발신한 위험한 밀서가 수취인에게 전달되기까지 무려 한 달이 걸렸다.

그 뒤로는 한 씨가 직접 김정남 씨를 만나 이 씨의 서신을 전달했다. 한 씨는 2004년 말까지 34년간 교도관 생활을 하다가 퇴직했다. 그는 2011년 5월 19일 『교토신문』 인터뷰에서 "공무원은 권력의 시녀가 아니며 국민의 편에 서야 한다"고 말했다.

"그렇지만 공무원이 국민의 편에 선다는 것이 말로는 쉽지만 실제로는 어려운 일입니다. 우리들이 행한 일이 민주화에 도움이 되었다고 한다면 기쁘지만 진정한 의미의 민주화는 아직도 진행형이라고 생각합니다. 진정으로 사회의 밑바닥에 있는 사람들의 생활이 나아졌다

---

4 긴급조치 9호 위반과 청계피복노조 사건, 김대중 내란음모 사건 등으로 옥고를 치름.

고 말할 수는 없습니다."

한 씨는 2004년 12월 서울구치소에서 정년퇴임을 하고 지금은 안양의 경인교육대학에서 조경 일을 하고 있다.

19

김정남과 함세웅의 막후 역할

　김정남 씨는 이부영 씨의 편지를 받고 전후 사정을 보완할 필요성을 느꼈다. 그를 집에 은신시켜 주었던 고영구 변호사를 비롯해 황인철 홍성우 변호사에게 고문 경찰관들의 재판 절차와 검찰의 동향을 알아봤다. 신문기사와 변호사들을 통해 얻은 정보를 종합해 그는 뒷날 사제단에서 발표한 성명의 초고를 작성했다.

　처음에는 야당 의원을 시켜 4월 임시국회에서 대정부 질문 형식으로 발표하는 방안을 검토했다. 김정남 씨는 김덕룡[1] 씨와 홍사덕[2] 의원에게 박종철 사건 고문 범인 은폐 조작의 개요를 전하고 '신민당이 4월 임시국회에서 대정부 질문을 할 때 터뜨려 줄 수 있느냐'고 타진했다.[3] 김동영[4] 원내총무는 "우리가 책임지고 폭로하겠다"는 말을 김

---

1 서울대 총학생회장, 김영삼 총재 비서실장을 지냄. 5선 의원.
2 『중앙일보』 기자. 6선 의원. 민족화해협력범국민협의회 대표상임의장.
3 2017년 2월 9일 저자의 김정남 인터뷰.
4 경남 거창 출신. 4선 의원. 신민당 원내총무, 정무1장관.

덕룡 씨를 통해 전해왔으나 자신이 없었던지 움직이지 않았다. 홍 의원을 통해 접촉한 한 초선의원은 처음에는 하겠다고 덤볐다가 나중에 뒤로 물러섰다. 김정남 씨가 국회를 통해 폭로하겠다는 생각을 접었을 때 그 초선의원은 "나를 시험에 들지 않게 해주어 감사하다"고 알쏭달쏭한 이야기를 했다. 재소자와 교도관들이 신변의 위험을 무릅쓰고 박종철 고문치사 은폐 조작을 바깥세상에 전달했음에도 면책특권을 지닌 의원들은 뒤로 빠지고 결국 폭로에 나선 것은 신부였다. 그만큼 살벌한 시대였다. 유신 이래 현역 국회의원들이 중앙정보부에 붙들려가 "대정부 질의의 정보 제공자를 대라"며 고문을 당한 사례가 많아 의원들을 위축시켰던 탓이다.

김정남 씨의 제보를 받은 민추협도 고민 끝에 언론과 접촉했다. 이와 관련해 윤상삼 기자는 한국기자상 취재기에서 재미있는 후일담을 소개했다. 윤 기자는 김승훈 신부의 폭탄 성명이 나온 뒤 '고문 혐의로 구속된 경관들의 가족들을 단 한 번이라도 만나 볼 걸…'이라고 후회했다.

4·13 호헌조치가 내려져 반정부 운동이 주춤거릴 무렵 이상한 소문이 떠돌기 시작했다. 박종철 고문 경관이 이미 구속된 2명 이외에 더 있다는 내용이었다. 필자는 이 얘기를 술자리에서 모 후배로부터 들었으나 연일 데모 취재 등으로 심신이 극도로 피곤하였고 한편으로 나태한 탓도 있어 소문의 진원지를 확인하지 못한 채 차일피일 미루고 있었다.[5]

---

5 한국기자협회 발행 《한국기자상 30년》 284쪽.

당시 김영삼 민주화추진협의회 공동의장의 비서였던 이성헌[6] 씨가 김정남 씨의 범인 조작 제보 내용을 『동아일보』 정치부 김창희[7] 기자에게 전하며 "어떻게 처리하는 것이 좋겠느냐"고 상의했다. 이 비서는 김 기자의 소개로 사회부 기자이던 윤 기자를 만났다. 이 씨는 권순택과의 전화 인터뷰에서 "통일민주당이 제보 내용을 공개하지 않은 것은 사실관계에 대한 확인이 필요했고 보름 정도 갖고 있던 중에 사제단 성명이 터져 나왔다"고 말했다.[8] 그러나 통일민주당이 언론에 흘리면서까지 스스로 발표하지 못한 용기 부족에 대해서는 비판받을 소지가 있다.

검찰이 관계기관 대책회의에 의해 손발이 묶여 수사를 못하고 있을 때 정구영 서울지검장은 "당시 몇몇 기자들이 찾아와 범인이 더 있다는 말이 있는데 사실이냐며 확인취재를 하고 다녔다"고 말했다.[9] 정구영은 "그 기자들이 검찰 수사를 기다리며 쓰지 않았다"고 말했지만 정 지검장이 딱 부러지게 확인을 안 해줘서 기자들이 기사를 못 썼다고 봐야 할 것이다. 기자들이 수사관계자들에게 "기소한 지 4개월이 지나도록 첫 공판이 왜 열리지 않느냐"고 물어도 "1심 만기(6개월)가 아직 많이 남아 있다"는 답만 돌아왔다.

천주교정의구현사제단을 통해 발표하는 것이 유일하게 남은 길이었다. 김정남 씨는 "이성헌 씨 관련 부분은 내가 모르는 일"이라고 답했다. 김 씨는 후일 《진실, 광장에 서다》라는 책과 민주화운동기념사업

---

6 1983~84년 연세대 총학생회장. 16, 18대 의원.
7 『동아일보』 기자, 『프레시안』 편집국장을 지냄.
8 권순택 논문 65쪽.
9 저자의 2017년 1월 12일 정구영 인터뷰.

회 3권 〈사제단, 고문살인범이 조작되었다〉라는 글에서는 신민당과 민추협에 먼저 타진한 대목을 빠뜨렸다.

김정남 씨는 이에 대해 "양 김이 1987년 대선에서 갈라선 이후 선명성 경쟁을 벌일 때 DJ의 동교동 쪽에서 '우리에게 박종철 문건을 가져왔더라면 폭로했을 것'이라는 말이 나와 공연히 시비에 휘말리기 싫어 글에 넣지 않았다"고 해명했다.

고영구 변호사 집에 숨어 있던 김정남 씨는 고 변호사의 부인과 딸을 통해 서울대교구 홍보국장이던 함세웅 신부와 접촉했다. 함 신부는 일요일이면 구파발성당에서 미사를 집전하고 있었다. 김 씨는 5·18 특별 미사를 명동성당에서 봉헌키로 했다는 소식을 듣고 하늘이 준 기회라고 판단했다. 김수환 추기경도 이 문제의 심각성을 알고 있다고 이미 전해 듣고 있었다.

함 신부는 홍제동성당 김승훈 신부가 성명을 발표할 적임자라고 판단하고 여러 차례 찾아갔다. 그런데 김 신부의 어머니가 무슨 낌새를 챘는지 자리를 비켜주지 않아 말도 못 꺼내고 돌아왔다. 함 신부는 김 신부가 안 되면 전주의 문정현[10] 신부를 시켜 발표할 요량으로 문 신부를 비밀리에 상경시켰다.

그런데 5·18민주화운동 7주년 하루 전인 17일 찾아갔을 때는 함 신부가 "어머니 가서 쉬십시오" 하니까 "괜찮아, 내가 다 알고 있어. 지금 중요한 일을 계획하고 있지"라며 전날 밤 꾼 꿈 이야기를 했다. 나라에 큰 난리가 나서 김 신부가 큰 웅덩이에 빠져 있는데 마리아님이 나타나서 김 신부를 건져 올렸다는 것이다. 어머니가 꿈 이야기를 하

---

10 주로 전북에서 신부로 사목.

고 자리를 피해줘 비로소 18일 폭탄 성명 발표자가 확정됐다.[11]

이부영 씨는 훗날 김 신부에게 "나 때문에 고생하셨다. 나는 남들에게 고통을 주는 일만 찾아다닌다"고 인사를 했다. 김 신부는 "이 선생이 특종기사를 찾아낸 거지요. 나는 아나운서로 일한 거밖에 없어요"라고 겸손하게 답했다.

진상고발 미사를 기획한 김정남은 평생 야인으로 있다가 김영삼 정부에서 청와대에 들어가 교육문화수석비서관을 지냈다. 천주교 신자인 김정남 씨는 저자와의 인터뷰에서 "민주화를 신이 도와주셨다"고 말했다.

이부영 씨는 3선 의원 출신으로 고 노무현 정부에서 여당인 열린우리당 의장을 지냈다. 그는 민주화운동을 했음에도 김영삼과 김대중을 따라가지 않았다. 그는 "정치를 하면서도 '기자 근성'으로 정치지도자들을 대하다 보니 그 산하로 들어가지 못했다"고 술회했다.

11 김정남 《이 사람을 보라》 1권 259쪽.

20

배 총경 "경찰 살리기 위해
조작 전모 밝힌다"

1987년 5월 21일 오후 6시경 『동아일보』 김차웅 사회부 차장은 회사에서 데스크 당번을 하다가 "고문자가 3명 더 있다"는 서울지검의 발표를 듣고는 깜짝 놀랐다. 한 대 얻어맞은 느낌이었다. 그는 '고문 공범이 더 있었는데도 그걸 눈치 못 채다니…'라고 자탄했다. 정구종 부장이 "축소 조작 과정에 누가 개입했는지를 알아보라"고 지시해 김 차장은 출입처인 치안본부로 뛰쳐나갔다. 김 차장은 급한 대로 서울지검의 발표 이후 치안본부의 분위기를 스케치해 송고하고 취재에 나섰으나 소득이 없었다.

다음 날인 5월 22일에는 아침 일찍부터 이곳저곳에 전화를 돌리다가 치안본부의 한 간부와 통화가 됐다. 평소 얘기가 통하는 사람이었다. 김 차장은 "대공 형사 몇 명 살리려고 그런 조작을 하다니 경찰이 너무 어리석다. 이번 일은 유정방 과장과 박원택 계장이 개입해 소작한 것 아니냐"고 단도직입적으로 물었다. 그 간부는 "김 형, 그렇게 엄청난 일을 일개 과장과 계장이 결정했다고 생각하시오"라고 반문했다.

"그렇다면 계장 과장 이상 선이란 말인가요?"

"그렇죠."

그의 거침없는 단언에 오히려 이쪽의 말문이 막혔다. 김 차장은 "알았다. 고맙다" 하면서 전화를 끊었다. 이때가 오전 8시 40분경. 그는 경남고 선배인 배(裵) 모 총경에게 전화를 걸었다. 메모를 남겼더니 1시간이 채 되지 않아 전화가 걸려왔다.

배 총경은 김 차장에게 왜 전화를 했느냐고 묻지도 않고 다짜고짜 "차나 한잔 하러 오겠느냐"고 했다. 그러고는 도청을 의식한 듯 목소리를 나직하게 바꿔 말하고 전화를 끊어버렸다. 그는 김 차장이 왜 전화를 했는지, 무엇을 확인하고 싶어 하는지 알고 있었다.

급히 약속장소로 가서 배 총경과 단둘이 마주앉았다. 김 차장이 "박 군 고문자 축소 조작과 관련, 진상을 알고 있다면 말해 달라"고 하자 그는 "나도 그 때문에 전화했다"고 말했다. 그는 "이번 사건은 얼마 안 가 또 터질 것이 분명하다. 처음부터 사실대로 밝혔으면 한 번 매를 맞고 끝날 일인데 감추고 또 감추다가 계속 터지고 있다. 이렇게 기왕 알려질 것이기 때문에 경찰 조직을 살리기 위해 말해주겠다. 김 기자를 믿고 말해주니 더 확인할 것이 있으면 확인해서 기사화하라"며 말문을 열었다. 그가 들려준 내용은 충격적인 것이었다.

"박 군 고문치사범 축소 조작은 서울지검이 발표한 '고문자 5명이 짜고 한 일'이 아니다. 서울지검 발표는 거짓이다. 그 조작 모의에는 박처원 치안감, 유정방 경정, 박원택 경정 등 상급자 3명이 처음부터 개입했다. 박 치안감 등 3명은 경찰 자체 조사가 시작된 1월 18일 자정 무렵 특수수사2대를 찾아가 조 경위와 강 경사 등 2명과 황정웅 경위 등 이번에 추가 구속된 3명을 모두 만나 조, 강 둘이서 범행한 것으로 짜맞췄다. 특수수사2대 반장 등 수사관들은 박 치안감과 두 경정이 오자 자리를 피해줬다. 이들이 고문자들과 1시간 반 이상 조작 모의를 하고 간 뒤 조, 강이 둘이서 범행을 했다고 자백했다….”

배 총경의 말을 듣고 나니 사건의 진상이 눈에 선하게 그려졌다. 김 차장은 배 총경의 말을 다시 확인하는 취재에 돌입해 Y를 만났다. Y는 쉽게 입을 열지 않으나 40여 분간 붙잡고 놓아주지 않자 털어놓기 시작했다.

“박 치안감은 조작을 모의할 때 아무 말도 하지 않고 분위기만 잡으면서 두 고문자에게 장래 문제를 걱정하지 말라고 격려했다… 조 경위는 구속된 후 얼마 되지 않아 면회 간 대공수사2단 직원에게 ‘법정에서 양심선언을 하겠다’고 말했다. 유정방이 이를 알고 두 고문자의 입을 막기 위해 백방으로 뛰어다녔다. 두 사람의 가족들이 5차장실에 자주 들른 것을 모르느냐. 두 사람에 대한 면회가 금지된 것도 그런 이유 때문이다. 그들을 면회하려면 검사의 특별허가가 있어야 했다. 담당검사(안상수)도 오래전부터 공범이 더 있다는 사실을 알고 있었다….”

석간신문의 마감시간이 다가오고 있었다. 이 정도면 충분히 확인했다는 판단이 섰다. 데스크에 전화를 걸었다. 전만길 차장이 전화를 받았다.

“취재가 됐나?”

“됐습니다.”

“어떤 내용이야?”

“결정적인 겁니다. 전화로는 말할 수 없고…. 마감시간이 다 됐으니 내일 썼으면 합니다.”

「동아일보」 김차웅 기자의 특종기를 소개한
일본 「아사히신문」 1987년 8월 18일자 국제면.

전 차장은 전화를 하다 말고 정구종 부장과 한참 이야기를 나누더니 "당장 들어와 기사를 쓰라"고 말했다.

급히 차를 타고 회사로 들어가면서 '이 기사가 과연 그대로 실릴 수 있을까' 하는 의문과 함께 기사화한 뒤의 후폭풍까지 염려됐다. 그가 원고지를 한 장씩 메워나갈 때마다 전 차장이 가져다가 일별하고 정 부장에게 건넸다. 부국장석에서 "1면 톱이야. 1면 톱"이라고 큰소리로 격려해주는 말이 들렸다. 이날 신문 1면 톱기사는 〈고문자가 3명 더 있었다〉는 검찰 발표를 세로 제목으로 뽑고 〈관련 상사모임에서 범인 축소 조작 모의〉라는 시커먼 두 줄짜리 컷 제목으로 강렬한 인상을 주었다. 〈1월 18일 비밀회의에서 '가족 돌본다' 각본 짜/조 경위 폭로 기미 보이자 상사가 무마 기도〉와 같은 제목을 달았다.

'담당검사도 면회 제한 조치를 한 만큼 공범이 더 있다는 사실을 진작부터 알고 있었던 것으로 보인다'는 내용도 담았다. 이날 특종 보도는 "공범이 3명 더 있다"까지만 밝히고 축소 조작의 배후(背後)를 덮고 마무리 지으려 한 검찰의 발목을 잡았다. 이날 사회면 톱은 〈축소 조

「동아일보」 5월 22일자 3면 기사　　　　　C일보 5월 23일자 3면 기사

작 배후 처벌하라〉는 제목으로 치고 나갔다.

　예상했던 대로 이 기사는 엄청난 파문을 일으켰다. 조간신문들은
『동아일보』 기사를 그대로 베끼기에 바빴다. 조간신문인 C일보는 23일
자 3면에 〈진실은 밝혀져야 한다〉 시리즈 1번 〈'경관 범죄' 왜 경찰에
맡겼나〉를 실었다. 이 기사는 저자가 쓴 하루 전의『동아일보』22일자
석간 〈재검증—고문과 의혹〉 시리즈 1번 〈검(檢)—경(警) 몰랐나…감췄
나…〉와 제목만 다르지 기사를 거의 전재(轉載)하다시피 했다.

특히 1월 28일 대한변협 공청회에 고문 피해자로 나온 이왕준 군(23·서
울대 의대 본과 2년 휴학)의 증언은 '가담경관이 2명뿐'이라는 검찰 발표
에 정면으로 의문을 던졌다. 이 군은 서울대 자민투 관련자로 수배를 받

아오던 중 작년 5월 29일 아침 은신처인 친구 집에서 연행돼 박 군이 숨진 바로 그 대공수사2단 건물에서 조사를 받았다.

이 군을 연행한 4명의 수사관들은 이 건물 5층 조사실에 들어서자마자 이 군의 옷을 팬티만 남기고 모두 벗긴 뒤 무수히 구타하면서 "수배 중인 다른 학생들의 은신처와 만나기로 한 약속장소를 대라"고 집중 추궁했다는 것. 수사관 4명은 이 군이 신통한 대답을 하지 못하자 손발을 뒤로 꺾어 묶은 뒤 욕실로 끌고 가 더러운 물이 담긴 욕조에 약 2분씩 3~4차례나 거꾸로 처박는 물고문을 했다는 것.(동아일보 시리즈 〈1〉번 기사)

지난 1월 28일 대한변협 공청회에 고문 피해자로 나왔던 이왕준 군(23·서울대 의대 본과 2년 휴학)은 자신이 경험한 물고문 사실을 폭로하며 '가담경찰관이 2명뿐'이라는 발표에 의문을 제기한 적이 있다.

서울대 자민투 관련자로 수배된 이 군은 지난해 5월 29일 오전 은신처인 친구 집에서 경찰에 연행돼 박 군이 숨진 대공수사2단 건물 5층 조사실로 끌려갔다고 한다.

4명의 수사관들은 이 군의 옷을 팬티만 남기고 모두 벗긴 뒤 때리면서 "수배 학생들의 은신처와 만나기로 한 약속 장소를 대라"고 윽박질렀다는 것이다. 수사관 4명은 신통한 대답을 듣지 못하자 이 군의 손발을 뒤로 꺾어 묶은 뒤 욕실로 끌고 가 더러운 물이 있는 욕조에 머리를 약 2분씩 3~4차례 거꾸로 처박는 물고문을 했다는 것.(C일보 시리즈 〈1〉번 기사)

대한변협 공청회는 1월 28일 한 것이지만 5월 말 이 사건이 재점화하면서 동아일보는 당시 이왕준 군의 폭로가 언론의 관심을 끌지 못했던 점을 애석해 하며 시리즈에 인용했다. 대한변협 공청회에서 나왔던 증언이라지만 동아의 시리즈를 하루 늦게 쫓아온 C일보의 시리즈는 구체적인 표현이나 글의 전개 순서까지 거의 같다. 기사 표절 문제가 본격적으로 대두하기 전이어서 그렇지 지금 같으면 심각한 사태로 발전했을 것이다.

메가톤급 기사가 나갔지만 정작 치안본부나 대공수사단 쪽에서는 아무런 항의가 없는 것이 이상했다. 그러나 권력의 심층부에서는 이 기사로 인한 파장이 컸다. 다음은 남시욱 국장의 회고다.

박 군 사건이 단계별로 확대되어 가는 과정에서 정부를 가장 괴롭힌 것은 5월 22일의 기사였다. 그 내용은 치안본부의 관계자 모임에서 범인의 축소모의가 있었다는 것인데, 그날 자 1면 머리기사였다. 말단 수사관 몇 사람만 구속하여 박 군 고문치사 사건을 수습하려던 정부로서는 대타격이 아닐 수 없었다. 구속된 수사관 가족의 제보로 본지는 범인 축소가 이루어진 것을 취재할 수 있었다. 정부는 이 기사가 나가자 대책을 협의하기 위해 이른바 청와대 대책회의를 바로 소집했다. 여기서도 강경론과 온건론이 대립되었다. 강경론이란 신문보도를 묵살하고 기왕의 방침대로 밀고 나가면서 언론에 압력을 가하자는 것으로, 온건론은 사태의 호도가 불가능하므로 검찰로 하여금 진상을 규명하자는 의견이었다.

이틀 동안 계속된 대책회의가 끝난 날 오후, 평소 잘 아는 두 사람으로부터 필자에게 전화가 걸려 왔다. "남 형 축하해. 귀지(貴紙)가 이겼어. 진상을 밝히기로 결정했어!"라는 전화는 당시 청와대 정무1수석 K [1]의 전화였고, "국장님 축하드립니다. 모든 것이 잘되었습니다"라는 전화는 안기

---

1 김윤환.

부의 담당관 K 씨의 전화였다. 만약 대책회의가 강경론을 채택했다면 역사의 수레바퀴는 다른 방향으로 돌았을 것이고, 필자의 신문에 대탄압이 가해졌을 것이며, 당연히 필자도 무사하지 못했을 것이다.[2]

지금은 퇴직해 부산에 사는 김차웅 씨는 저자의 요청으로 2017년 2월 1일 30년 만에 배 총경에게 전화를 걸었다. 김 씨는 배 총경에게 워터게이트 사건의 딥 스로트를 거론하면서 "이번에 박종철 사건과 6월항쟁에 관한 책을 쓴다 하니 취재원의 실명을 밝히자"고 제안했다. 배 총경은 "그때 옳은 일을 했다고 생각하지만 내가 몸담았던 조직의 여러 사람에게 누를 끼쳤다"며 김 씨에게 이름을 공개하지 말아달라고 간곡하게 부탁했다.

리처드 닉슨[3] 대통령을 물러나게 한 워터게이트 사건의 밥 우드워드[4]와 칼 번스타인[5] 기자는 30년 만에 제보자의 동의를 얻어 공개했다. 딥 스로트는 연방수사국(FBI) 부국장 마크 펠트[6]였다. 그러나 박종철 고문치사 은폐 조작 사건의 딥 스로트 배 총경은 30년이 지난 지금도 이름을 공개하는 것을 꺼렸다.[7]

2 남시욱 저 《체험적 기자론》 420~421쪽.
3 1913~1994. 미국의 37대 대통령. 워터게이트 사건으로 미 하원 법사위원회에서 탄핵안이 통과되자 사임했다.
4 미국 『워싱턴 포스트』지 기자. 워터게이트 사건을 파헤침.
5 밥 우드워드와 함께 워터게이트 사건을 파헤쳐 닉슨을 사임으로 몰고 감.
6 1913~2008. 미 연방수사국(FBI) 부국장. 워터게이트 사건의 딥 스로트.
7 2017년 1월 11일 저자의 김차웅 인터뷰와 『동아일보』 사내보인 『동우(東友)』 1987년 6월호, 통권 206호의 박종철 고문치사범 은폐 조작 사건 취재후기를 보완해 정리.

21

법무부장관과 검찰총장, 조작 알고도 수사 못했다

『동아일보』는 여기서 멈추지 않고 다음 날인 5월 23일자 1면 톱으로 〈법무·검찰 고위 관계자, 석 달 전부터 조작 안 듯〉이라는 제하의 폭로기사 제2탄을 터뜨렸다. 집중 포화였다.

이 기사는 저자가 보도를 무마하고자 회사를 찾아온 법무부 간부를 붙잡고 술잔을 기울이다 얻어낸 특종이었다. 신건[1] 법무부 기획관리실장은 그날 "기사를 좀 톤다운(tone down)시켜 보라"는 김성기 장관의 지시를 받고 『동아일보』 사회부를 찾아왔다. '톤다운'은 평기자로 5년차 법조팀장인 저자의 권한 밖이었고 거대한 물결 앞에서 가능한 일도 아니었다. 전만길 차장과 서린호텔 2층에 있는 바에 가서 술과 안주를 시켜놓고 대화를 나눴다. 법무부의 모든 실국장이 신문사별로 담당을 정해 톤다운 작전에 나선 듯했다.

---

1 1941~2015. 법무부 기획관리실장, 대검 중앙수사부장, 법무부차관. 김대중 정부에서 안기부장을 지냄. 18대 의원.

장관 지시에 따른 그의 업무적 발언을 열심히 들어준 뒤 곧바로 "김성기 장관과 서동권 총장은 언제쯤 어떻게 축소 조작을 알았느냐"는 이야기로 화제를 돌렸다. 전날 검찰은 재수사 결과 발표에서 "5월 초순경 의정부교도소에 수감 중인 두 경관이 면담을 신청해와 지난주 초 주임검사가 교도소로 찾아가 종전의 진술을 번복하는 말을 들었다"고 밝혔으나 거짓발표였다.

신 실장은 법무부와 검찰이 고문자가 3명 더 있다는 사실을 안 것은 석 달 전이었다고 말했다. 법무부와 검찰의 고위층과 수사관계자들은 조 경위 등이 교도소로 면회 온 가족과 대화한 내용을 보고받고 이 같은 사실을 알게 됐다는 것이다. 그래서 공판기일을 늦추며 대책을 숙의해오다 천주교 사제단 성명이 터져 나오자 진상을 공개하기에 이르렀다는 것이다. 조 경위 등이 가족 면회 시 대화내용을 기록한 교도소 당국이 주임검사에게 보고하면서 법무부와 검찰이 이 같은 조작 은폐를 알게 됐다는 것이다.

저자는 취기가 오르는 가운데 나중에 기억이 나지 않을까 봐 가끔 화장실로 가서 담뱃갑을 뜯어 메모를 했다(저자는 그로부터 3년 뒤에 담배를 끊었다). 신 실장은 기사를 줄여달라고 부탁하기 위해 찾아간 사람과 취중에 오간 대화를 토대로 기사를 쓰리라고는 예상치 못했을 것이다.

이 기사로 인해 신 실장은 그렇지 않아도 사이가 별로 좋지 않은 김 장관으로부터 적지 않게 어려움을 겪은 듯했다. 다행히 김 장관은 박종철 사건 은폐 조작에 책임을 지고 내각이 총사퇴하면서 함께 물러났다.

『동아일보』는 범인 축소 조작의 배후로 박처원 치안감, 유정방 경정, 박원택 경정을 찍어 보도한 데 이어 법무부장관과 검찰총장이 석 달 전에 경찰의 축소 조작을 알았지만 수사를 못하고 있었다고 이틀 연속 특종 보도를 했다. 안 검사는 《마침내 마침표를 찍는다》에서 '우리는 수사보다 앞서가는 여론과 언론 때문에 쉴 수도 없었다'고 토로했다. 그는 『동아일보』 5월 23일자에서 '검찰은 범인 조작 사실을 석 달 전부터 알고도 묵인해온 것 같다'고 의혹을 제기한 데 대해 공범이 3명 더 있음을 알게 된 경위는 사실과 조금 달랐지만 "그 시기는 정확했다"고 회고했다.

안상수 검사는 조한경 경위가 접견을 요청해 2월 27일 오후 7시경 영등포교도소 보안과장실에서 그를 만났다. 그는 이 자리에서 "범인이 세 명 더 있다"면서 "자신은 박 군이 박종운의 소재를 불지 않아 혼내주라고만 했고, 강진규 경사는 옆에서 소리만 질렀다"고 했다. 안 검사가 "왜 허위진술을 했느냐"고 묻자 "젊은 내가 조직을 위해 덮어쓰기로 했다"고 말했다. 면담을 마치고 돌아오는 길에 안 검사는 '세상에 이런 변이 있나'라는 생각에 앞이 캄캄했다.[2]

안 검사의 충격적인 보고는 신창언 부장검사를 거쳐 서익원 차장, 정구영 지검장, 서동권 검찰총장, 김성기 법무부장관까지 올라갔다.

김성기 장관이 영등포교도소를 갑자기 방문한 것도 안상수가 보고서를 올린 다음 날인 2월 28일이다. 오죽 놀랐으면 장관이 예정에 없이 영등포교도소를 방문해 두 경관의 수감 상황을 살피고 돌아갔을까. 그리고 며칠 뒤 두 경찰관은 의정부교도소로 이감됐다.

5월 23일자 1면 톱 제목이 〈법무부·검찰 고위 관계자/ 석 달 전부

2 안상수 책 126쪽.

223

터 조작 안듯)이었으니 검찰과 법무부의 인지시점(2월 27일)을 거의 정확하게 맞힌 것이다. 이 제목에서 법무부장관, 검찰총장이라고 곧바로 들이대지 않고 '고위 관계자'라고 쓴 것은 독재정권 시대에 당국이 시비를 걸 경우를 대비한 위험회피용 용어였다.

인지 경위에 대해 『동아일보』는 가족 면회 시 대화 내용을 교도관이 기록해 담당검사에게 보고해 알게 됐다고 썼다. 『동아일보』를 찾아온 신건 실장은 이 사건 수사의 지휘 라인에 있지 않았다. 그는 장관의 인지 시점만 알았지, 정확한 인지 경위는 몰랐기 때문에 유추해서 말한 것일 수도 있다. 그러나 부천서 성고문 사건도 변호사와 권인숙의 면담 내용을 입회 교도관이 담당검사에게 보고하면서 검찰이 알게 된 것이었다.

이 기사의 핵심은 사제단 성명이 나오기 거의 석 달 전에 검찰이 고문 범인의 축소 조작을 알고도 수사에 착수하지 못했다는 것이다. 경찰의 맹렬한 로비로 안기부가 주도하는 관계기관 대책회의가 검찰의 수사를 막았기 때문이다.

결국 이 기사는 박종철 사건 은폐 조작의 책임을 물어 노신영 국무총리와 장세동 안기부장 및 주요 각료를 경질하는 5·26 전면개각의 단초를 제공했다. 후일 이 사건의 지휘라인에 있던 서울지검 서익원 차장검사는 《따뜻한 날의 오후》[3]라는 회고록에서 법에 대한 회의를 토로했다. 그는 '검찰의 투명하지 못한 수사와 정권의 사면권 남용 등으로 서민들만 법을 겁낼 뿐 높은 사람들은 법을 두려워하지 않는다'고 비판했다.

---

3 1999년 간행, 생각의 나무.

대검 발표가 있었던 5월 30일 오후 김차웅 차장 앞으로 한 통의 협박편지가 날아들었다. 편지는 공무원들이 사용하는 행정봉투에 들어 있었다. 『동아일보』 김차웅 황호택(저자) 두 기자 보아라'로 시작하는 편지였다.

'자네들 경찰하고 무슨 철천지원수가 졌다기에 함부로 연필을 놀리는가… 수명 단축할 짓 그만하여라. 항상 경찰이라고 해서 곤경에만 빠질 줄 아느냐. 앞으로 경찰에 대해 더 이상 이러쿵저러쿵 하면 박종철이가 아니라 더 큰일이 일어날 줄 알아라… 15만 경찰이 그냥 두지 않겠다. 이 편지를 폭로하는 그날부터 사자밥이라는 것을 생각하여라.'

신문기사의 바이라인에 자주 등장하는 김차웅 차장과 저자에게 분풀이성 협박을 하려는 의도를 가진 쪽에서 보낸 듯했다.

『동아일보』는 5월 23일자 신문도 1, 2, 3, 4, 6, 7, 10면을 박종철 사건 관련기사로 뒤덮다시피 했다. 사회부 기자들은 물론 정치부, 문화부 기자들까지 가세했다. 2면은 사설 두 개 모두 박종철 관련이었다. A 사설은 〈국민 속이고 우롱한 죄〉라는 제목에 〈−정부 전체가 크게 책임을 져야 한다−〉는 부제가 달렸다. B 사설의 제목은 〈거짓말 거짓말 거짓말〉이었다. 3면 김중배 칼럼은 〈지하의 진실은 폭발한다〉라는 제목으로 '나라의 기강을 무너뜨린 인권 침해와 거짓의 종식을 위하는 길에 여야가 따로 있을 수 없다'며 국회에 국정조사권 발동을 요구했다.

사회면에는 톱기사가 〈검찰 왜 수사 미뤘나〉이고 중간톱은 〈변협 진상 조사단 구성〉이었다. 그리고 김승훈 신부가 재판이 잘못돼 갈

땐 새 진상을 밝히겠다고 말한 것, 6월 10일에는 재야인사들이 '박종철 군 고문살인 은폐 조작 규탄 범국민대회'를 갖기로 했다는 기사가 포함됐다. 전두환 정권을 뒤흔든 6월항쟁의 시작이었다. 10면에는 천주교정의구현사제단을 소개하는 임연철[4] 기자의 박스기사가 크게 들어갔다.

보도 통제는 이제 먹히지 않았다. 전두환 정권이 뿌리부터 흔들리고 있었던 것이다. 전 대통령은 사태의 심각성을 인식하고 23일 "(박종철 고문 사건)처리 과정에서 진실이 사실대로 밝혀지지 않은 부분이 있었는지를 철저히 규명하여 국민에 알리고 법에 따른 조치를 강구하라"고 내각에 지시했다.

사흘 뒤인 5월 26일 전두환 대통령은 노신영 국무총리, 김만제[5] 부총리, 장세동 안기부장, 정호용[6] 내무부장관, 김성기 법무부장관, 서동권 검찰총장을 경질하는 전면개각을 단행했다. 이 개각은 박종철 고문치사 및 은폐 조작 사건으로 빚어진 민심이반을 수습하기 위한 문책인사의 성격을 띠고 있었다.

노 총리는 이날 오전 정부종합청사 19층 국무회의실에서 열린 임시 국무회의를 주재, "범양상선 사건과 고 박종철 사건 처리과정에서 빚어진 일련의 일들이 정부의 공신력과 도덕성에 많은 문제를 제기했다"며 "따라서 일련의 사태에 대한 정치적 책임 및 도의적 책임을 져

4 『동아일보』 문화부장, 논설위원, 사업국장 역임. 국립극장장을 지냈고 현재 서초문화예술회관 관장으로 있음.
5 재무부장관, 부총리 겸 경제기획원 장관을 지냄. 포항제철 회장. 16대 의원.
6 경북고 졸. 육사 11기. 육군참모총장 내무부장관 국방부장관을 지냄. 13, 14대 의원. 노태우 정부 출범 후 여소야대 정국에서 평민당 김원기 총무와 민정당 김윤환 총무가 막후 협상을 통해 5·18광주민주화운동 진압과 관련한 책임을 물어 그의 사퇴에 합의함. 1990년 1월 8일 의원직 사퇴.

국무위원 모두가 일괄 사표를 제출하자"고 제의했다.

22

서울지검, 재수사의 피의자
신세로 전락하다

천주교정의구현사제단이 성명을 발표하고 이틀 만인 5월 20일 오전
에 박종철 사건 재수사가 결정됐다. 수사팀은 고문 경찰관 2명이 있
는 의정부교도소에서 수사를 시작했다. 검사와 수사관들은 다음 날
재수사 발표를 위해 밤샘 수사를 벌였다.

정구영 지검장은 21일 아침 출입기자들과 티타임을 자청했다. 기자
들은 당시 산적해 있던 사건들에 대한 질문을 던졌다. 저자는 그날 아
침에 사제단 성명과 고문 경찰관 1심 공판 일정에 관해 알아보기 위해
안 검사 방에 들렀던 터라 불쑥 "사제단 성명은 어떻게 된 겁니까"라
고 질문했다. 한 기자가 저자의 질문을 가로채 "확실하면 증거를 내놓
아야지, 엉터리 아닐까"라며 주관적 인식을 드러냈다.

이때 정 지검장은 "누가 엉터리라고 하던가요"라고 반문했다. 저자
가 "경찰에서 그러지 않습니까"라고 말하자 정 지검장은 "경찰은 그렇
게 말하겠지요"라고 여운이 남는 답변을 했다. 법조 출입기자들은 이
날 오후 '고문 경찰관이 3명 더 있다'는 발표를 하리라고는 상상도 못

하고 있었다. 기자들은 정 지검장의 말이 조금 이상하다는 느낌을 가지면서도 평소 그의 분방한 말투에 길들어져 있었던 탓인지 그냥 지나쳤다.[1]

정 전 지검장은 2017년 1월 12일 저자와의 인터뷰에서 "박 군 사건은 검사로서의 내 인생에서 가장 치욕적인 장면"이라고 말했다.

부검을 하고 경찰관 2명을 구속할 때까지는 정상적으로 진행됐습니다. 그런데 추가로 범인 3명이 밝혀진 후 수사가 진행이 안 됐어요. 서동권 검찰총장과 김성기 법무부장관은 관계기관 대책회의에 다녀와서는 "수사를 하긴 할 테니까 조금만 더 기다리라"고만 했지요. 나는 서익원 차장검사, 신창언 부장검사, 안상수 검사에게 "한 달만 기다려보자. 치안본부 협조 안 하면 수사도 못 한다. 대공 경찰은 총으로 무장하고 있는데 안 검사 혼자 들어갈 거냐"라고 말하며 수사 지시가 내려오기를 기다렸습니다.

검찰총장실에서 서 총장, 정해창 대검차장, 정구영 지검장이 모여 회의를 할 때마다 이 문제가 세 사람의 머리를 무겁게 짓눌렀다. 어느 날 총장실에서 나와 함께 엘리베이터를 탄 정 대검차장이 정 지검장에게 "서울지검장이 작심하고 수사를 해서 끝내버리는 것도 좋은 방법"이라고 말했다. 며칠 어간에 정 대검차장은 같은 말을 한 번 더했다. 정 대검차장은 지휘 라인에서 비켜서 있었지만 서 총장의 경북고 후배로 총장의 의중을 읽고 하는 발언일 수도 있었다. 정 지검장은 속으로 "당신이라면 그렇게 하겠나"라는 생각이 들기도 했다. 정 대검

---

1 『언론과 비평』 1989년 7월호 기자수첩, 저자의 〈박종철 군 사건 취재 뒷이야기〉, 언론과 비평사.

차장 말대로 했으면 영웅이 됐을 것이다. 그렇지만 장관과 총장이 "조금만 더 기다렸다가 수사를 하자"고 하니 기다려보자, 그는 이렇게 골백번 마음이 왔다 갔다 했다.

3월 7일 관계기관 대책회의 결정은 경찰의 범인 축소 조작을 덮어버리되 가능하면 검사의 확인 절차를 거쳐 덮으라는 것이었다. 안기부다운 일 처리 방식이었다. 그냥 덮는 것이 아니라 검사의 확인 절차를 거쳐 덮는다는 것은 모양을 갖추고 만일의 경우 책임을 검찰에 넘기려는 의도가 다분했다.

3월 23일 신창언 부장검사에게 의정부교도소에 가서 경찰관 2명의 의사를 확인해보라는 상부의 지시가 떨어졌다. 그러다 다시 면담 일정이 변경됐다. 정구영 검사장은 "방금 검찰총장실에 다녀왔다"며 "관계기관 대책회의에서 '치안본부 측이 피고인들을 만나고자 하니 3일 정도 여유를 더 주라'고 했다"고 설명했다. 3월 27일 신 부장은 의정부교도소에 가서 면담을 마치고 자정이 넘어 12시 40분경 집에 돌아왔다. 그는 집에서 기다리고 있던 안상수 검사에게 "조한경과 강진규가 공범이 더 있다는 사실을 밝히지 않고 그대로 재판받겠다는 결심을 전했다"고 말했다.[2]

5월 11일 오후 장충공원 뒤 앰배서더 호텔에서 안기부 J 단장[3], 신창언 서울지검 형사2부장, 안상수 검사가 만났다. J 단장은 "상부에서는 검찰이 자꾸 진상을 밝히려 하면서 판을 깨고 있다고 생각한다"면

2 안상수 책 147~153쪽.
3 J단장은 서울지검 공안부 검사를 하다 안기부에 파견돼 대공수사국 수사2단장으로 있던 정형근 전 국회의원을 지칭하는 것으로 추정된다. 안 검사와 정 단장은 서울대 법학과 64학번 동기생이어서 '대학동창'이라는 말과 부합한다. 안 검사의 저서 《이제야 마침표를 찍는다》에는 J 단장이 여러 번 등장한다.

서 안상수 검사에게 "자네와 대학 동창이라 나를 보냈다"고 말했다. 그는 안기부의 입장을 명확히 천명했다.

안기부는 이 시국에 사건의 진상이 새로 밝혀지면 정부가 견디기 힘들다고 보고 있다. 재야와 학생이 들고일어날 테고 야당이 단합하게 된다. 현재 정부는 5공 출범 이래 최대 위기를 맞고 있다. 따라서 이 사건은 절대 깨져서는 안 된다. 이 상태에서 재판이 끝나야 한다. 이것이 안기부 방침이다…지난 1월 박 군 사건이 처음 일어났을 때 차라리 심장마비라고 발표하고 묻어버리는 것이 옳았다는 말이 안기부에서 나오고 있다…신창언 부장이 지난번 면담할 때 조한경의 마음을 흔들어 놓아 경찰이 관리하느라 애를 먹었다고 한다. 이 사건은 묻혀야 하고 또 묻힐 수 있다. 최악의 경우 훗날 깨져도 할 수 없지만 지금은 안 된다. 1심만 무사히 지나면 영원히 묻힐 수도 있다고 보는 것이 안기부의 입장이다.[4]

이렇게 범인 축소 조작은 묻혀버리는 듯했다. 정 지검장은 다른 일도 바빴지만 박종철 사건이 머리에서 떠나지 않았다. 그러다 사제단의 폭탄 성명으로 수사에 착수하게 됐을 때 심장병이 낫는 듯했고 검사들도 신이 났다.

천주교정의구현사제단의 폭로로 검찰의 재수사가 시작되고 일요일인 5월 24일에는 대공수사단에서 현장 검증이 있었다. 이전에 얼굴 없는 현장 검증으로 경찰의 범인 축소 조작을 밝혀내지 못했다는 비난을 받았기 때문에 재수사에서는 현장 검증을 실시했다. 그러나 카

---

4 안상수 책 181~182쪽.

메라 기자도 참여시키지 않고 풀기자 2명만 허용했다. 간첩을 잡는 대공수사단의 기밀을 보호해야 한다는 이유였다.

기자실에서는 풀기자로 누굴 보낼지를 놓고 논의를 한 끝에 화투패로 저자와『연합통신』성기준[5] 기자를 뽑았다. 당시는 고스톱이 유행할 때여서 선을 정하는 '밤일 낮장' 룰을 적용했다. 밤에는 낮은 패를 잡은 사람이 선, 낮에는 높은 패를 잡은 사람이 선을 하는 룰이다. 저자는 오동 쌍피를 뽑았다. 저자는 현장 검증을 다녀와『연합통신』성 기자와 복기(復碁)를 하며 스트레이트 뉴스와 스케치 기사를 작성해 모든 기자에게 제공했다. 저자는 일요일 새벽부터 일어나 고생한 대가를 기자단에 요구해 풀이 아닌 기사로 〈창〉을 쓰겠다는 동의를 받아냈다. 당시 현장 검증의 분위기를 알 수 있는 기사다.

침통한 현장 검증 40분

박종철 군 고문치사 사건의 현장 검증이 실시된 24일 아침 6시경 기자는 서울 용산구 갈월동 대공수사단 근처에 도착해 세 겹으로 편 경찰 경비망을 지날 때마다 신분증을 제시하며 정문 앞에 이르렀다. 일요일인데다 이른 아침이어서 인적이 드물었다. 전경 300여 명이 삼엄하게 경계 중인 대공수사단 주변 골목에는 이른 아침의 냉기만 느껴질 뿐 행인들은 한 사람도 눈에 띄지 않았다. 고문 경찰관 등을 태운 의정부교도소 호송버스가 나타나자 굳게 잠겨 있던 대공수사단의 육중한 철문이 열렸다. 기자는 검찰 수사 차량과 함께 전기장치로 움직이는 이 철문 안으로 들어서며 비로

5 연합통신 사회부기자, 멕시코시티 특파원, 사회부장, 편집국장, 전무를 지냈다.

소 '무척 와보기 어려운 곳에 왔다'는 것을 실감했다.

호송버스에서 내리는 피의자들은 장기간 외부와 격리된 구금생활과 철야 수사에 지친 듯 초췌하고 풀기 없는 표정이었다. 푸른 수의 차림에 포승과 수갑으로 결박된 이들이 한 젊은 대학생을 사망에 이르도록 고문한 범인들이라고 믿어지지 않을 정도였다.

현장 검증은 경찰관들이 고문가담 사실을 이미 시인했기 때문인지 재연 거부나 이의 제기를 별로 하지 않아 비교적 순조롭게 진행됐다. 지휘검사들은 공소유지에 필요한 중요 장면만을 재연시켜 박 군의 연행부터 사망까지의 과정을 추정으로만 짐작하고 있던 기자들에게 마치 설명 없이 나열된 스틸사진을 보여주는 것 같은 느낌이 들었다.

그러나 조한경 경위의 지시에 따라 경찰관 4명이 치명적인 물고문을 재연하는 장면에서는 '공권력 폭력화'의 실상을 보는 듯해 전율했다. 검찰이 당초 수사를 펼 때 이 같은 현장 검증을 했더라면 "2명이 물고문을 하는 과정에서 박 군이 숨졌다"는 조 경위와 강 경사 자백의 허구성을 충분히 밝힐 수 있었으리라는 생각이 들었다.

현장 검증이 40분 만에 끝나고 얼마 전까지 함께 근무하던 부하직원들이 다시 포승에 묶여 호송버스에 오르는 모습을 지켜보는 대공수사단 간부들의 표정은 더없이 무거워 보였다.

현장 검증을 지휘한 검사[6]는 검증 과정을 시종 취재한 기자와 악수를 나누며 이렇게 말했다.

"오늘 우리가 여기서 만난 것은 오랫동안 잊혀지지 않겠지요. 마음이 괴롭

---

6 신창언 부장검사.

습니다. 다시는 이런 일이 없어야겠지요."[7]

　서울지검이 이렇게 재수사를 진행하고 있을 때 노태우 민정당 대표의
측근이자 실세로 부상한 박철언 씨가 26일 검찰총장이 된 이종남[8] 씨에
게 전화를 걸어 철저한 수사의 당위성을 역설했다. 그는 수사를 대검
중앙수사부에서 맡아야 한다고 강조했다. 박 씨를 27일 저녁 카페에
서 만났을 때도 이 총장은 치안본부 5차장인 박처원 씨를 구속하는
데 부담을 느끼고 있었다고 한다. 박 씨는 안무혁[9] 신임 안기부장에게
도 전화를 걸어 철저한 수사의 불가피성을 강조했다.[10]

　28일 열린 관계기관 대책회의에서 이 검찰총장은 박처원의 추가 구
속이 불가피함을 역설했다. 이날 오후 안무혁 안기부장은 전 대통령
에게 관계기관 대책회의의 결과를 보고해 박 치안감의 추가 구속을
승인받았다. 장세동 안기부가 주도한 관계기관 대책회의의 결정을 안
무혁 안기부가 뒤집은 것이다. 이 과정에서 민정당 대통령 후보로 내
정된 노 대표 진영의 실세인 박 씨가 중요한 역할을 했다. 이 개각과
함께 강경파의 주도로 고문자 은폐 조작 사건이 제대로 처리되지 않
으리라는 우려는 불식됐다.

　이종남 신임 검찰총장이 27일 서울지검에서 하던 수사를 대검으로
가져갔다. 이틀 동안 이 사건 재수사를 벌이던 서울지검은 수사를 중
단하고 은폐 조작의 피의자로 전락하는 신세가 됐다. 그러나 수사만

---

7 『동아일보』 1987년 5월 25일 저자가 집필한 〈창(窓)〉.
8 덕수상고, 고려대 법대를 나와 대검 중앙수사부장, 서울지검장, 검찰총장, 법무부장관, 감사원장 역임.
9 육사 14기, 준장 예편. 국세청장. 안기부장. 14대 의원. 황해도 도민회장.
10 박철언 책 255~256쪽.

있었지 정작 처벌받은 검사는 없었다.

검찰이 박처원 치안감을 구속한 데는 조한경 경위가 교도소에서 읽던 성경이 결정적 증거가 됐다. 이종남 총장이 대검 중앙수사부 이진강 1과장(부장검사)에게 조한경 경위의 변호사를 만나보라고 했다. 이 과장은 조사실에서 조 경위와 그의 형, 그리고 변호사를 만나게 했다. 그들이 대화하는 도중에 성경책 이야기가 나왔다. 1월에 구속된 조 경위는 여차하면 폭로할 기세로 구치소에서 성경 여백에 경찰의 은폐 조작 내용을 깨알같이 적어놓고 있었다. 중수부는 그 성경을 구치소에서 찾아내 바로 압수했다. 성경의 메모를 증거로 박처원 치안감, 유정방 경정 박원택 경정을 구속한 것이다.[11]

원래 『동아일보』는 5월 22일자 김차웅 기자의 특종 '관련 상사 모임에서 범인축소 조작 모의'에서 박처원 치안감, 유정방 경정, 박원택 경정 3명의 이름을 적시했다. 그러나 대검 중앙수사부가 서울지검으로부터 넘겨받은 구속 대상자는 박처원 유정방 홍승삼 씨 3명이었다. 중수부는 은폐 조작과 직접 관련 없이 박종철 유족을 관리한 홍 경감을 '무혐의'로 풀어주고 『동아일보』가 찍은 대로 박원택 경정을 구속했다. 중수부가 핵심적인 역할을 한 박 경정의 혐의를 밝혀내 구속하지 않았더라면 다시 한번 소동이 벌어질 뻔했다.

---

11 『신동아』 2007년 4월호 〈황호택이 만난 사람〉 이진강 대한변협 회장 인터뷰.

23

박종철 사건 은폐와 공작정치 실패로 밀려난 장세동

1985년 2·12 총선 직후 2·18 개각에서 안기부장이 된 장세동 씨는 전두환 대통령의 강력한 신임을 토대로 취임 초부터 시국 관련 대책을 주도했다. 그는 전두환 정권 3년 7개월 동안 경호실장을 했고 2년 3개월은 안기부장을 한 대통령의 최측근이다. 장 씨는 1968~77년 수경사, 육군본부 인사참모부, 1공수 특전여단, 청와대 경호실 등 5개의 자리에서 전 대통령의 직속 부하였다. 12·12 군사반란 때도 전두환 측에 가담한 하나회 계열의 주요 지휘관들은 경복궁 옆에 있던 수경사 30경비단(단장 장세동 대령)에 집합해 작전회의를 하며 정승화 참모총장 계열인 장태완[1] 수경사령관 등의 반격에 대비했다.

전두환의 장남 전재국[2] 씨는 여러 인터뷰에서 "장 부장의 생각은 어

---

1 1931~2010. 대구상고, 육군종합학교 졸업. 1931년 수도경비사령관으로 전두환 세력의 군사반란에 저항. 16대 의원.
2 전두환 전 대통령의 장남. 시공사 대표이사. 자작나무숲이라는 서브브랜드로 2017년 4월 《전두환 회고록》 출간.

땠을지 몰라도 전두환은 오래전부터 마음속에 노 대표를 후계자로 지목하고 있었다"는 이야기를 했다. 그러나 전 대통령 주변의 인물들은 전 대통령은 후계 구도와 관련해 생각이 복잡했다고 증언한다.

2·12 총선의 여파로 노태우 씨는 전 대통령의 당초 구상보다 일찍 당 대표가 됐지만 할 수 있는 일이 별로 없어 '물태우'라는 말을 들었다. 전 대통령은 권력의 누수 현상을 방지하기 위해 노 대표를 끊임없이 감시하고 견제했다.

장 부장과 노 대표의 미묘한 갈등은 전두환의 후계 구도 관리방식에서 비롯됐다. 그해 3월 25일 저녁 전 대통령은 민정당 당직자들 앞에서 "노 대표에게 개헌과 사면복권을 비롯한 정국 주도의 전권을 주겠다"고 약속해 후계자로 그를 선택했음을 시사했다. 그러면서도 장 부장에게 계속 정국 주도권을 맡겨놓고 노 대표에게 힘을 실어주지 않았다.

박보균[3] 『중앙일보』 대기자는 《청와대 비서실3》이라는 저서에서 '전 대통령은 장 부장을 후계자로 생각했다기보다 후계자 선정 과정에서 기획·조율사의 역할을 준 것 같다'고 분석했다. 그러나 노 대표 측은 장 부장이 후계자의 욕심을 품었고, 노 대표를 끊임없이 감시하고 견제한다고 믿었다. 이것은 박종철 사건 재수사 직후 노 대표 쪽이 치밀한 기획하에 장 부장을 완전히 걷어낸 것을 보더라도 알 수 있다.

안기부장 특보로 있으면서 노 대표를 도운 박철언 씨는 저자와의 인터뷰에서 "후계 구도가 상당 기간 유동적이었다"고 말했다.

"전 대통령은 노 대표와 함께 군 출신이 아닌 노신영 총리도 후계

---

3 『중앙일보』 편집국장, 한국신문방송편집인협회장 역임. 대기자.

후보로 고려했습니다. 노 대표의 유고나 상황 변화에 따라서는 장세동 부장도 염두에 두었구요. 장 부장은 경우에 따라서는 '나도 후계가 될 수 있겠다'는 생각을 충분히 할 수 있는 상황이 오래 지속됐습니다."[4]

그러나 전두환 전 대통령은 회고록에서 노 대표를 후계자로 지명해 공표한 것은 1987년 6월이었지만 마음속으로 작정한 것은 그보다 훨씬 전의 일이었다고 술회했다. 다만 일정 시점까지 노 대표에게도 눈치조차 주지 않고 모호성을 유지했다는 것이다. 그뿐만 아니라 장세동 안기부장에게 노 대표 주변에 이권을 가지고 접근하는 사람들을 차단하라는 임무를 주었다고 한다. 노 대표는 이런 일이 자신을 견제하는 것이라고 생각해 불편해했다는 이야기가 들려왔다는 것이다.[5]

5공 정부는 당초 장충체육관에서 통일주체국민회의 간접선거를 통해 차기 대통령을 옹립한다는 구상이었다. 4·13 호헌조치의 핵심 내용도 바로 이것이었다. 그러자면 무엇보다 민주화 시위로 들끓는 학원을 안정시키는 것이 중요했다. 장 안기부장은 수시로 내무부장관 법무부장관 검찰총장 치안본부장이 참여한 관계기관 대책회의를 열어 시국안정 대책을 주도해나갔다. 경찰의 박종철 고문치사 은폐 조작을 덮기로 한 것도 관계기관 대책회의의 결정이었다.

안기부는 관계기관 대책회의를 통해 검찰의 손발을 묶어놓고 언론도 회유와 압박으로 다잡아나갔다. 장 부장은 수시로 신문사 편집국장과 방송사 보도국장을 불러 식사를 했다. 그가 바쁠 때는 조찬도

---

4 저자의 2017년 2월 14일 박철언 인터뷰.
5 《전두환 회고록》 614~617쪽

했고 술자리를 곁들인 만찬도 가끔 있었다. 청와대 관계기관 대책회의에서 결정된 보도지침을 문공부 홍보조정실이 집행했지만 중요한 사안은 안기부가 직접 챙겼다.

안기부가 갑자기 장세동 부장과의 식사를 통보하면 각사 편집국장들은 다른 약속을 취소하고 나가야 했다. 언젠가는『동아일보』남시욱 국장이 "중요한 사람과 선약이 있어 이번에는 참석 못하겠다"고『동아일보』담당관을 통해 연락했다. 그러자 안기부 쪽에서는 "도대체 누구와의 약속 때문에 못나오겠다는 거냐"고 집요하게 캐물었다. 그는 "서동권 검찰총장과 선약이 있다"고 말했다. 그러자 안기부 쪽에서 서 총장에게 전화를 걸어 "중요한 안건이 있으니 우리에게 양보하라"고 요구했다. 경북고 선배인 서 총장은 남 국장에게 전화를 걸어 "안기부 쪽 일이 바쁜 모양인데, 우리는 나중에 식사를 하자"고 말했다. 권위주의 정부에서 안기부의 힘이 검찰을 압도했음을 보여주는 사례다.

박종철 사건의 문책 범위를 놓고 장 부장을 중심으로 한 강경파들은 소폭 마무리를 지지했고, 정호용 내무부장관 김윤환 정무1수석 등 온건파들은 민심 수습을 위해 대폭 개각이 불가피하다고 주장했다. 전 대통령은 온건론의 손을 들어줬다.

관계기관 대책회의를 주도하는 장세동 안기부의 역할이 너무 비대해지면서 박종철 사건 처리 같은 무리수가 나왔고 여권 내에서도 불협화음이 생겼다. 관계기관 대책회의에는 안기부 국내담당 차장인 이해구 씨도 참석했다. 이 씨는 고등고시 행정과에 합격한 뒤 경찰에 투신해 서울시경국장과 치안본부장을 지냈다. 다른 부처는 장관 총장 본부장만 참석하는데 안기부가 차장까지 참석시킨 것은 그만큼 대책회의를 좌지우지했다는 의미다. 그러나 박종철 사건의 은폐 조작 처리 과정에서 결국 군과 경찰 출신의 경험과 한계가 드러났다. 박종철 사건을 계기로 안기부 주도의 관계기관 대책회의는 폐지됐다.

박철언 전 의원은 회고록 《바른 역사를 위한 증언》에서 박종철 사건과 관련해 중요한 기술을 하고 있다. 천주교정의구현사제단이 성명을 발표한 뒤 민심이 걷잡을 수 없이 소용돌이치던 5월 24일 일요일 오전 연희동 집에서 노 대표를 만나 "정공법으로 당당한 대응을 해야 한다"고 건의했고 노 대표도 전적으로 공감했다는 것이다.

5월 25일 오전에는 김성기 법무부장관과 서동권 검찰총장이 전 대통령에게 박종철 고문치사 사건의 경위를 보고하는 일정이 잡혀 있었다. 박 의원은 전날 저녁에 경북고 선배인 서동권 검찰총장을 만나 "철저한 수사로 진상을 파헤쳐 엄정 사법 처리하고 내일 오전 대통령께 보고드릴 때도 있는 그대로 진상을 보고해야 한다"고 강조했다. 노태우, 박철언 씨는 이 사건을 정공법으로 처리하고 최고 책임자를 문책해야 민심을 수습할 수 있다고 판단했다. 결과적으로 장세동 부장과 노신영 총리를 함께 물러나게 함으로써 명분과 실리를 동시에 취하는 전략이었다.

전 대통령에게 박종철 사건을 보고하는 자리에는 법무부장관도 동석하지만 수사와 보고의 주체는 어디까지나 검찰총장이었다. 서 검찰총장은 3월 7일 관계기관 대책회의에 장 부장, 이해구 1차장, 정호용 내무, 김성기 법무, 서 검찰총장, 이영창[6] 치안본부장이 참석해 박종철 사건의 진상을 덮고 가기로 결정한 사실을 보고함으로써 자신을 포함해 관계기관 대책회의 참석자 전원을 문책해야 한다는 진언을 올

6 치안본부장. 14대 의원.

렸다.[7]

　김성기 장관 쪽은 노 대표의 경북고 육사 동기인 정호용 내무부장
관이 맡았다. 김 장관과 정 장관은 처가 쪽으로 인척 관계였다. 24일
정 장관과 이춘구[8] 민정당 사무총장은 효자동 부근의 음식점에서 김
장관을 만나 설득했다.

　"박종철 사건은 이제 걷잡을 수 없이 커지고 있습니다. 수습을 위해서
는 특단의 대책이 있어야 합니다. 경찰에 의한 조직적 은폐 기도가 밝혀
진 이상 정권의 신뢰와 도덕성은 치명상을 입을 수밖에 없습니다. 박 군
을 치사케 한 치안본부 대공팀은 경찰 소속이나 실제 안기부가 관장하고
있지 않습니까. 예산이나 업무 지시가 안기부로부터 나옵니다. 구속된 경
찰관들에게 제시했다는 1억 원짜리 예금 통장이 사실이라면 이는 안기부
정보비를 몰래 쓴 것으로 봐야지요. 그런 점에서 안기부장이 책임을 져야
죠. 경찰 쪽에만 책임을 물으면 설득력이 떨어집니다."[9]

　김 장관이 내일 청와대에 들어가서 서동권 총장과 함께 보고할 때
장세동 부장의 책임 소재에 대해 분명한 설명을 해달라는 요청이었
다. 이미 권력의 저울추는 노 대표 쪽으로 기울고 있었다. 장 부장은
25일 밤 전 대통령으로부터 해임 통보를 받았다. 나는 새도 떨어뜨리
던 5공 최고 실세의 추락이었다.
　박 씨는 장 씨가 청와대 경호실장으로 있다 안기부장으로 자리를

<hr>

7 박철언 책 255쪽.
8 육사 14기. 사회정화위원장, 내무부장관. 4선 의원.
9 박보균 책 68쪽.

옮길 때 특별보좌관으로 데려간 인물이다. 박 씨는 저자와의 인터뷰에서 "전 대통령이 청와대에서 1980~85년 나의 업무처리 능력을 보고 군과 경호 업무 경험만 있는 장 부장을 보좌하라는 뜻에서 나를 붙여준 것 같다"고 해석했다.

장 부장으로서도 대통령에게 보고해야 할 산더미 같은 국내외 정보를 여러 각도에서 스크린해주는 사람이 필요했다. 박 특보가 다소 껄끄럽긴 해도 자신의 업무를 수행하는 데 유익한 존재로 판단했다는 것이 박 씨의 판단이다. 박 특보실은 처음에는 남녀 직원 2명뿐이었지만 말기에는 63명으로 늘어났다.

박 씨는 노 대표의 부인인 김옥숙 씨의 고종사촌이기도 하다. 전 대통령은 장 부장에게 후계 구도 보고서 작성 지시를 내릴 당시 "자네가 데리고 있는 박철언이는 노 대표와 친척임을 잊지 말게. 그에게는 비밀로 해"라고 말했다고 한다.[10]

박 씨가 노 대표의 정치적 참모 역할을 하고 있음을 잘 알면서도 장 부장이 묵시적으로 양해를 해준 것은 노태우 대표에 대한 나름의 배려였다는 증언도 있다.

전두환 대통령이 임기 9개월을 남기고 단행한 5·26 개각에서 노신영 국무총리와 장세동 안기부장이 전격 경질된 것은 의미가 컸다. 여권은 노 총리, 노태우 민정당 대표위원, 장 부장의 삼각체제로 운영됐으나 이 중 2명이 바뀐 것이기 때문이다. 노태우 후보가 박종철 사건의 은폐 조작 책임론을 거론해 경쟁자인 노신영과 장세동을 밀어냈다고도 할 수 있다.

---

10 박보균 책 61쪽.

특히 전 대통령의 분신으로 알려지면서 국정의 실무적 운영에서 핵심 역할을 했던 장 부장의 퇴진은 노 대표의 명실상부한 후계자 등극을 의미했다. 전 대통령은 2주 남은 민정당 전당대회를 앞두고 분신을 잘라내는 결단을 내린 것이다. 이 개각을 두고 세간에서는 "죽은 박종철이 살아 있는 노신영 장세동을 쫓아냈다"는 평이 나왔다.

안기부의 용팔이 공작 실패

통일민주당 창당 과정에서 벌어진 용팔이 사건도 장세동의 안기부가 공작한 것이다. 장 부장을 비롯한 여권의 강경파들은 신민당 분당과 통일민주당의 창당에 대해 노골적으로 적대감을 드러내면서 야권의 대주주인 김영삼(YS)과 김대중(DJ)을 인정하려 들지 않았다. 노 대표위원을 포함한 온건파는 김영삼 통일민주당 총재와 대화 노력을 했으나 강경파는 여기에 제동을 걸었다. 4·13 호헌조치의 실패도 박종철 사건의 증폭과 맞물려 강경파의 퇴조를 부르는 데 일조했다.

신민당의 이민우 총재는 1986년 12월 24일 연말 기자회견에서 구속자 석방, 언론 자유 보장 등 7개항을 조건으로 여권이 추진하던 의원내각제 개헌에 응할 의사가 있다고 밝혔다. 그러나 양 김씨는 전 대통령이 물러난 뒤에도 의원내각제를 통해 영향력을 행사하려는 의도가 있다고 보고 직선제 개헌 요구를 굽히지 않았다. 1971년 이후 대통령을 선출하는 권리를 잃어버린 국민의 염원을 바탕으로 직선제 개헌과 민주화를 성취하려는 양 김씨는 전 대통령의 퇴임 후 설계가 담긴 의원내각제를 반대할 수밖에 없었다.

그러나 고용사장인 이 총재가 계속 정권과 교감하며 애매한 태도를 보이고 이철승 씨도 의원내각제를 주장하자 대주주인 양 김(金)씨는 신한민주당을 깨고 나와 통일민주당 창당 작업에 들어갔다. 신민당의 일부 세력과 안기부의 합작으로 통일민주당의 창당을 방해한 것이 용팔이 사건이다.

1987년 4월 이름 높은 조폭 두목 용팔이(본명 김용남[11])에게 신민당의 이용구 총무부국장이 찾아와 밀담을 나누었다. 용팔이는 정치판에 끼어들어 김두한[12]처럼 국회의원을 해보고 싶다는 욕심도 있었다. 그는 4월 20일부터 시작된 통일민주당의 창당대회 행사 때마다 100여 명의 행동대원을 이끌고 각목과 쇠파이프를 휘두르며 난장판을 만들었다. 경찰은 폭력배들의 광란이 끝난 뒤에야 출동했다.

깡패를 움직이는 비용은 안기부가 댔다. 1993년 김영삼 정부에서 용팔이 사건 재수사를 한 결과 신민당의 이택돈[13] 이택희[14] 의원에게 5억 원을 주고 창당방해를 사주한 사실이 밝혀져 장세동 씨는 권력을 잃은 뒤 두 번째로 옥살이를 했다. 6공이 출범하고 여소야대의 정국에서 5공 비리 청산이 시작되면서 장 씨는 일해재단(지금의 세종연구소) 모금과 관련해 첫 번째 옥살이를 했다. 박근혜 대통령과 비선 실세 최순실 씨가 미르·K스포츠 재단을 만들다가 사달이 난 것을 보면 박 대통령은 역사에서 배우지 않은 모양이다. 장 씨는 나중에 12·12 군사반란과 관련해 세 번째 옥살이를 했다.

---

11 조폭 두목으로 폭력배들을 이끌고 통일민주당 창당을 방해함.
12 1918~1972. 반탁투쟁위 동원부장. 3, 6대 의원. 1966년 국회 오물투척 사건으로 의원직 사퇴.
13 1935~2012. 서울고법 판사. 4선 의원.
14 충북 중원 출신. 3선 의원.

양 김씨가 주도하는 통일민주당은 안기부의 방해공작에도 불구하고 4월 21일 창당대회를 열었고 호헌철폐와 6월항쟁을 주도해나갔다. 안기부는 한 차례의 진상 발표로 끝낼 수 있었던 박종철 사건을 조작하고 축소하고 은폐하다 추가 폭로가 거듭되며 대처능력의 불신을 자초했다. 여기에 용팔이 공작의 실패까지 겹쳐 전두환 정부에서 차기를 노리던 장 부장의 입지를 흔들었다.

24

6월항쟁의 불길 타오르다

1986년 2월 신한민주당은 대통령 직선제를 요구하는 1000만 명 개헌서명 운동에 돌입했다. 7월 30일에는 여야 만장일치로 헌법개정특별위원회가 발족했으나 여당인 민주정의당은 의원내각제를, 야당은 대통령 직선제를 주장해 합의점을 찾지 못하고 평행선을 달렸다.

개헌 논의가 난관에 부닥쳐 있을 때 박종철 고문치사 사건이 터지면서 직선제 개헌을 포함한 국민의 민주화 요구가 거세졌다. 그러나 1월 말 설 휴일을 거치고 2월 7일 박종철 추모제 이후부터 이 사건은 신문의 주요 지면에서 사라졌다.[1] 두 고문 경찰관의 구속 기소로 박종철 사건이 매듭을 지은 것처럼 보이던 1987년 4월 13일 전두환 대통령은 뜨거운 논란이 예상되는 특별담화를 발표했다.

전 대통령은 임기 중 개헌이 불가능하다고 판단하고 현행 헌법에 따라 1988년 2월 15일 임기 만료와 더불어 후임자에게 정부를 이양

---

[1] 심재철 이경숙 『한국언론학보』 1999년 봄호, 〈국민의제 형성에서 탐사보도의 역할〉 91쪽

하겠다고 천명했다. 평화적 정부 이양과 서울올림픽이라는 국가 대사를 성공적으로 치르기 위해 국론을 분열시키고 국력을 낭비하는 소모적인 개헌 논의를 중단한다는 선언이었다. 체육관 선거를 통해 후계자를 대통령으로 뽑겠다는 포고(布告)였다.

그는 특별담화 마지막 부분에 "낡은 시대의 낡은 사고방식에 젖어 있는 인물에게 나라의 장래를 의탁할 수 없다"며 사실상 3김(三金)을 겨냥해 그들에게 정권이 돌아가는 일이 없을 것이라는 경고를 날렸다. 김성기 법무부장관은 14일 개헌 논의를 빙자한 불법 집단행동과 사회혼란 책동을 전 검찰력을 집중 투입해 강력히 단속하라고 전국 검찰에 지시했다.

그러나 4·13 호헌조치는 오히려 개헌 요구 성명과 시위를 촉발하는 역풍(逆風)을 불러왔다. 대한변호사협회가 국민의 개헌 요구를 어느 누구도 중지시킬 수 없다고 성명을 발표했다. 서울대 고려대 연세대 대학가에도 4·13 담화를 비난하는 대자보가 나붙었다. 14일 김수환 추기경은 부활절 메시지에서 "헌법 개정의 꿈이 무참히 깨어졌지만 실망하지 말자"고 호소했다.

이날 전남대 경상대에서도 '호헌 분쇄' 구호를 외치며 격렬한 시위가 벌어졌다. 한국기독교교회협의회(KNCC·회장 김지길 목사)는 '대통령은 즉시 담화를 철회해 국민의 개헌 여망에 부응해야 한다'면서 '행정부의 수반이 개헌 중단을 선언한 것은 헌정질서의 혼돈을 초래한 것'이라는 성명을 발표했다.

4월 22일부터 대학교수들의 성명이 이어졌다. 5월 25일에는 『동아일보』 기자 120명이 〈민주화를 위한 우리의 주장〉을 통해 4·13 조치의 철회와 언론 자유 보장을 요구했다. 김수환 추기경은 26일 명동성당 저녁 미사에서 "『동아일보』 기자들이 시국성명을 발표한 것은 박해와 희생을 무릅쓴 용감한 궐기"라고 찬사를 보냈다. 27일에는 민주언론운동협의회가 『동아일보』 기자들의 결의를 지지하는 성명을 발표했다. 『서울신문』『한국일보』『대구매일』『코리아타임스』도 잇따라 호헌 반대 성명을 냈다.

이렇게 직선제 개헌과 민주화 요구로 시국이 달구어지고 있는 분위기에서 천주교정의구현사제단이 5·18광주민주화운동 추모 미사 후 〈박종철 사건의 범인이 조작됐다〉는 성명을 발표했다. 이 성명은 『동아일보』를 비롯한 여러 일간지에 보도됐다. 즉각 검찰의 재수사가 시작되면서 신문에서 사라졌던 박종철 고문치사 사건 기사가 지면을 뒤덮기 시작했다.

『동아일보』는 5월 23일에는 〈관련 상사 모임에서 범인 축소 조작을 모의했다〉는 특종을 1면 톱으로 보도했다. 다음 날인 24일에는 김성기 법무부장관과 서동권 검찰총장이 이미 석 달 전에 축소 은폐 사실을 알고 있었지만 재수사를 하지 않고 은폐했다는 연속 특종을 터뜨렸다.

신문 방송들도 경쟁적으로 보도하기 시작했다. 고문의 은폐 축소 조작을 질타하는 논조가 시국의 흐름을 타고 정권에 대한 국민의 불신을 거론하며 정치개혁을 요구하는 쪽으로 불길이 옮겨붙었다. 경찰이 저지른 가혹행위 차원의 문제가 아니라 경찰을 권력의 사병(私兵)으로 동원해 인권을 유린하고 정치적 의사표시와 언론의 자유를 옥죄는 정권을 향한 분노로 방향을 튼 것이다.

천주교정의구현사제단의 폭로와 언론의 대대적 보도는 호헌철폐 투쟁에 기름을 붓는 계기가 됐다. 과감한 언론보도와 비등하는 여론을 타고 6월항쟁의 깃발이 오른 것이다.

5월 27일 박종철 사건의 뜨거운 열기 속에서 6월항쟁을 주도할 민주헌법쟁취국민운동본부(국본)가 발족했다. 국본은 6월 10일 민정당 대통령 후보 지명대회 날에 맞춰 '박종철 군 고문살인 은폐 조작 규탄 범국민대회'를 열기로 했다가 '고문살인 은폐 규탄 및 호헌철폐 국민대회'로 명칭을 바꿨다. 고문은폐 규탄이 호헌철폐의 동력을 제공한 것이다.

심재철과 이경숙은『한국언론학보』1999년 봄호에 게재한 〈국민의제 형성에서 탐사보도의 역할〉이라는 논문에서 박종철 고문치사 사건에 대한 국내 일간지의 보도가 범인 축소 은폐 조작에서 점차 '현정권 퇴진 요구'로 옮겨가기 시작했다고 분석했다.

5월 21일부터 24일까지 각 신문은 〈조작, 몰랐나… 속았나〉〈어떻게 믿겠는가〉〈얼마나 더 속여야 하나〉 그리고 〈끝없는 거짓말〉이란 제목으로 범인 축소 조작은폐 사실을 보도했다. 일간지들은 국민들의 공분을 촉구하는 객관적 보도형식의 기사를 통해 정부에 대한 총체적인 의심과 시민의 분노를 일으켰다. 5월 26일부터는 1월 보도에 등장하지 않았던 "현정권 퇴진 요구" "못 믿을 정권 맹공, 누구를 믿을까" "국민 분노를 식혀야"라는 용어들을 사용해 국민들의 정권에 대한 불신을 직접적으로 표현했다.[2]

---

2 심재철 이경숙의 같은 논문 95쪽.

<표2> 박종철 고문치사 범인 축소 은폐 조작 사건 보도 전개과정

기간	미디어 의제	기사수
5월 21~24일	범인축소 은폐 조작 보도: 정권에 대한 총체적 불신과 국민의 공분 촉발	209
5월 26~28일	철저한 진상규명과 최대 규모의 개각을 요구하는 보도	170
5월 29일~6월 2일	사건 수습과 제도적 대책 마련을 촉구하는 보도	123
6월 3~10일	여론 반영과 정치개혁을 촉구하는 보도	141

　　언론은 6월 10일 집회를 앞두고 민주헌법쟁취국민운동본부가 제안한 행동요강까지 상세히 보도해 은연중 대회 홍보에 열을 올렸다. 정권이 반정부 시위 선동으로 간주할 수 있는 이러한 행동요강 보도는 언론으로서 대단한 용기를 필요로 한 일이었다.

고문규탄·호헌철폐 10일 대회
「타종·자동차 경적」 등 추진
민주헌법운동본부

민주헌법쟁취국민운동본부는 1일 오전 '박종철 군 고문살인 은폐 규탄 및 호헌철폐 국민대회'를 오는 10일 오후 6시 서울의 대한성공회대 성당(덕수궁 옆) 및 전국 대도시에서 갖는다고 공식 발표하면서 이와 함께 지난 2월 7일 박 군 국민 추도회 때와 유사한 국민행동요강을 공개했다.
국민운동본부가 발표한 이 국민행동요강은 △전국의 자동차는 대회 당일 오후 6시 정각 애국가가 끝남과 동시에 경적을 울리고 △전국의 교회와 사찰은 타종, 민주헌법 쟁취를 위한 국민적 의지를 표시하며 △모든 대회 참석자는 태극기를 지참하고 대회장으로 나온다는 것 등이다.

이날 국민운동본부의 인명진[3] 대변인은 '더 이상 못 속겠다, 거짓 정권 물러나라'는 등 4종의 대회표어를 공개하면서 "국민대회는 철저히 평화적으로 진행할 방침이므로 이와 같은 행동요강을 무시하는 사람은 우리의 대회를 오도하려는 세력으로 규정할 것"이라고 말했다.[4]

언론이라고 다 같았던 것은 아니다. S, K 신문과 두 방송 등은 호헌조치의 정당성을 홍보했다.[5] 『KBS』는 9시 뉴스에서 박종철 사건과 관련해 당국 발표만을 보도했고 천주교정의구현사제단 성명에 관해서는 한마디 언급도 하지 않았다. 이에 18개 여성단체 대표들이 30일 오전 시청료 거부 운동을 벌이기로 결의했다.[6]

6월 9일 연세대 학생들은 '6·10 대회 출정을 위한 연세인 총궐기 대회'에서 경찰과 대치하며 일진일퇴를 반복했다. 학생들이 교문 안으로 쫓겨 들어갈 때 직선으로 날아든 최루탄 하나가 이한열 군(21세)의 뒷머리를 강타했다. 경찰의 안전규칙상 최루탄은 원래 공중을 향해 발사해야 하지만 화염병과 돌멩이를 던지는 학생들에게 공격적인 진압으로 맞서던 전경들은 때로 직격 발사를 했다. 이한열 군이 생사의 경계를 넘나들 때 연세대에서는 살인적 최루탄 난사에 항의하는 규탄 대회에 6000여 명이 참가했다. 6월 18일에는 '최루탄 추방의 날' 행사가 전국적으로 열렸다. 결국 최루탄 직격으로 숨진 이한열 군의 희생

3 목사. 영등포산업선교회 총무. 유신 시대 긴급조치 위반, YH 사건 등으로 세 차례 투옥. 한나라당 윤리위원장. 자유한국당 비상대책위원장.
4 『동아일보』 6월 1일자 1면 기사.
5 민주화운동기념사업회 편 《6월항쟁을 기록하다 3권》 121쪽
6 『신동아』 2004년 3월호, 남시욱 〈박종철 고문치사 사건 특종 보도는 6월항쟁, 6·29선언의 밑거름〉 511쪽.

은 6월항쟁을 결정적으로 증폭시켰다.

운명의 날인 6월 10일 국민대회에는 전국 20여 도시에서 수만 명이 참가했다. 오후 6시가 되자 거리를 지나는 차량들이 일제히 경적을 울렸다. 경적을 울리기 위해 일부러 차를 몰고 나온 시민도 있었다. 그러나 시위가 점차 격렬해지기 시작했다. 경찰에 연행된 사람만 3831명에 이르고 재야인사 등 220명이 구속됐다. 시민과 경찰 수백 명이 부상당하고 16개 파출소가 파손됐다. 이 소식은 이튿날 신문에 일제히 1면 톱기사로 대서특필됐다.[7]

국본이 주최한 '박종철 군 고문살인 은폐 조작 규탄 범국민대회'가 6월 10일 하루 동안의 단발성 시위로 그치지 않고 6월항쟁으로 연결된 데는 명동성당 농성이 큰 역할을 했다. 명동성당 농성은 미리 계획된 것이 아니고 자연발생적으로 이뤄진 것이었다. 10일 을지로와 명동입구에서 움직이던 시위대가 경찰의 최루탄에 쫓겨 명동성당으로 퇴각해 밤을 새웠다.

11일 오전부터는 서울대생을 비롯한 대학생들이 출정식을 갖고 명동성당으로 향했다. 이날 점심시간에는 명동성당 인근에 밀집한 금융기관의 사무원들이 쏟아져 나와 구경하다가 경찰이 사과탄을 발사하자 "호헌철폐" "독재타도"를 외치며 한 시간 동안 시위를 벌였다. 넥타이 부대의 점심시간 시위는 명동성당 농성이 해산될 때까지 계속됐다.[8]

전두환 정권은 강경책으로 맞서 6·10국민대회를 주동한 박형규 계

---

7 『신동아』 2004년 3월호, 남시욱의 같은 논문 512쪽.
8 민주화운동기념사업회 편 《6월항쟁을 기록하다 3권》 302~327쪽.

훈제 씨 등 국본 관계자 13명을 구속했다. 14일 청와대에서 열린 회의에는 안기부장 외무 내무 법무 국방 문교 문공 장관과 서울시장 외에도 합참의장 육해공군 총참모장 보안사령관 수경사령관 등 군 수뇌부가 자리를 같이했다.[9] 이 자리에서 전 대통령은 경찰이 치안을 회복하지 못하면 비상조치를 발동해 휴교, 정당 해산, 헌정 일부 중단과 같은 초헌법적인 모든 조치를 취할 수밖에 없다고 말했다. 그리고 군 수뇌부에게 군병력 출동 준비를 하라고 지시했다.

그러나 서울올림픽을 앞둔 전두환 정권은 군 동원을 위협수단으로만 사용하고 막후에서 이상연[10] 안기부 1차장을 내세워 김수환 추기경, 함세웅 신부와 시위대의 평화로운 해산을 위한 협상을 벌였다. 김 추기경은 이 차장에게 "박종철 군이 고문을 받다 사망하고 이한열 군이 직격 발사한 최루탄에 맞아 의식을 회복하지 못하는 상황을 보더라도 현 정권이 민주적으로 나라를 이끌어가지 않고 있기 때문에 학생들이 나선 것"이라고 역설하고 그 유명한 '나를 밟고 가라'는 발언을 했다.

"제가 하는 말을 결정권자에게 전해주십시오. 경찰이 성당에 들어오면 제일 먼저 나를 만나게 될 것입니다. 그 다음에는 지금 이 시간에도 명동성당에서 철야기도를 하고 있는 60명이 넘는 신부들을 만나게 될 것입니다. 또 그 다음에는 수녀님들을 만나게 될 겁니다. 당신들이 잡아가려는 학생들은 수녀님 뒤에 있을 겁니다. 경찰들이 학생들을 체포하려면 제일 먼저 나를 밟고, 그 다음 신부들을 밟고, 그

9 김성익 책 394~398쪽.
10 육군 대령 예편. 서울시 부시장, 대구시장, 안기부 1차장, 국가보훈처장, 내무부장관 역임.

다음에 수녀들을 밟고 넘어가야 합니다."[11]

6월 13일 오전 9시 청와대 본관 회의실에서 대통령 주재 시국관계 회의가 소집됐다. 장관들이 기다리고 있을 때 전 대통령과 사전 보고를 한 안무혁 안기부장이 함께 들어왔다. 고건 내무장관이 시국 상황 브리핑을 마치자 전 대통령은 "정부가 명동 사태에 대해 인내를 보여주도록 합시다"라고 말했다. 대통령이 강제 진압하지 않겠다는 뜻을 공식 회의에서 밝힌 것이다.

농성 지도부는 시위대의 해산 후 안전귀가, 시위대 전원 불구속, 구속자 전원 석방을 농성 해산의 조건으로 제시했다. 속내는 이런 제의를 정부 측에서 쉽게 받아들일 수 없을 것으로 판단하고 협상이 결렬되거나 지연되면 농성을 계속 이어가려는 의도였다. 그러나 정부가 이 제안을 전격 수용하자 농성 시위대는 토론을 거쳐 자진해산 여부를 묻는 찬반 투표에 들어갔다.

김 추기경까지 현장에 가서 투표를 지켜봤다. 시위대는 6월 15일 농성장에서 진행된 3차 투표 끝에 해산하기로 최종 결정했다. 이날 김 추기경의 집전으로 특별 미사를 마친 뒤 시위대는 신부 수녀 신자들과 함께 명동성당을 나와 행진하다 해산했다.

6·10 대회 이래 전국 주요 도시에서 학생 시위가 열흘 이상 계속됐다. 전국에서 경찰서와 파출소가 습격을 당하고 민정당 당사와 『KBS』『MBC』가 돌팔매질을 당했다. 진주 경상대 학생들은 17일 남해고속도로와 국도를 막아 차량 통행을 정지시키고 열차를 멈춰 세우

---

11 이충렬의 책 《아, 김수환 추기경2─인간을 향하여》 183~184쪽.

고 연행자 석방을 요구하기도 했다. 치안 부재의 상황이었다.[12] 전두환 정권을 더욱 불안하게 하는 것은 6월 13일 전 대통령이 주재한 청와대 시국관계 책임자 회의에서 고건 내무부장관이 지적했듯이 학생 시위에 넥타이 부대와 시민이 가세하는 현상이었다.[13]

『동아일보』는 6월 19일자 신문에 〈민의 따르면 모든 게 해결〉이라는 김수환 추기경의 회견 기사를 실어 정부에 압박을 가했다.

여영무[14] 논설위원=현시점에서 파국 없이 정치위기를 극복할 수 있는 전망이 있다고 보십니까?

김 추기경=정치인들이 민의를 따라서 일처리를 하면 해결된다고 봅니다. 민의를 알려면 우선 여당 국회의원들끼리라도 자유로운 토론을 해야 할 것입니다. 정치인은 오랜 얘기가 아닌 박 대통령의 말로가 어떻게 되었는지 생각해야 합니다.

여 위원=미국의 개스턴 시거 아시아 태평양 담당 국무차관보가 지난 2월 한국에서 문민정치에로의 복귀를 강력히 촉구했는데 그 문제에 대해서는 어떻게 생각하십니까?

김 추기경=군이 나라 위해 국방에 전념하고 확고하게 중립을 지켜주었으면 1979년에 정말 민주화가 되었을 것입니다. 당시 정부가 민주화 일정을 발표하고 개헌 작업을 빨리 했으면 학생들이 왜 일어났겠습니까. 앞으로 군인들은 다시 그렇게 하지 않기를 국민들은 바랍니다. 안에서 다소 혼란하더라도 군인들은 여기에 개입하지 말아야 합니다.

12 서중석의 《유월항쟁》 356~429쪽.
13 김성익의 책 390쪽.
14 고려대 법대 박사. 『동아일보』 정치부 기자, 논설위원 역임.

『동아일보』 19일자 3면에는 최규남[15] 전 서울대 총장, 김준엽[16] 전 고려대 총장 등 각계 원로들의 〈난국 수습 위한 긴급 제언〉에 '개헌 논의 즉각 재개하라'는 제목을 달았다. 소설가 김정한[17] 씨는 "(직선제) 개헌 중단 때문에 혼란이 왔다"면서 "4·13 이전으로 돌아가 무조건 협상에 나서 국민을 위한 민주적인 방식으로 해결하는 방법밖에 없다"고 제언했다.

『동아일보』는 6월 20일자 〈모두가 사는 길로〉라는 사설에서 '다수와 등을 지고서는 정권 유지도, 국가 경영도 불가능함을 깨닫는다면 지금 당장, 시기를 놓치지 말고, 국민이 원하는 방향이 무엇인지 그것을 똑바로 보고 결단을 내려야 할 때다'라고 썼다. 두 번째 사설에서는 김대중 민추협 공동의장에 대해 연금 해제의 결단을 내리라고 촉구했다.

전두환 대통령은 6월 19일 오전 10시 반 안기부장, 국방장관, 3군 참모총장, 수방사령관, 보안사령관을 청와대 구내로 불러 비상조치를 전제로 한 군병력 배치 계획을 지시했다. 전 대통령은 계엄 선포가 아니라 비상조치라고 규정하면서 계엄령에다 플러스 알파를 하는 것이 비상조치이고 군법회의와 정당 해산도 가능하다고 강조했다. 그러나 오후 2시에 예정대로 제임스 릴리 미국 대사를 만났고 오후 4시 30분에는 군대 동원 지시를 유보했다.[18]

전두환 정권이 위수령이나 비상계엄 등을 통해 군을 동원하지 않고

---

15 1898~1992, 서울대 교수, 서울대 총장, 문교부장관 역임.

16 1920~2011, 일본 게이오대학 재학 중 학병으로 징집됐으나 탈출해 상해 임시정부 광복군으로 활동. 고려대 교수, 아세아문제연구소장, 총장 역임.

17 1908~1996, 소설가, 부산대 교수, 민족문학작가회의 회장.

18 김성익 책 418~421쪽.

유화책으로 간 이유에 대해서는 여러 가지 해석이 있다. 첫째 1980년 과는 달리 1987년에는 미국이 군을 동원한 강경 진압에 제동을 거는 데 적극적 역할을 했다. 미국 로널드 레이건[19] 대통령으로부터 여야 간 대화를 촉구하고 계엄 선포에 반대하는 친서가 전달됐다. 말린 피츠워터 미 백악관 대변인은 6월 19일 "한국 정부가 야당과 대화를 계속해야 하며 가능한 한 조속히 평화적 방법으로 소요를 종식시켜야 할 것이라는 의사를 여러 채널을 통해 한국 정부에 전달했다"고 밝혔다. 조지 슐츠[20] 미 국무장관도 19일 한국의 정치적 개혁을 위한 여야 간 대화를 촉구하면서 미국은 폭력 시위를 억제하기 위한 계엄령 선포에는 반대한다는 뜻을 표시했다.

전두환 대통령은 회고록에 19일 레이건 대통령의 친서를 들고 온 릴리 대사가 "군부대가 출동하여… 없기를 바란다"고 말해 "그것은 합리적인 생각이라고 본다. 나는 정치 문제는 정치적 대화로 풀어가야 한다는 소신을 갖고 있다"고 얘기해줬다고 쓰고 있다. 릴리 대사는 이날 외에도 6·29선언이 나오기 전까지 두 차례나 더 청와대를 방문했다고 한다.[21]

둘째 평화적 정부 이양을 통한 정권 재창출을 궁극적 목표로 하고 있는 민정당의 입지를 위태롭게 할 우려가 있었다. 노태우 대표에게 정권을 이양하기로 계획하고 있는 이상 군을 동원한 강경 진압보다는 대화와 협상을 통한 평화적 사태 해결을 원하는 노 대표의 의사를 존중할 수밖에 없었다고 본다. 여기에 5·26 개각으로 장세동 씨 같은

---

19 1911~2004. 캘리포니아 주지사. 미국 40대 대통령.
20 1920년 생. 미국의 재무장관 국무장관을 지냄.
21 《전두환 회고록》 636쪽.

강경파가 물러난 것도 영향을 미쳤다.

셋째 국제사회에서 서울의 소요사태를 우려하며 올림픽 개최지를 바꿔야 한다는 논의가 나오기 시작했다. 한스 한센 서독체육연맹회장은 한국에서 정치적 혼란이 계속돼 88올림픽을 못 열게 되면 베를린에서 올림픽을 열자고 제의했다. 일본 『요미우리』 신문은 6월 20일자 조간에서 한국 정부가 강경책을 쓸 경우 서울올림픽에도 황(黃)신호가 될 것이라고 논평했다. 황신호는 적(赤)신호로 가는 전 단계로 일본 신문에서 쓰는 표현이다. 전 대통령으로선 공들여 유치한 88올림픽을 파탄낼 수는 없었다.

청와대 민정기 공보비서관은 전 대통령이 올림픽의 성공적 개최 열망이 강해 군을 동원하지 않았다고 회고했다. 전 대통령은 국민의 직선제 요구에 동의하지 않으면 나라 전체가 소용돌이에 빠져 올림픽을 치를 수 없다고 생각해 이를 받아들이기로 결심했다는 것이다.[22]

넷째 전 대통령은 1980년 5·18 광주 문제에 대해 집권 기간 내내 부담을 느꼈다. 광주민주화운동은 지방도시에서 일어났지만 서울에서 이런 사태가 발생할 경우 전두환 정권으로서는 감당하기 어려웠을 것이다.

노태우 전 대통령은 회고록 상권에서 '만일 이번 사태에 군을 동원한다면 이 정권은 무너질 수밖에 없다'는 생각이 들었다고 밝혔다. 군 내부에서도 군을 동원해서는 안 된다는 건의가 있었다. 당시 특전사령관이었던 민병돈[23] 예비역 육군중장은 보안사령부를 통해 전 대통

---

22 신성호 논문 120쪽.
23 육사 15기. 1987년 특전사령관. 제33대 육군사관학교 교장. 예비역 중장 예편.

령에게 "지금의 상황에서 명령에 따라 움직이는 군이 시위대와 충돌하면 국가적으로 불행한 일이 일어난다"며 "현재의 시위는 민주주의 사회에서 있을 수 있는 집단적 의사표시라고 봐야 하며, 군이 나서 진압해야 할 폭동이라고 판단하기는 어렵다"는 건의를 보안사령부를 통해 올렸다고 저자와의 인터뷰에서 말했다.

민 사령관은 당시 모든 군 지휘관들이 긴장된 상황에서 정위치를 지켜야 했기 때문에 육사 동기생인 고명승[24] 보안사령관을 만날 수 없어 장석규 보안처장(준장)에게 "고 사령관이 대통령에게 나의 뜻을 전하도록 해달라"고 부탁했다는 것이다. 고 사령관은 청와대에서 전 대통령에게 독대(獨對) 보고를 하는 중에 "지금은 폭동 상황이라고 보기 어렵고 군이 출동하면 불상사가 날 수 있다. 좀 더 관망할 필요가 있다"는 의견을 가진 군 지휘관도 있다며 민 사령관의 의견을 요약해 전달했다. 전 대통령이 "누구의 의견이냐"고 물었다. "민병돈 특전사령관입니다"라고 대답하자 전 대통령은 씩 웃으며 "알았어"라며 묵시적으로 동의하는 표정이었다고 고 사령관은 저자와의 인터뷰에서 회고했다.

민 전 특전사령관은 저자와의 인터뷰에서 "당시 그런 진언(進言)을 감히 하기 어려운 상황이었다. 특전사는 민란이나 폭동 같은 특수 상황에서 진압작전의 중추가 돼야 하기 때문에 고심을 많이 했다"고 말했다. 그는 "군은 정치적 중립을 지켜야 하고 군이 정치의 도구로 이용돼서는 안 된다"면서 "군인도 국민이다"라고 말했다.[25]

<hr>

24 전주사범 졸업. 육사 15기. 수경사 33경비단장. 수도방위사령관, 보안사령관, 제3군 사령관 역임. 예비역 육군대장.
25 2017년 3월 26일 저자의 민병돈 인터뷰, 3월 27일 저자의 고명승 인터뷰.

김성익 씨는 1986년 1월부터 1988년 2월 25일까지 2년여 동안 전두환 대통령의 '통치사료' 담당 비서관으로 대통령이 주재하는 공식 비공식 회의와 행사에 배석해 대통령의 일거수일투족을 기록했다. 전 대통령은 국정집행을 기록으로 남겨 퇴임 후 회고록 집필에도 쓰고 역사자료로 활용되도록 한다는 취지에서 1981년 취임 직후부터 통치사료 담당 비서관을 두었다. 김성익 씨 이전에는 역시 『동아일보』 기자 출신인 최재욱 씨가 통치사료 담당 비서관을 맡았다. 김 씨는 13년 동안 『동아일보』 기자로 있다 1983년 3월 청와대 공보비서관으로 들어갔다. 그는 이 기록을 토대로 《전두환 육성증언》이라는 책을 펴내면서 서문에 다음과 같이 밝혔다.

나는 기록자로서 가치판단이나 주관적 해석을 피하고, 있었던 사실 그대로를 정리함으로써 읽는 분들이 가급적 굴절 없이 대통령의 모습을 접할 수 있도록 하였다. 그러기 위하여 대통령이 당시 말한 것 가운데 중복되는 부분이나 거친 표현도 그대로 살리고자 애썼다.(중략) 내가 이 기록을 엮는 데에 또 다른 주안(主眼)은 지금까지 알려지지 않았던 사실들을 역사의 한 자료로 알리자는 것이었다. 어떤 사실이 결과적으로 특정인에게 끼치는 유불리(有不利)를 떠나, 있었던 사실을 알려 놓는다는 것은 사실에 관계한 자로서는 역사와 사회에 대한 책무일 수도 있다고 생각하기 때문이다.[26]

김성익 씨는 1987년에 접어들어 정부 여당이 밀리는 상황으로 나가

---

26 김성익 책 12쪽.

면서 전 대통령이 각종 회합에서 비상조치를 언급하는 횟수가 더욱 빈번해졌다고 증언했다. 그러면서도 믿을 수 있는 상대에게는 군부 동원을 해서는 안 된다는 속내를 털어놓았다는 것이다. 전 대통령은 군의 심리전술을 통치에 원용해 자신의 부정적 이미지가 군부 동원의 실감을 줄 수 있다는 계산 아래 힘을 과시하려는 의도였다는 것이다.[27]

박철언 씨의 시각도 비슷하다. "전두환 대통령이 고도의 심리전을 폈다고 봅니다. 군 동원을 할 것같이 겁을 줌으로써 재야와 야권의 정치 지도자들을 자제시키려는 의도였다고 봅니다. 출동한 계엄군이 어떤 태도를 취할지 몰라 군 동원을 안 했다는 시각은 잘못된 것입니다. 전 대통령은 하나회를 통해 군을 완벽하게 장악하고 있었지요."[28]

그러나 전두환이 군을 동원해서는 안 된다는 생각을 갖기까지는 위에 언급한 여러 요인들도 복합적으로 작용했을 것이다.

마침내 전두환 정권과 노태우 민정당 대통령 후보는 민심에 굴복하는 6·29선언을 했다. 노태우 회고록과 박철언 씨의 《바른 역사를 위한 증언》에서는 직선제는 전 대통령이 먼저 제안했고, 김대중 씨 사면복권은 노태우 씨가 제안해 관철했다고 쓰고 있다.[29] 그러나 김성익 씨가 쓴 《전두환의 육성증언》은 김대중 씨 사면복권도 전 대통령이 먼저 구상해 노 후보를 설득했고 노 후보가 이를 보다 구체화시킨 것이라고 분명히 하고 있다.[30]

---

27 김성익 책 420쪽.
28 2017년 2월 24일 저자의 박철언 인터뷰.
29 박철언의 《바른 역사를 위한 증언》 1권 261쪽.
30 김성익 책 451쪽.

노 대표는 "김대중 씨를 풀어놓고 뛰어가지고 되겠느냐. 현행 헌법으로 하면 되는데 왜 굳이 직선제를 받으려고 하느냐" "또 이제까지 당원들을 데리고 국민들한테 내각제를 해야 된다는 얘기를 하고 다니다가 갑자기 직선제로 바꾸면 국민들이 뭐라고 하겠느냐"고 반대했다… 노 대표는 끝내 직선제를 받아들이라고 하면 대통령 후보를 포함한 모든 공직도 그만두겠다고 반발했다.[31]

전 전 대통령은 회고록에서 '노태우 후보가 직선제 수용을 포함한 민주화 조치를 건의하면 각하께서는 호통을 치면서 거부하고, 노 대표가 다시 강력히 반발함으로써 노 대표의 위상이 뛰어오르는 모습을 보여주는 '연출'을 집요하게 요구했다'고 기술했다. 전 전 대통령은 '내가 모든 영광을 노 후보에게 몰아주겠다는, 그것도 모자라 나를 권력 집착에서 헤어나지 못하는 사람으로 만들려는 것인가'라며 인간적인 섭섭함을 털어놓았다.[32]

김대중 씨의 사면복권에 관한 전 씨의 발언은 전략가적 면모가 드러난다. 전 대통령은 6월 28일 김성익 비서관을 식당으로 불러 담화문 작성에 참고하도록 직선제 수용에 관한 생각을 밝혔다. 전 대통령은 "김대중은 직선제가 되면 대통령 선거에 안 나가겠다고 했지만 안 나올 리가 없다. 김영삼도 마음을 비웠다고 했지만 그렇지 못할 것이다"라고 말했다. 김 비서관은 나중에 이 대목을 읽어보고 전 대통령이 두 김씨가 각기 출마할 것으로 그때 내다봤다는 것이 놀라웠지만 당시에

31 김성익 책 452쪽.
32 《전두환 회고록》 634~635쪽.

는 '과연 그럴까' 하는 회의도 있었다고 주석을 달아놓고 있다.[33]

전 대통령은 대통령 선거가 양 김의 패배로 끝난 후 김 비서관에게 "직선제를 받아들이는 것은 곧 김대중을 풀어 출마하도록 하는 것을 의미한다. 그래야 양 김씨가 맞붙어 서로 견제한다고 봤다. 나는 양 김씨가 단일화되더라도 서로 협조가 안 된다고 보았다"고 말했다.

전 대통령은 1987년 12월 18일 호남지역 민정당 의원들과의 오찬에서 "김대중이나 김영삼이나 지금 정신적으로 타격이 크므로 회복할 기회를 주면 안 돼요. 그러면 이 사람들이 진짜 정비를 하게 돼. 이들한테 시간을 줄수록 유리해져요"라고 말했다. 양 김이 분열해 대선에서 패배하리라는 전두환의 통큰 베팅은 들어맞았지만 그들에게 재기할 기회를 주지 말아야 한다는 주문은 실현되지 않았다. 두 김 씨는 전 대통령의 불안한 예측대로 시간이 흐르면서 패배를 추스르고 차례로 대통령을 했다.

노 대표는 전 대통령의 설득을 받아들이고 18일에는 박 특보를 불러 선언문의 실무 작업을 시켰다. 6월 24일에는 전두환 대통령이 김영삼 통일민주당 총재, 이민우 신민당 총재, 이만섭[34] 국민당 총재와 연쇄적으로 만났다. 전 대통령은 김 총재와 영수회담을 한 뒤 4·13 조치를 철회하고 김대중 씨의 연금을 해제했다. 6월 29일 오전 9시 5분 노 대표는 민정당 중앙집행위원회 회의에서 〈국민화합과 위대한 국가로의 전진을 위한 특별선언(약칭 6·29선언)〉을 읽어 내려갔다. 1972년 유신 선포 이래 질식해 있던 한국의 민주주의가 극적으로 부

---

33 김성익 책 433~437쪽.
34 『동아일보』 기자. 8선 의원. 국회의장 두 번 역임.

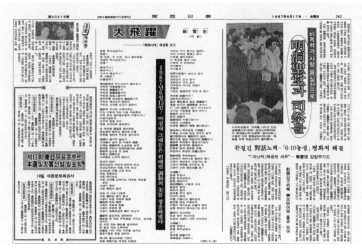

한운사의 시 '대비약'이 실린 『동아일보』 1987년 6월 17일자

활하는 순간이었다.

6·29선언은 자발적이라기보다는 국민과 재야단체 그리고 국민 의사의 메신저인 언론이 요구하던 사항을 거대한 물결에 밀려 당시 집권세력이 받아들인 결과였다. 그런 의미에서 6·29 대(對)국민 항복 선언이었다. 그 항복 선언을 이끌어낸 근원에는 박종철의 의로운 희생이 있고, 이한열의 장렬한 죽음이 견인차가 된 '6월항쟁'이 있다.

전두환 정권과 민주화를 요구하는 시민 학생의 대치가 벼랑 끝에 다다랐던 명동성당 농성 사태가 해결된 6월 16일, 시인이자 방송작가인 한운사[35] 씨가《대비약(大飛躍)》이라는 제목의 시를 들고 『동아일보』 남시욱 국장을 찾아왔다. 『동아일보』는 이 시를 17일자 6면에 게

---

35 1923~2009. 충북 괴산 출생으로 서울대 불문과 졸업. 시인, 방송작가. 『한국일보』 문화부장 역임. 1964년 최초의 텔레비전 일일드라마인 〈눈이 내리는데〉를 집필했고, 66년 새마을운동 주제가인 〈잘 살아 보세〉를 작사했다. 대표작으로는 드라마 〈이 생명 다하도록〉 〈현해탄은 알고 있다〉 〈아낌없이 주련다〉 〈남과 북〉 〈서울이여 안녕〉 등이 있다. 〈빨간 마후라〉 〈레만호에 지다〉 같은 인기곡의 가사도 썼다.

재했다.

> (전략)
> 위대한 시점(時點)이여!
> 1987년 6월 15일!
> 젊은 학생들과 젊은 전경들이
> 돌을 던지고 최루탄을 쏘더니
> 이 나라 최후의 날이 다가오는가
> 오가는 사람들을 울게 하더니
> 성당의 공정(公正)이여
> 힘의 인내여
> 순수성의 아름다움이여
> 마침내 그대들은
> 위대한 조화의 미를 창출해냈다
>
> 몇 단계나 뛰어넘은 대비약!
> 이제는 시시한 일로 싸우지 말자
> 권력 잡았다고 독주하지 말라
> 조석(朝夕)으로 밥상 뒤엎어야 야당(野黨)인가
> 울분의 처치법이 돌던지기인가
> 최루탄 쏘아야만 정치인가
> 민중은 벌써 성숙한 것을
> 어린아이 취급은 실례(失禮)스럽다

무질서를 두려워말라
그 속에 싹터나온 질서의 줄기
그것이 세상에서 으뜸가는 것
그것이 평화를 유지하는 힘
그것이 소위 민주주의의 꽃!
(후략)

5

삼세번 지핀
불씨

25

안상수, '관계기관 대책회의' 폭로하다

1987년 12월 하순경 저자는 박종철 사건을 돌아보는 기획을 맡았다. 검찰에 남아 있는 사람들은 아직도 이 사건에 대해 입을 열기를 조심스러워 했다. 당시 수사검사를 만나면 못다 한 이야기를 들을 수 있을 것 같았다.

안상수 검사는 박종철 사건 수사 잘못에 대한 문책인사로 서울지검에서 춘천지방검찰청으로 좌천 발령을 받았다. 춘천지검에서 근무하다 사표를 내고 변호사 개업을 한 그를 서울 중구 서소문동 근처 일식집 '현해탄'에서 만나 점심을 같이했다. 연말특집 취재 중이라는 말은 하지 않고 "그동안 적조했으니 점심이라도 하자"며 마련한 자리였다. "변호사 사무실에 손님이 많으냐" 같은 신변잡기 화제 중간에 자연스럽게 박종철 사건 이야기가 나왔다.

그는 조심스러운 태도로 화제를 이어갔으나 이 사건에 미련이 아직도 많이 남아 있는 것 같았다. 그는 강민창 전 치안본부장과 경찰 출신인 당시 안기부 1차장 이해구 씨가 은폐 조작의 주범이라는 이야기를 하면서 "그런 자들에게 공천을 주는 것은 말도 안 된다"고 흥분했다. 저자는 안 변호사의 증언을 『동아일보』 연말 특집 12월 25일자 〈87 격동의 한해〉 시리즈 〈1〉 기사에 K, L이라는 이니셜로 소개했다.

안 변호사는 저자와의 인터뷰에서 "경찰 출신으로 권력 핵심기관[1]의 상층부에 있었던 L(이해구) 씨와 경찰 고위책임자인 K(강민창) 씨가 이들의 배후에서 조작 시나리오를 쓰고 직접 지휘했다"고 말했다. L 씨는 5·26 개각 때 장세동 부장과 함께 물러났고 K 씨는 검찰조사를 받았으나 형사 처벌은 모면했다.

이 같은 내용의 기사가 나간 뒤 K 씨와 L 씨로부터 사적인 경로를 통해 저자에게 항의가 들어왔다.

1988년 1월 초순에는 정구종 부장이 박종철 사건 1주기 특집을 만들어보라는 지시를 했다. 정 부장은 "작년에 정치 사회 분야를 발칵 뒤집어놓았던 사건이니 어떤 식으로든 점검을 할 필요가 있다. 사회면 톱으로라도 쓸 테니 취재를 해보라"고 말했다.

저자는 특집기사에 알맹이 있는 내용을 담기 위해 1월 8일 저녁 7시 서울 중구 정동 일식집 '대호'에서 안 변호사를 다시 만났다. 그와 가까운 임채청 기자가 동석해서 분위기를 잡았다. 술잔이 오가는 중에도 부지런히 안 변호사가 입을 열도록 설득했다. 임 기자도 설득을 거들었다.

"재야단체나 박 군 유족들은 안 검사를 은폐 축소 조작의 공범쯤으

---

1 민주화가 이루어졌지만 신문은 이때까지도 오랜 타성에서 안기부를 안기부라 못 쓰고 '권력 핵심기관' '모 기관'으로 쓰고 있었다.

로 오해하고 있다. 안 검사가 노력 많이 한 것을 우리는 알고 있다. 명예회복을 해야 정치도 할 것 아니냐. 이번 1월 14일 1주기가 일간지에서 갖는 마지막 관심일 것이다. 그 후에는 엄청난 게 터지더라도 월간지 소관으로 넘어가기 십상이다. 박 군 사건 수사로 좌천을 당한 정구영 광주고검장이나 신창언 서울고검 검사도 할 말이 많겠지만 그들은 현직에 몸을 담고 있어 침묵할 수밖에 없다. 안 변호사는 밖에 나와 자유스러운 입장이니 옛 상사들을 도와주어야 할 것이 아니냐. '오프 더 레코드' 발언을 하면 약속은 반드시 지켜주겠다."

대강 이 같은 요지로 말했더니 그가 다음 날인 9일 오후 4시 명지빌딩 변호사 사무실에서 인터뷰를 하자고 동의했다. '술 깬 뒤에 마음이 바뀌면 특집을 뭘로 메우나' 하는 걱정도 했으나 그가 인터뷰를 취소할 것 같지는 않았다.

인터뷰가 시작되자 안 변호사는 결정적 대목에서는 말꼬리를 돌렸지만 박종철 사건 수사에서 검찰 수사를 못하게 한 관계기관 대책회의의 존재와 검찰의 고뇌를 털어놓기 시작했다.

─박 군 사체 부검과 부검 감정서 작성 때 우여곡절이 많았다는데⋯.

"15일 아침 출근해서 수사검사로 지정을 받았다. 이날 오전 10시경 검찰에 올라온 변사사건 발생 보고는 책상을 '탁' 치니 '억' 하고 죽더라는 식이었다. 한양대 부속병원 부검현장에 가보니 당시 집도하기로 했던 한양대 부속병원 의사들이 아니라 경찰 조직의 일원인 국립과학수사연구소의 황적준 박사 팀이 와 있었다. 부검실 안팎에 사복경찰 30여 명이 와 있었다. 사체에 대한 묵념을 한 뒤 나는 지휘검사로서 '의혹을 살 여지가 있으니 경찰은 입회하지 않는 것이 좋겠다'며 부검실 안에 들어와 있던 10여 명의 경찰관들을 내보냈다. 황 박사 등 부검팀에 '국민적 관심이 쏠려 있는 주요 사건이니 정확하게 하자'고 당부의 말을 했다. 이어 유족대표 박월길 씨와 한양대 당직의사를 입회시켰다. 이것은 경찰 조직의 일원인 국립과학수사연구소 부검팀이 공정한 부검 감정서를 쓰지 않을 경우에 대비한 조치였다."

사체는 외견상 깨끗했으나 입을 벌리자 피가 괴어 있었다. 사체를 절개해나가자 피하출혈(皮下出血)이 발견되기 시작했다. 목 부분과 가슴 부분에는 일직선 형태로 피멍(피하출혈)이 있었다. 안 검사는 즉각 조사실 욕조 턱에 강하게 눌려 생긴 피멍이라는 판단이 들었다. 피하출혈 등이 발견될 때마다 유족대표와 한양대 입회의사에게 일일이 확인시켜 주었다. 고문치사가 명백했다.

안 검사는 부검이 끝난 뒤 황 박사를 옆방으로 불러 수사검사의 소견을 말하고 감정서도 이와 다른 결론이 나올 수 없다고 못박았다. 안 검사는 은근히 황 박사가 사실과 다른 감정서를 쓸까 봐 걱정했지만 그는 사실에 입각한 감정서를 작성해 검찰에 보내왔다.

"황 박사는 훌륭한 사람입니다. 부검 후 이틀 동안이나 '사인(死因)을 심장마비로 하라'는 치안본부 간부들의 압력을 뿌리치고 진실에 입각한 감정서를 썼습니다. 그가 압력에 굴복해 엉터리 감정서를 썼더라면 일이 어떻게 됐을지 알 수 없어요. 일부러 깎아내릴 생각은 없지만 인권상은 오연상 씨가 아니라 황 박사가 받아야 합니다."

오 씨는 박종철 고문치사 사건 진실 규명에 기여한 공로로 1987년 한국기독교교회협의회(KNCC) 인권위원회가 주는 제1회 KNCC 인권상을 받았다. 그해 12월 30일에는 『동아일보』의 '올해의 인물'로 선정됐다.

─수사 도중 사의를 표명했던 경위는….

"나는 진즉부터 검사를 그만두고 변호사 개업을 할 결심을 굳혀두고 있었다. 박 군 사건 수사가 마무리된 후인 2월 중순경 사표를 제출했다. 그런데 2월 27일 영등포교도소에 수감 중인 고문 경관과의 면담을 통해 조작 은폐 사실을 알고 나서 수사를 마무리짓기 위해 사표를 철회했다. 수사계획서를 몇 차례나 만들어 올려도 4월이 다 가도록 '수사 명령이 다음 주에 내려올 것 같다'는 언질만 있고 연기를 거듭했다. 이러는 과정에서 5월 17일 사제단 성명이 터져 나왔다."

─고문 경찰관이 3명 더 있다는 것을 알고 나서도 수사에 착수하지 못한 이유는 무엇인가?

"조한경 경위 등이 심경 변화를 일으켜 고문범행의 전모를 털어놓은 직후 수사계획서를 올렸지만 수사 명령이 떨어지지 않았다. 검찰은 부천서 성고문 사건을 예로 들며 진상을 밝혀야 한다는 입장이었지만 시일이 흐르며 사건을 덮어버리려는 기도가 시작됐다. 외부의 압력으로 검찰은 손발이 묶여버렸고 경찰은 의정부교도소에 수감 중인 2명의 고문 경찰관을 상대로 회유와 협박 작업을 진행했다."

─사제단 폭탄 성명이 나왔을 때 검찰 반응은….

"현실적으로 3명의 고문 경관을 추가 구속하기 전에는 재판을 진행할 수 없어 조한경 경위와 강진규 경사에 대한 공판을 계속 미루었다. 경찰은 형량 조정과 금전적 배려를 통해 두 명의 입을 막는다는 전략이었겠지만 1, 2심을 원만하게 진행할 수 없는 형편이었다. 이것은 법률 이전에 도덕과 양심의 문제이기도 했다. 경찰의 은폐작전에 동조할 경우 검찰과 사법부로서는 범인은닉과 직무유기의 죄책을 면할 길이 없다. 이런 상황에서 사제단 성명이 나왔을 때 솔직히 백만원군(百萬援軍)을 얻은 심정이었다."(범인이 축소 조작된 사실을 알고도 석 달 가까이 수사를 하지 않고 있었던 것도 엄밀히 말하면 직무유기에 해당한다. 그는 이 인터뷰를 하고 난 뒤 대검 중앙수사부에서 직무유기와 관련한 혐의를 집중적으로 조사 받았으나 처벌은 받지 않았다.)

－사제단에 고문 범인 축소 조작 정보가 들어간 경로를 아는가?

"가족과 변호사들을 통해서 들어갔을 것으로 추정된다. 시일이 흐르면 좀 더 구체적이고 자세한 정보가 나오지 않겠는가."(이부영 씨는 2012년 박종철 25주기 기념식에서 당시 영등포교도소에 근무했던 안유 보안계장과 한재동 교도관을 데리고 나와 김승훈 신부에게 편지가 전달된 과정을 처음으로 상세히 공개했다.)

－첫 수사에서 고문 경찰관이 3명 더 있다는 것을 밝혀내지 못한 점은 명백한 수사 잘못이 아닌가?

"1월 20일 경찰로부터 사건을 송치받아 22일까지 3일 동안 영등포교도소에서 연행시간, 전기고문 여부, 유류품, 고문 과정을 조사했다. 조사를 진행해 나가던 중 23일 오전에 '24일 중으로 기소하라'는 명령이 내려왔다. 기소만기를 15일이나 남겨놓고 수사를 종결하라는 것은 이해할 수 없는 명령이었다. 관계기관 대책회의에서 결정된 방침이었다. 치안본부 대공수사2단에서 현장 검증도 하지 못했다. '함께 근무하던 동료 경찰관이 수갑 차고 범행을 재현하는 모습을 볼 수 없다'며 치안본부에서 완강한 거부 반응을 보였다. 검찰 상부에서도 범행을 이미 자백했으니 범인 없는 간단한 실황조사만으로 충분하지 않느냐며 현장 검증을 못하게 했다. 실황조사 때 대공수사2단에서 황정웅 경위, 반금곤 경사, 이정호 경장을 조사했으나 신랄하게 추궁할 분위기도 아니었고 기소를 하루 앞둔 시점에서 시간적 여유도 없었다. 이들은 미리 써놓은 시나리오대로 진술한 것이다."

-초동수사를 경찰에 맡긴 것은 범인을 은폐 조작할 시간적 여유를 준 것이 아닌가?

"검찰이 16일부터 참고인 조사 등 내사를 진행하는데 17일 관계기관 대책회의에서 경찰 자체 수사로 결론이 났다. 당시의 권력구조상 검찰이 독자적 기능을 충분히 행사할 수 있는 상황이 아니었다. 당시 권력기관에서는 검찰을 형사소송법상의 수사 주체로 인정하지 않고 법무참모쯤으로 취급하는 그릇된 인식이 팽배했다."

-유족들은 아직도 박종철 군의 연행 시각과 전기고문 여부에 대해 의혹을 품고 있는데….

"수사검사로서 그것만은 검찰 발표가 맞다고 단언할 수 있다. 박 군은 1월 14일 아침에 연행됐다. 또 엄지와 검지 사이에 생긴 반점은 고문에 저항하는 과정에서 생긴 피하출혈이다. 폐에서 나타난 출혈 반점도 고문의 충격으로 폐혈관이 터진 것이다. 명백히 전기고문은 없었다."[2]

저자가 안 변호사의 인터뷰 기사를 넘기자 전만길 차장이 황 박사 관련 내용을 좀 더 구체적으로 물었다. 정구종 부장과 전 차장은 황 박사를 만나봐야 한다는 의견이었다. 무선호출기 삐삐를 통해 치안본부에 출입하던 정동우 기자가 호출됐다. 정 기자는 저자의 동기생이

---

2 『동아일보』 1988년 1월 12일자 기사와 『신동아』 1988년 2월호 〈1년 만에 다시 밝혀진 박종철 사건의 진상/박종철 사건은 살해 직후 조작되었다〉를 토대로 작성했다.

었다. 두 동기생의 콤비 플레이로 박종철 사건 3탄의 특종이 터져나왔다. 이 기사가 신문에 실린 날 김병관 사장과 남시욱 국장이 정 기자와 저자에게 격려 술자리를 마련해줬다.

26
강민창의 압력 뿌리친 황적준의 일기

    정동우 기자가 황 박사(당시 42세)를 만난 것은 박종철 1주기를 사흘 앞둔 1월 11일 오후였다. 그는 그날 부검 일정이 없어 하루 종일 사무실에 있었다. 나이가 들었을 것으로 생각하고 찾아갔으나 예상보다 젊고 진실해 보였다. 양심과 지성이 마비된 권력에 의해 죽어나간 한 젊은 대학생에 대한 이야기를 하면서 서로 공감하는 대목이 많았다. 정 기자는 계속해서 이 사건이 한국 현대사의 한복판에서 얼마나 중요한 의미를 갖고 있는지, 그리고 부검을 통해 고문치사를 밝혀낸 황 박사의 용기를 칭찬했다.

    이때 황 박사가 당시 자신이 겪었던 일을 기록해 두었던 1987년 1월의 일기장이 있다는 이야기를 꺼냈다. 정 기자는 순간 귀가 번쩍 뜨이며 섬광 같은 게 머리에서 번쩍하고 빛을 발하는 것 같았다. 그렇지만 그 일기장에 강하게 집착하는 듯한 반응을 보이면 안 된다는 생각이 들었다. 황 박사는 자신의 체험을 일기로 정리해둔 이유에 대해 후일 공개하기 위해서라기보다 진실을 기록하는 차원에서였다고 밝혔다.

정 기자가 박종철 사건 관련 부분을 복사하고 싶다고 말하자 황 박사는 보여줄 수는 있지만 복사나 빌려주는 것은 안 된다고 말했다. 자신의 일기를 타인이 갖고 있는 게 싫다는 이유였다.

기자 정신은 쉽게 포기하지 않는 끈기이고, 한번 물면 안 놓는 정신이다. 사무실 유리창을 비추던 햇볕이 겨울 초저녁의 어스름으로 바뀔 때까지 두 사람은 서로의 직업이 갖는 애환과 보람, 심지어는 가족 관계에 이르기까지 대화를 나누었다.

그리고 마침내 황 박사가 일기장을 복사해주었다. 일기장 내용을 신문에 쓸 수 있다고 말하자 일기에 등장하는 몇몇 지인들에 관한 부분은 쓰지 말라고 부탁했다. 그도 이 일기장이 엄청난 반향을 몰고 오리라는 예상까지는 못 했을 것이다.

황적준 박사의 일기

〈1월 15일〉

오후 4시 40분경 이기찬 경정으로부터 '치안본부장 지시이니 부검팀 구성하라'는 요청을 받고, 서○○과 기△△에게 연락하였으나 모두 도착하지 않음.

오후 5시 30분경 구연반 계장 고영창 조가 온양 부검이 취소당해 귀사, 이들에게 지시하여 부검팀을 구성(황적준, 구연반, 고영창, 한한수).

오후 6시경 연구소 출발, 20분 후 치안본부에 도착 후, 바로 본부장실로 갔으나 5차장(박처원) 방으로 안내되었다. 이때 5차장은 박 군이 쇼크로 사망하였을 거라고 설명하였으며 전혀 외상이 없고 3~4회 욕조에 갔었으니 익사일 것이라고 설명.

유가족이 원치 않는 부검을 말썽의 소지를 없애기 위해 경찰병원에 안치하던 시신을 한양대에서 부검하기로 하였으며 그 병원 의사를 입회시키기로 하였다고 말하였다.

소장으로부터 저녁식사 후 경찰병원에 가서 대기하라는 지시를 받음. 치안본부 근처 다방에서 대기하는 부검팀과 경찰병원 근처 설렁탕집에서 저녁식사 후 바로 한양대 부속병원 영안실에 도착(7시 30분경). 약 한 시간 동안 영안실 아래 간이매점에서 커피를 들면서 기다리다.

밤 8시경 대공과 유 경정, 전 총경 등 수사관들이 도착하였고, 약 30분 후 영구차에 실려 변사체가 도착, 곧이어 한양대 박동호 교수가 가운 차림으로 도착. 8시 40, 50분경에 안상수 검사와 입회 서기 도착하여 인사 교환. 변사체가 부검대에 밤 9시경에 운반되고 안상수 검사 지휘하에 입회자(박 군 삼촌, 박 교수)만 남고 모두 나갈 것을 명하였음.

약 30초간 묵념 후 부검 시작. 그때가 21시 5분으로 부검 차트에 기재. 22시 25분경 부검 완료 후, 영안실 사무실에서 안상수 검사, 나 그리고 약 5분 후 구연반을 참석시켜 소견에 대하여 설명(약 40분간). 외상부위 및 사인에 대하여 그 소견을 명쾌하게 안 검사에게 설명하고 경부압박에 의한 질식사임을 배제할 수 없다고 말한 후 헤어짐.

5차장 차에 승차 후 여러 가지 질문을 받았으나 치안본부에 가서 설명하기로 하고 말없이 본부에 도착(11시 30분경).

본부장(와이셔츠 차림) 그리고 1~4차장 등과 소장이 기다리는 본부장의 소집무실에 도착 후 수고했다는 격려를 받은 후 곧 부검 소견을 설명. 모든 사실을 듣고 난 후 간부들 사이에서 여러 의견들이 속출, 그러나 가장 큰 이슈는 16일 오전 8시 30분에 있을 '본부장 기자회견'에 대한 부검 소견의 요약이었음.

〈1월 16일〉

0시, 이러한 상황에서 윤 소장과 나는 소집무실에 달린 응접실에 단독 대좌하여 외상에 대하여 의견을 집약 설명하였고, 다시 간부들 방에 들어가 구체적으로 설명을 하였음. 그 자리에서 5차장은 모든 외상을 삭제토록 요구. 4차장은 서울지검 공안부와 협조가 되었으니 검찰 쪽은 걱정하지 말라고 설득하였고 그 외 거기에 있던 차장들도 모두 없었던 것으로 하자고 의견을 개진. 새벽 2시가 좀 지나서 윤종진 소장께서 우선 아침 8시 30분에 있을 기자회견부터("불부터 끄자"라고 표현) 처리한 후 사태 진전을 보아가며 처리하자고 제의. 그러나 부검 감정서는 정확히 기재한다는 조건이었음(약 새벽 3시경).

본부장 이하 그곳에 참석한 모든 간부들이 동의한 후 기자회견 발표문 작성에 착수. 착잡한 심정으로 부검 소견에 대하여 다음과 같이 표현하는 것을 동의. 발표문 작성 후 새벽 3시 30분경 한한수 씨의 작업으로 공개할 사진을 인화하였다(아침 7시).

아침 7시 20분께 소장을 깨워 치안본부장실로 직행. 7시 40분경에 본부장실에 도착했다. 잠옷 바람의 본부장께서 그 사진을 보고 만족한 표정을 지었다. 그 후 본부장 소집무실에서 대기(오전 11시까지).

11시경 4차장이 들어오면서 동아일보 사회부 기자가 입회자인 박 교수 및 그 삼촌과 인터뷰한 사실에 대해 정보를 받았다면서 동아일보 편집국장을 만나러 간다고 말한 후 사라짐. (4차장과 약 15분간 대화 중에 모든 걱정은 말고 소신껏 없던 것으로 하라고 설득) 14시경 받아본 동아일보에는 박 교수 및 삼촌이 부검 시 목격한 상황에 대하여 비교적 상세히 보도. 이때부터 나는 사실이 밝혀지고 있구나 하는 판단을 했고 어떠한 일이 있어도 감정서만은 사실대로 기술해야겠다고 결심.

본부장 소집무실 및 5차장실을 왕래하면서 대기하는 동안 각 차장들이 쇼크로 사망하였다고 감정하도록 은근히 강요하기 시작. 15분경에 소집무실에서 본부장 5차장 4차장 2차장이 소장과 나에 대하여 무리한 강요를 시작. 19일까지 감정서를 '심장 쇼크사로 보고하도록 강요 및 회유. 소장께서는 감정서 작성 시간을 길게 달라고 요청하면서 병리조직학검사 및 독물검사 결과가 늦게 나오므로 10일 이상 시간이 필요하다고 주장.

결론을 맺지 못하고 16시 30분경 본부장께서 목욕이나 하라고 하면서 소장께 봉투(100만 원이 들어 있었음)를 전달. 인사하고 나오는데 "당신 은혜는 잊지 않겠다"고 하는 말을 나는 듣다.

본부장실에서 나온 후 소장과 나는 여의도 호텔로 향했다. 17시 10분경 여의도 ○○호텔에서 회동한 소장과 나는 이 문제에 대하여 의견을 개진, 소신껏 하겠다는 나의 표현에 소장은 난색을 표명하면서도 '감정의 권한은 네게 있다'고 말하면서 알 듯 모를 듯한 내용의 말을 하였음. 약 20분간 대화 후 나는 여의도백화점에 있는 형님 사무실로 의논차 갔으나 못 만나고, 연구소로 돌아오니 신문기자들이 왔다 갔다는 보고를 받음.

19시 20분경 집으로 돌아온 나는 잠자리에 누웠으나 잠이 오지 않고, 계속 기자들로부터 전화만 걸려옴. 20시 20분경 김주필[1] 집에서 장병기, 장광종을 만나서 이 문제에 대해 의견을 나누었음.

22시 30분경 김주필 집에서 나와 한강호텔 앞 포장마차에서 소주 2병을 셋이서 나누어 마신 후 23시 30분경 집으로 돌아와 곧 잠자리에 누웠으나 잠이 오지 않음. 집에서는 내 사랑하는 정희가 겉으로 나타내지 않은 깊은 사랑을 내게 던지고 있음을 알 수 있었고, 애들은 영문도 모르고 깊

---

[1] 황적준 박사의 친구로 산부인과 원장.

은 잠에 취하고 있었음.

〈1월 17일〉
아침 6시 10분경 기상, 상쾌한 마음으로 집사람과 원희 명희를 차에 태우고 스케이트장에 데려다 주면서 '정의 편에 서서 감정서를 작성하겠다'고 내 가족에게 밝힘.

8시 40분경 집에서 나옴. 나오기 직전 연구소 소장실로 전화하여 서울대 법의학교실에 들러 가겠다고 연락. 9시 20분 이정빈 교수를 만나 이번 사건을 설명, 타협할 수밖에 없는 상황이라는 말을 나에게 하여줌. 그때 예방의학교실에 안윤옥 교수가 들어왔고 상황 설명을 들은 후 정의의 편에 서도록 완곡한 표현을 씀.

10시 10분경 서울대 법의학교실을 나오면서 사실은 사실대로 밝혀야겠다고 자신 있게 말한 후 연구소로 출발. 도중에 여의도 형님 사무실에 들렀으나 못 만남.

10시 50분경 연구소에 도착. 곧바로 소장님실로 갔더니 기다리고 계신 듯 12시에 원효로 라돈 사우나에서 5차장 인사교육부장을 만나도록 약속이 되었다고 전하였음. 11시 10분경 연구소를 출발, 원효로 라돈 사우나 커피숍으로 향하였고, 소장은 내 차 앞자리에 승차, 경인고속 영등포 기점에 왔을 때 소장에게 '감정서는 사실대로 쓰겠습니다'라고 보고하니 소장께서는 '그러면 이 사람들은 만날 필요가 없다'고 하였음.

11시 30분경 커피숍에 도착, 커피를 마시며 대화. 소장의 설득이 이때부터 시작. 12시가 조금 넘어서 5차장이 도착하고 그 후 약 40분 지나 인교부장 도착. 곧 왕실이라는 한식집 밀실에서 5차장 인교부장 소장 그리고 나 모두 4명이 대좌하여 식사하면서 의견을 개진. 인교부장(안희상 경무관)의 이야기 골자는 모든 외상은 없게 하고 질병으로 사망한 것으로 감정서를 작성하도록 강요. 5차장은 말이 없고 소장은 모든 외상은 인정하되 사인만은 폐병변으로 하자고 제의.

16시 20분까지 왈가왈부 대화를 하였으나 결론을 못 맺고 헤어짐. 그때 나는 이미 결심을 굳힌 상황이라 후련한 마음이었음. 헤어진 후 곧 여의도 사무실로 감(17시경). 형님과 이 사건에 대하여 의견을 나눈 후 내 차로 배재욱[2] 검사를 만나러 구반포로 직행(17시 40분경).

구반포 카페에서 만나 이 문제에 대하여 상의. 검사의 입장을 전해 듣고, 이 문제는 정치적 문제이므로 신중히 처리토록 하라는 말만 들음. 약 30분간 이야기를 나눈 후 다시 여의도로 오는 도중에 형님은 '사실대로 말하는 것이 내 생각이다'라고 걱정을 하여줌. 여의도 사무실에 도착한 후 곧 이대일 교수님께 전화를 드리고 '찾아뵙겠다' 말씀드린 후 이 교수님 댁으로 직행(19시경).

19시 30분경 이 교수님 댁에 도착, 사건 전모를 말씀드린 후 사건 처리에 대하여 조언을 구함. 이 교수님은 '사실대로 밝히는 것이 자네가 떳떳한 행동이다'라고 한마디로 표현. 약 40분간 이야기한 후 21시 20분경에 집에 도착. 소장에게서 전화 왔고 워커힐 호텔 칵테일 숍에서 오후 10시에 만나자고 하였음. 21시 55분경 칵테일 숍에 도착하였으나 아직 소장님은 도착하지 않아 맨해튼 한 잔을 마심.

약 15분 후 도착한 소장은 '모든 사실을 정확히 밝히겠다'고 차장께 최종 보고하였다고 함(오후 4시 30분경이었다고 함). 소장이 3차장과 대화하여 국립과학수사연구소에서 이 문제에 대하여 어느 정도까지 묵인하여 줄

2 서울지검 특수부 검사. 청와대 사정비서관(김영삼 정부).

수 있는가에 대하여 질문을 받았다고 하였고, 외상은 사실대로 기재하되 사인만 자연사 쪽으로 황 박사에게 유도하겠다고 하였다 함.

모든 것이 사실대로 판명되도록 분위기가 바뀌었으므로 오늘 밤은 마음껏 술이나 먹자고 하였음. 맨해튼을 석 잔째 마실 때, 소장에게 워키토키로 연락이 옴.

신길동에 있는 신길산업으로 황 박사를 보내고 조서 받을 준비를 하고 오라는 통보였음. 22시 30분경 워커힐을 떠나 23시 10분경 연구소 도착.

〈1월 18일〉

부검 차트와 사진을 가지고 0시 5분경에 신길산업(특수수사2대)에 도착.

이미 중앙대 부속병원 오 박사와 한양대병원 박 교수는 신문조서를 끝내고 귀가 조치되고 있는 상황이었다.

0시 40분경부터 2반 김기평 수사관에게 참고인 조서를 받기 시작하여 4시 10분경에 끝남. 6시 30분경에 잠자리(신문실 간이침대)에 든 후 7시 50분경에 전 주임이 깨워서 일어났고, 그때 소장으로부터 전화가 왔음.

16시 20분경 신길산업을 나와 치안본부 수사부장실로 직행하였음. 이때 신길산업 정문에는 신문기자가 7, 8명이 있었고, 5, 6명이 나를 에워쌌으나 곧 풀어주었음(맘속으로는 쾌재).

17시 10분경 수사부장실에 도착. 약 30분간 기자를 피해 3차장 응접실에 피신. 19시 20분경 안상수, 신창언, 이 검사[3]를 만나 부검 소견에 대한 의문점을 보완.

우측폐 하엽 하면에 생긴 출혈반에 대한 논리적인 설명을 요구.

3 박종철 사건 수사를 지원한 특수부 이승구 검사.

슬라이드를 보지 못하였기 때문에 결론을 맺지 못하였고 20시경 법의학실 이영보에게 연락하여 박 군의 장기조직(폐, 심, 신, 비)에 대한 '플랑크톤' 검사를 하도록 전화로 지시한 후, 수사부장실에서 연구소로 직행(특수 2대 대장 승용차를 이용). 연구소에 도착하니 슬라이드는 이미 작성되어 보관 중이었고, 박 군 부검 시 채취된 조직의 일부를 절편하여 플랑크톤 검사를 하도록 병실3실 문 옆에 보관한 후, 내 방으로 와서 병리조직에 대한 마이크로스코픽 리딩을 시작.

소견은 예상했던 대로 경부에 광범위한 출혈이 있었고, 특히 식도 부위에서 출혈하여 경부압박에 의한 질식사에 대한 신념은 확고해졌음. 놀랄 만한 사실은 폐조직에서 활동성 폐결핵이 발견되었는데 부검 시에는 확인되지 않은 소견이었으며 폐하엽의 하면에 발생한 출혈반은 이것으로 설명이 가능하리라고 믿었고, 더욱이 '천안 안명숙' 건[4]으로 인하여 폐 출혈반에 대한 발생기전을 경험하였거나 가능성을 확인할 수 있었음.

약 1시간 후 다시 수사본부장실로 올라가 소장, 신창언 부장검사, 안상수 검사에게 폐에 생긴 출혈반에 대해 논리적으로 설명. 그러나 이해를 못하는 듯 많은 질문을 하였음. 소장님만은 수긍하면서 발생기전에 대해 좀더 정확한 설명을 하여주었음(11시 40분경).

광주민주화운동 7주기에 명동성당에서 발표된 사제단 성명의 8항은 '이 사건 조작에 개입한 모든 사람은 처벌되어야 한다'이다. 이 성명은 강민창 치안본부장이 사건 은폐 및 범인 조작에 개입한 것이 확

---

4 천안에서 익사한 안명숙 씨 부검에서 폐 출혈반이 발견됐듯 박종철의 폐에서 발견된 출혈반도 물을 먹어 생긴 것이라는 설명.

실하다는 주장도 적시하고 있다. 그러나 문제는 증거였다.

박종철 사건이 발생한 지 1년 만에 나온 부검의사 황적준 박사의 일기는 강 본부장의 범행을 입증하는 스모킹 건이었다. 『동아일보』 보도가 나간 뒤 대검중앙수사부(부장 김경회 검사장)는 1월 13일 오후 황 박사를 참고인으로 불러 조사한 결과 "일기장의 내용은 거의 사실인 것 같다"고 밝혔다. 이어 강민창 전 치안본부장 등을 소환해 박종철의 사인을 변경하도록 회유 또는 압박을 했는지에 대해 집중 신문했다.

수사 결과 검찰은 강 전 본부장이 박종철의 부검이 끝난 1월 15일부터 다음 날 새벽까지 황 박사로부터 '경부 압박 질식사'라는 소견을 듣고도 즉각 타살 혐의에 대한 수사를 하지 않고 오히려 부검 감정 소견의 변경을 요구했다는 점을 확인했다. 이에 따라 1월 15일 밤 강 전 치안본부장을 직무유기 및 직권남용 혐의로 구속해 수감했다. 전직 치안총수가 구속된 것은 4·19 이후 28년 만에 처음 있는 일이었다.

박종철 사건 축소 조작과 은폐를 최종 결정한 관계기관 대책회의의 최종 멤버는 안기부장, 안기부 국내담당 차장, 법무부장관, 내무부장관, 검찰총장, 치안본부장, 청와대 수석비서관 등이다.

〈1년 만에 다시 밝혀진 박종철 사건의 진상/ 박종철 사건은 살해 직후 조작되었다〉는 기사가 게재된 『신동아』 1988년 2월호에는 박원순 변호사의 〈'박 군 사건 은폐' 고위층 엄단해야〉라는 글이 함께 실려 있다. 박 변호사는 이 글에서 '범죄 수사에서 유일한 수사 주체로 법적 보장을 받고 있는 검찰총장이 그 지휘하에 있는 치안본부, 모 수사기관(주=안기부) 등의 의견에 굴복했다는 결론이 되고 만다'고 지적하고 관계기관 대책회의 참석자, 회의 일시와 장소, 결정 내용 등이 샅샅이 밝혀져야 한다고 주장했다.

6·29선언 후에 벌어진 일이었지만 언론도 관계기관 대책회의의 구성원을 거론하면서 안기부라고는 못 쓰고 '모 수사기관'이라고 쓸 정도였다. 안기부라는 수사와 보도의 성역이 깨진 것은 민주화 이후 한참 뒤의 일이다.

검찰은 모 수사기관이나 검찰의 자체 직무유기는 조사하지 않았다. 김경회 중앙수사부장은 "검찰이 외부의 압력으로 은폐 조작 사실을 알면서도 수사에 착수할 수 없었다"는 안상수 변호사의 발언에 대해 "새로운 사실이 없어 현재로서는 조사의 필요성이 없다"고 밝혔다. 4, 5차례나 수사계획서를 올렸으나 외부 압력으로 수사 명령이 내려오지 않았고, 기소 만기를 15일이나 남겨놓고 수사를 종결하라는 결정은 관계기관 대책회의에서 내려진 것이라고 당시 수사검사가 밝혔는데도 강 본부장만 구속하고 검찰과 안기부는 성역으로 남겨둔 것이다.

1월 18일자 『동아일보』 사설은 '우리는 검찰 발표를 납득하지 못한다. 관계기관 대책회의 구성원은 누구이고, 그 회의는 어떤 식으로 운영되며 어떻게 집행되는가. 이 사건이 단순히 검찰 경찰의 영역을 넘어선 고위의 핵심적 권력기관의 개입을 뜻한다'고 안기부의 개입 사실을 지적했다.

사회면 두 페이지를 뒤덮다시피 한 안상수 황적준 기사가 나가자 기자들이 안 변호사 사무실로 몰려왔다. 그는 『동아일보』 인터뷰에서 했던 이야기를 반복했다.

그런데 사태는 거기서 끝나지 않았다. 노태우 대통령 당선자는 "일말의 의혹도 남기지 말고 진실을 규명하라"고 촉구했다. 검찰 일각에서는 "수사검사로서 사건 수사를 제대로 못해놓고 폭로 증언을 해 검찰의 명예를 훼손했다"고 그를 비난했다.

인터뷰를 했다가 박종철 사건 3차 수사에 휘말려든 안 변호사는 저자가 거는 전화도 받지 않았다. 그는 "황 기자(저자)가 질문한 내용을 내가 말한 것처럼 썼다"고 검찰과 출입기자들에게 설명했다. 저자는 인터뷰 당시 그가 하는 말을 속기사처럼 꼼꼼히 받아 적으며 단어 하나 토씨 하나에도 신경을 썼다. 하지만 안 변호사의 어려운 입장을 충분히 이해하고 대응을 하지 않았다.

안 검사를 조사한 중앙수사부 1과장이었던 이진강 변호사의 증언에 따르면 검찰 상부의 지시는 안 검사가 축소 조작을 알고서도 제대로 수사를 안했으니 직무유기 혐의로 구속수사하라는 것이었다. 검찰과 법무부의 상부는 안 검사가 박종철 사건 재수사를 한 현 검찰 고위층을 어렵게 하려는 정치적 의도를 가지고 있다고 의심했다. 그러나 오해가 풀리면서 안 변호사는 구속을 면할 수 있었다. 다음은 안 변호사의 회고다.

3차 사건의 소용돌이에 휘말리는 동안 나의 변호사 업무는 거의 정지 상태였고 의뢰인은 뚝 끊겨 버렸으며 의욕적으로 시작했던 새 생활은 엉망진창이 되고 말았다. 안기부에서 전화 도청을 하는 듯 수화기를 들면 치직거리는 소리를 내다가 끊어지곤 했다. 신창언 부장도 비슷한 상황이라고 했다. 입맛도 없고 잠도 잘 오지 않았다.[5]

저자는 안 변호사가 다소 시일이 지나면 자신의 명예, 그리고 우리 사회의 민주화를 위해 그때 인터뷰를 하길 잘했다는 생각이 들 것이

5 안상수 책 311쪽.

라고 자위했다. 그는 후일 임채청 기자의 주선으로 1995년 3월『동아일보』에서 '박종철 사건 수사검사의 일기'라는 부제가 붙은《이제야 마침표를 찍는다》는 책을 출간했다.

그는 대검 중앙수사부의 수사를 받고 나서 "황 기자(저자)가 던진 질문을 내가 한 답변처럼 썼다"고 불만을 터뜨렸지만 이 책의 내용은 『동아일보』기사가 틀리지 않았음을 7년 만에 인정한 셈이다. 그는 책을 내고 1년 만인 1996년 15대 국회의원(신한국당) 선거에 출마해 4선 의원을 지내고 지금은 창원시장으로 일하고 있다.

황적준 박사는 중요 사건의 살아 있는 증인이다. KAL기 폭파사건의 김승일, 6월항쟁에서 숨진 이한열도 그가 부검을 했다. 오대양 사건 때는 무려 31명을 부검했다. 부검 결과 오대양 간부 3명이 신도 28명을 교살하고 자살한 사건으로 밝혀졌다.

황 박사는 강민창 본부장의 압력을 폭로한 일기가 『동아일보』에 보도되자 경찰 조직에는 더 남아 있을 수 없다고 판단하고 바로 그날 사표를 제출하고 그만두었다. 그리고 2년가량 놀다가 모교인 고려대 의대 법의학교실의 교수가 됐다. 그는 박종철 부검 이전에도 일기를 간단한 메모 형식으로 쓰곤 했다. 박종철 사건 때는 기록할 내용이 많아 일기를 길게 썼다.

"법의학에서는 증언의 신빙성과 관련해 기억을 되살리는 데는 한계가 있다고 가르칩니다. 기억이 생생할 때 역사적 사건의 정확한 기록을 남겨두자는 생각이었죠."

그는 정동우 기자에게 답변을 할 때도 날짜와 시간 등을 정확히 말하기 위해 이 일기를 보면서 했다. "정 기자가 인터뷰를 마치고 나갔다가 다시 돌아와 일기를 카피해 달라더군요. 그래서 이미 다 이야기한 내용이니 일부 관련자의 이름만 지우고 카피를 해줬다"고 회고했다.

일기를 복사해준 경위에 대해서는 정 기자가 당시 생생한 기억을 바탕으로 쓴 취재기와 30년 만에 돌아보는 황 박사의 회고가 디테일에서 약간 다르다. 역시 황 박사가 말한 대로 사람의 기억력에는 한계가 있는 모양이다.

그는 "황 박사의 일기가 젊은이들에게 어떤 가르침을 줄 수 있다고 보느냐"고 묻자 "지식인과 전문직업인들이 직업윤리를 지키고 맡은 바 역할을 충실히 한다면 우리 사회가 바로 서고 맑아질 것"이라고 말했다.[6]

---

6 2017년 3월 14일 황호택의 황적준 인터뷰.

6

사회적 기억과
언론의 역할

27
1987년 세대의 기억과 정치의식

고려대 심재철 교수는 『사회과학연구』(2009) 제35권 제2호에 실린 〈박종철 사건 보도 이후의 국민적 정서구조와 한국 민주화 의제형성의 상황모델〉이라는 논문에서 "대다수 언론인을 포함해 보수적인 한국의 지배 엘리트들은 '숨을 쉬기조차' 어려웠던 군사정권하에서 박군 사망의 진실을 폭로한 당시의 언론보도가 한국 민주화의 촉매역할을 했다고 평가한다"고 기술했다.[1]

논문은 박종철 고문치사 사건이 일어난 1987년 20세 이상의 서울 시민 100명을 심층 인터뷰했다. 이 인터뷰 내용을 근거로 설문지를 만들어 서울 전체 시민을 대상으로 500명을 무작위로 뽑아 박종철 사망 사건에 대해 무엇을 얼마나 기억하고 있는지를 전화로 인터뷰했다. 1988년 서울올림픽 개최를 기억하는 사람은 97%였고 박종철의 이름을 기억하는 사람도 90%나 됐다. "'탁' 하고 쳤더니 '억' 하고 죽

1 『사회과학연구』(2009) 제35권 제2호 139쪽.

었다"는 강민창 치안본부장의 기자회견 발언을 기억하는 응답이 70%였고 "철아 잘 가그래이. 이 아버지는 할 말이 없다이"("동아일보』 1987년 1월 16일자 〈창〉)를 기억하는 사람은 62%였다.

박종철 사건에 대한 1987년 1월부터 6월까지와 1988년 1월부터 2월까지 두 기간에 걸친 뉴스 보도는 당시의 정치상황에 대한 상황모델을 서울시민의 장기 기억장치에 입력해 놓았다고 볼 수 있다. 그리고 간과하지 말아야 할 사실은 신문의 특종과 연이은 보도가 한국 민주화에 기여한 공로를 서울시민 대다수가 인정하고 있다는 것이다.

1980년대 민주화운동은 다양한 세대와 계층을 포괄해 전개되었다. 그럼에도 불구하고 '386세대'가 80년대 민주화운동에 크게 기여한 공로는 인정해야 한다. 386세대는 1980년대에 대학생활을 했고 1960년대에 출생한 세대로, 연륜이 축적됨에 따라 1990년대는 486, 2000년대는 586으로 불렸다. 그러나 이 세대가 노무현 대통령 집권기간(2003~2008년)에 정치의 핵심세력으로 등장하면서 정치화한 386세대의 이미지를 둘러싼 정치적 논란이 우리 사회에서 그치지 않았다.

김귀옥과 윤충로는 《1980년대 민주화운동 참여자의 경험과 기억》(2007, 민주화운동기념사업회)에서 6월항쟁 당시 시위의 적극적 참여자는 20대 30대 청년층, 특히 당시 20대 중반에서 30대 초중반의 청년층이었다고 분석했다. 또한 학력별로 볼 때 가장 참여도가 높은 집단이 대졸 이상으로, 대학 및 대학원졸 이상의 69.4%가 6월항쟁에 적극적으로 참여했다.[2] 두 연구자는 '정치수사적 386세대 담론과 현실에서의 다수 386세대가 지닌 정체성이 현격한 차이를 지녔다'면서 '이

2 김귀옥 윤충로의 책 90쪽.

들에게 과거의 운동 경험은 자부심의 커다란 원천이었으며, 진보의 희망은 아직도 유효하다'고 분석했다.

2017년 2월 7일 『동아일보』의 《대선 균형추…80년대 민주화 주역서 캐스팅 보트로》라는 이재명 기자의 기사는 1987년 민주화 운동을 겪은 세대의 정치의식에 대해 중요한 시사점을 보여준다. 대선 지형이 야권으로 급격히 기울어진 데는 최순실 국정개입 사건도 결정적 영향을 미쳤지만 386세대가 대거 50대로 진입한 것과 무관치 않다는 것이다. 과거 50, 60대는 여권 성향으로 분류됐지만 지금의 50대는 민주화운동이라는 그들만의 독특한 경험을 보유하고 있어 50대로 접어들어도 보수화하는 효과가 나타나지 않고 있다는 것이다.

이 기사에 인용된 김민전 경희대 후마니타스칼리지 교수는 "1987년 민주화운동의 주역인 50대에선 연령 효과보다 코호트(cohort·통계적으로 동일한 행동양식을 공유하는 집단) 효과가 더 크게 나타날 수 있다"고 말했다.

에필로그

붓으로 싸운 민주화 투쟁

  박종철 고문치사 사건이 6월항쟁으로 이어지기까지 무엇보다 그 시대를 치열하게 살아간 학생들의 희생이 컸다. 김수환 김영삼 김대중이라는 민주화의 설계사들을 중심으로 각계가 힘을 합쳤지만 민주화의 열기를 지면에 결집시켰던 언론도 중요한 역할을 했다.

  진보적 정치학자인 최장집[1] 고려대 교수는 저서 《한국 민주주의의 조건과 전망》에서 한국에 민주화를 가져온 1987년 6월항쟁에서 당시 언론의 역할이 지대했다고 긍정적으로 평가했다.

  일제하 민족독립운동으로까지 거슬러 올라갈 필요도 없이 언론은 전술한 대로 한국 현대사의 결정적 계기에서 지대한 역할을 수행해왔다. 이것은 언론의 비판적 기능이 얼마나 중요한가를 보여주는 예증들이다.

---

1 고려대 정외과를 나와 미국 시카고대학 대학원에서 박사학위를 받았으며, 김대중 정부 시절 대통령자문 정책기획위원회 위원장을 지냈다.

1987년 6월항쟁과 군부 권위주의의 해체를 가져오는 데도 역시 양심적이고 비판적인 언론의 역할은 커다란 기여를 하였다.[2]

『동아일보』는 1987년 1월 박종철 사건 발생 이후 사체를 부검하는 법의학 현장에서부터 대학생들의 함성과 절규가 뒤범벅이 된 시위 현장에 이르기까지 실체적 진실을 추구하는 탐사보도를 계속했다. 또한 국회 및 정치권과 재야 학원 종교계의 움직임 등 관련 기사를 박종철 추도회가 열린 2월 7일까지 20일 동안 매일 1면 톱기사 또는 중간톱 기사로 배치했다. 민주화를 염원하는 대서특필 행진은 『조선』 『중앙』 『한국』 등 다른 신문들도 마찬가지였다.

6·10 시위 개최가 결정된 5월 23일부터 6·29선언이 나올 때까지 1개월간은 한국 현대사의 변곡점(tipping point)이었다. 언론은 전두환 정권의 범인 축소 조작을 기사로, 사설로 맹렬히 비판했다. 국민의 분노도 거세게 타올랐다. 5월 23일 『동아일보』 사설 두 건은 모두 전두환 정권을 규탄하는 것이었다. 사설 제목 하나는 〈국민 속이고 우롱한 죄〉였고 다른 하나는 〈거짓말 거짓말 거짓말〉이었다. 5월 22일자 『조선일보』 사설은 〈누가 은폐 조작했나─박종철 사건의 새 사실에 놀란다〉였다.

『동아일보』는 6월 10일부터 30일까지 연속해 이 사태를 1면 톱으로 보도했다. 매일 사회면 기획면을 통해 관련 기사를 대서특필했다. 『동아일보』 지면에는 6월 한 달 동안 이 사태와 관련한 사설이 하루도 빠지지 않고 실려 모두 26건에 달했고(5일간은 하루 2건씩), 사내외 필진

2 최장집의 《한국 민주주의의 조건과 전망》(나남출판사) 368쪽.

이 쓴 칼럼은 17건에 달했다. 『조선일보』는 이 기간 사설 31건(10일간은 하루 2건씩), 칼럼 12건을 통해 이 사태를 다뤘다.

『동아일보』를 필두로『중앙일보』『조선일보』가 당시 보도지침을 위반하면 가혹한 제재를 받는 어려운 여건에서도 치고 빠지면서 이 사건을 증폭시켰다. 진보진영 일각의 학자들은 천주교정의구현사제단의 성명이 나올 때까지 메이저 언론이 침묵하고 있었다고 비판한다. 그러나 박종철 사건의 진상을 밝히는 데『동아일보』등 언론이 앞장섰음은 당시 지면을 분석한 논문 등을 통해서도 확인할 수 있다. 물론 아쉬움과 부족함도 있었다. 당시 상황은 고문 경찰관들이 교도소에 갇힌 뒤 당국자들이 극도의 보안을 유지하고 있었기 때문에 언론은 접근 자체가 어려웠다. 물론 안상수 검사의 비판이나 윤상삼 기자의 자책은 언론이 겸허히 수용해야 할 대목이다.

박종철 사건에 대한 국민의 관심이 뜨거울 때는 서울시내에서『동아일보』가판신문이 하루에 40만 부가 넘게 팔렸다. 가정 배달판 60만 부를 합하면 100만 부가 나간 셈이다. 방송은 침묵했고 재야의 유인물은 경찰의 단속으로 확장성이 약했다. 박종철 사건으로 민심이 들끓기까지『동아일보』를 필두로『조선』『중앙』『한국』의 역할을 무시하는 것은 공정한 평가가 아니다.

정구영 서울지검장은 5월 21일 "범인이 이미 구속된 2명 외에도 3명이 더 있고 이들을 구속했다"고 발표하면서 5명의 수사관이 짜고 범인을 축소 조작한 것이라고 밝혔다. 정 검사장의 이 발표는 22일자 조간 및 석간신문에 일제히 톱기사로 나왔다.

그런데 이날 자『동아일보』는 다른 밥상을 차렸다. 경찰의 범인 축소 조작 결정이 상사들의 모임에서 결정됐다는 독자적 취재 내용을 보도했다. 1면 톱기사의 제목은 〈관련 상사 모임에서/ 범인 축소 조작 모의〉라는 두 줄짜리 제목으로 독자들의 시선을 끌었다. 『동아일보』는 이 기사에서 고문 범인을 축소 조작한 박처원 치안감 등 상관들의 이름과 직책을 실명으로 폭로했다. 『동아일보』는 다음 날인 23일에도 법무부장관과 검찰총장이 석 달 전부터 이 같은 사실을 알고도 수사를 하지 않았다고 1면 톱기사로 폭로했다.

남시욱 세종대 석좌교수는 『신동아』 2004년 3월호에서 〈박종철 군 고문치사 사건 특종 보도는 6월항쟁, 6·29선언의 밑거름〉이라는 제목의 논단에서 박종철 사건에서 언론이 거의 1년 동안 집요하게 추적해 양파 껍질 벗기듯 권력의 부도덕성을 폭로해 분노한 국민이 거리로 뛰쳐나오게 했다고 기술했다. 또 '6월항쟁은 붓으로 싸운 민주화 투쟁이며, 6월항쟁에서 언론은 국민 동원을 위한 조직역과 선전역을 맡은 것이라고 해도 과언이 아니다'라고 자평(自評)했다.

민주화운동기념사업회가 펴낸 《6월항쟁을 기록하다》 3권도 〈언론 보도, 저항의 뇌관〉이라는 제목을 달아 저자의 글을 실었고, 〈검찰 출입기자의 특종〉이라는 제목으로 『중앙일보』 신성호 기자의 1보를 소개했다. 일부 진보적 학자들이 집필한 한국 언론사에서 박종철 사건과 6월항쟁에서 언론의 역할에 대해 언급하지 않는 것은 의도적 무시의 성격이 짙다. 김대중 정부 때 출범한 민주화기념사업회의 평가에 비춰 봐도 박종철 사건과 6월항쟁에서 언론의 역할을 부정하는 시각은 분명히 균형을 잃은 것이다.

민가협 창립 총무였던 유시춘 씨는 1987년 2월 13일 저자와의 인터뷰에서 "『동아일보』가 박종철 사건을 사회적 관심사로 떠올려 6월항쟁으로 연결되는 기폭제 역할을 했다. 당시 『동아일보』 보도는 나의 뇌리에 인상적으로 남아 있다. 한국 현대사에서 언론의 순기능이 강렬하게 빛났던 몇 대목 중의 하나"라고 평가했다.

1987년 8월 제19회 한국기자상 취재보도 부문은『동아일보』의 〈박종철 군 고문치사 및 은폐 조작 사건〉이 1위로 상을 받았다. 2위가『중앙일보』의 〈박종철 군 고문치사 첫 보도〉였고 3위는『MBC』의 〈야생동물〉이었다. 당시 이 상의 심사위원은 각사 편집국장 및 보도국장들이었는데 1위와 2위의 점수 차이가 크게 났다. 1보 특종을 한『중앙일보』가 2위로 밀려날 정도로『동아일보』의 이어진 특종과 보도가 동종 업계로부터도 평가를 받은 것이다.

김수환 추기경은 6월항쟁이 절정에 다다랐을 무렵『동아일보』인터뷰에서 "요즘 언론에 대해 어떻게 생각하는지요"라는 질문에 다음과 같이 답했다.

"여러 가지 어려움 속에서도 노력하고 있다고 보며 이것은 고무적입니다.『동아일보』는 과거 우여곡절을 겪으면서도 지조를 지키면서 꾸준히 노력하고 있는 줄 압니다.『동아일보』는 민족지로서 민족이 어려움에 처할 때마다 어둠을 밝히는 횃불 역할을 하고 있습니다. 언론 자유를 위해 자기희생을 하는 것을 감사하게 생각합니다. 언론 자유는 우리에게 정말 소중한 것입니다."[3]

한국 언론은 속보(速報)주의와 특종주의에 매몰돼 있다. 다른 신문이 특종한 것은 일부러 따라가지 않거나 축소보도를 하는 경향이 있

---

3 『동아일보』, 1987년 6월 19일자 5면.

다. 그러나 미국『뉴욕타임스』같은 경우는 사건의 전개를 지켜보다가 다른 신문이 보도한 내용이라도 확인취재를 거쳐 대대적으로 상보를 게재한다. 한국 언론은 처음만 크게 보도했다가 유야무야 끝나는 경우가 적지 않다. 박종철 보도는『동아일보』가 속보주의와 특종주의에 사로잡히지 않고 다른 신문이 먼저 쓴 기사를 과감하게 추적하고 더 중요하게 다뤄 정치사회적 변화를 이끌어냈다는 점에서도 저널리즘적 의미가 크다.

역사는 때로 우연을 통해
필연을 관철한다

유시춘(작가·前 국가인권위원회 상임위원)

1986년 세모(歲暮)에 감옥에는 민주화를 요구하다 체포된 양심수 5000여 명이 갇혀 있었다. 수감되지 않은 민주화운동 활동가들은 수배 중이어서 민주화실천가족운동협의회(민가협)는 텅 빈 민주화운동청년연합(민청련) 사무실에서 송년회를 했다. 사방에서 영장도 없이 체포돼 고문수사 당하는 이들의 비명소리가 수시로 들려왔다.

그때 내가 감옥에 자식과 남편을 둔 회원들에게 말했다. "이러다가 수사기관이 고문 끝에 학생을 죽이게 될 것이다. 그리고 모두 은폐하지 못하고 한 번쯤 들킬 것이다. 그리고 국민이 알게 돼 큰 변화가 닥칠 것이다"라고. 왜냐하면 그때 너무 많은 의문의 죽음이 이미 진행 중이었기 때문이다. 그 보름 후에 박종철 보도를 접하고 온몸에 전율이 일었다. 박종철 사건은 결코 우연이 아니다. 그 이전에 무수한 고문수사와 의문사의 축적이 빚어낸 필연이었다. 나는 그때 고 조영래 변호사와 함께 인권보고서를 쓰고 있는 중이었다. 그 책 후기(後記)에 조변은 이렇게 썼다.

'우리의 인권보고서는 할 말을 잃었다. 우리는 외친다. 박종철을 살려내라!'고.

백주에 수도 서울의 심장부에서 참고인으로 데려간 대학생을 고문으로 숨지게 한 야만은 결국 '민주헌법쟁취국민운동본부'(국본)라는 해방 이후 최대 연합체를 탄생시켰다. 1987년 6월 10일 성공회대 성당에서 국본의 집회를 마치고 집행부 13명은 장안동 대공분실로 체포돼 가서 수사를 받은 후 구속됐다. 6월 18일 나를 면회 온 변호인 조영래가 어두운 얼굴로 소식을 전해주었다. 계엄령 풍문을. 모골이 송연했다. 실제로 그날 AFKN(주한미군 방송)은 미군과 그 군속의 외출을 삼가라는 자막(字幕)을 내보냈다.

후일 석방 후 자료를 보니 미국 하원 청문회에서 스티븐 솔라즈 외교위원회 아시아·태평양 소위원장이 한국의 계엄령을 막고 6·29선언을 이끌어낸 미국의 평화외교를 언급했다. 전두환이 계엄령을 숙고한 것과 미국이 모종의 역할을 수행한 것은 분명한 사실인 듯 싶다. 그러나 그것은 다름 아닌 우리 국민이 결집한 민주화 의지의 승리일 뿐 미국의 시혜는 아니다!

1987년 1월 19일자 『동아일보』를 받아보고 우리 쪽에서 발행한 지하(地下)신문인 줄 알았다. 언론이 제 기능을 발휘할 때 공동체의 건강한 발전에 큰 힘이 된다는 진리를 그때 『동아일보』 지면은 눈부시게 보여주었다.

역사는 때로 우연인 듯 보이는 사건을 통해 필연을 관철한다. 헌법이 보장한 국민의 자유와 권리를 국가는 보장해야할 임무를 지니고 있다. 이를 현실에서 구현하는 것은 결코 권력자의 은전이 아니라 국민의 힘이라는 역사 발전의 필연을 박종철 사건은 입증했다. 헌정사 초유의 대통령 탄핵과 구속은 30년 전 오늘의 6월항쟁에서 발원(發源)한 것이다.

기록되지 않은 사실은 신화나 전설의 옷을 입게 된다. 기록하는 사실이 역사가 된다. 인간은 망각해야 생존할 수 있기 때문이다. 여기서 체코슬로바키아의 소설가 밀란 쿤데라의 유명한 '기억 투쟁'이라는 개념이 탄생했다. 그런 의미에서 황호택 주간이 역사의 중요한 부분을 기록한 것에 동시대인으로서 매우 큰 의미를 부여하고 싶다.

편집자 주) 이 글은 유시춘 씨가 2017년 6월 7일 열린 이 책의 북 콘서트에서 행한 연설을 정리한 것이다.

박종철 탐사보도와
언론의 진실성과 공정성

심재철(고려대 미디어학부 교수)

민주사회에서 진실이란 의견이 공개된 시장에서 자유로운 경쟁을 통해 드러난다. 역사적으로 사회적 이슈에 대한 국민 개개인의 합리적 판단의 총합은 사회 변화의 계기를 제공해 왔다. 언론은 사회 구성원의 눈과 귀가 돼 그들이 합리적 판단을 할 수 있는 정보를 제공한다. 민주사회에서 언론과 출판의 자유가 무엇보다 중요한 이유다.

한국 언론은 지금부터 30년 전인 1987년 1월부터 6월까지 전반부와 후반부라는 두 시기의 특종을 통해 박종철 사건의 실체를 공론장(公論場)에서 완전히 드러냈다. 이러한 언론보도에 따라 권위주의 정부에 대한 국민적 정서구조가 바뀌기 시작했다. 보도지침으로 상징되는 국가권력의 언론 통제 속에서도 민주화 의제(議題)를 성공적으로 형성해 냈다. 우리 국민은 국민 대항쟁을 펼쳤고 평화적인 정권교체를 이루어냈다. 반세기라는 짧은 기간에 한강의 기적이라는 산업화에만 성공한 것이 아니라 개발도상국가에서는 유일하게 민주화까지 이루어낸 쾌거였다.

회갑을 넘긴 두 언론인이 연속적으로 박종철 사건에 대한 저서를 발간했다. 첫 번째는 박종철 사망 사건을 특종 보도한 신성호『중앙일보』기자다. 그는 《특종 1987-박종철과 한국 민주화》라는 책자에서 박종철 특종이 어떻게 '민주주의 역사의 물줄기'를 바꾸었는지를 서술하고 있다. 특히 그동안 알려지지 않았던 내부 정보원 이홍규 대검찰청 공안 4과장이 1월 15일에 박종철의 사망 소식을 어떠한 방식으로 흘렸는지를 자세히 밝히고 있다. 신 기자는 고려대에서 박종철 사건으로 박사학위를 받았다. 현재는 성균관대 언론정보학과 교수로 재직 중이다. 신 기자의 박종철 사망 첫 보도가 나온 경위는 일반인에게도 잘 알려져 있으며 지금까지도 회자되곤 한다.

　신 기자는 이두석 당시『중앙일보』사회부장에게 박종철 사망 소식을 보고했고,『중앙일보』사회부는 신 기자와 서울대 출입기자, 부산 주재기자를 통해 이 사실을 삼각 확인했다. 그리고 돌아가는 윤전기를 세우고, 1월 15일자 사회면 〈왈순 아지매〉 옆에 2단 기사로 게재한다.『중앙일보』의 역할은 박종철의 사망 소식을 제1보로 전했다는 데 있다.

　그 이후는『동아일보』의 몫이었다. 박종철 사건 제1보를 낙종한『동아일보』는 한국 언론의 향도(嚮導)가 돼 박종철 사건의 진실을 파헤쳐 나갔다. 쇼크사라는 경찰 발표를 뒤집고 물고문이 있음을 밝혀냈다. 이어서 욕조 턱에 목이 걸려 질식사했다는 사실을 대서특필하게 된다. 당시에 석간에서는『동아일보』와『중앙일보』가 경쟁을 했고, 조간에서는『조선일보』와『한국일보』가 경쟁을 했다. 소위 4대 신문이었다. 여기에『서울신문』『경향신문』을 포함해 전국적인 일간지는 여섯 개뿐이었다.『동아일보』는 권위주의 정부의 보도지침을 무력화해 나갔다.

박종철의 사인을 쇼크사에서 질식사로 밝혀낸 것만이 아니었다. 후반부 특종으로 범인축소를 자행한 경찰 고위층의 은폐 조작 전모를 밝혀냈다.

하지만 당시 『동아일보』가 박종철 사건 보도에서 어떠한 방식으로 한국 언론의 향도 역할을 했는지에 대한 체계적인 뉴스룸 연구는 전무했다. 이러한 가운데 황호택 『동아일보』 전 논설주간이 당시의 시대 상황과 『동아일보』의 역할을 재구성하는 저서를 내놓았다. 일독을 강추(强推)하는 이유다.

새로운 사실은 당시의 언론 통제가 일반인의 상상보다 험악했다는 것이다. 분명하고 명백하며 현존하는 위협이 있었다. 적지 않은 언론인들이 남산에 끌려가 고문을 당했다. 언론인도 군사정부의 말을 따르지 않으면 민주화 인사인 김근태 씨처럼 신체가 심각하게 손상될 수 있다는 위협을 받았다.

『동아일보』는 그러한 위협 속에서도 1987년 1월 박종철 사망보도 낙종 이후, 남시욱 편집국장과 정구종 사회부장의 리더십하에 박종철 고문치사의 직접적인 사인(死因)과 범인축소를 기도한 은폐 조작의 전모를 밝혀내는 대특종을 해냈다. 편집국 구성원 전체가 하나가 돼 만들어낸 승전보였다.

『동아일보』의 후반부 특종은 천주교정의구현사제단의 5월 18일 미사에서 범인이 조작됐다는 발표 이후에 이루어졌다. 이러한 특종으로 『동아일보』는 "가판에서만 40만 부가 팔렸다"고 남시욱 국장은 회고한다. 박종철 사건이 당시에 그만큼 국민적 관심을 끌었으며, 폭발력이 있었음은 확실하다. 그 이후 야당과 재야세력은 민주헌법쟁취국민운동본부를 결성하고 6월 10일 국민대항쟁을 기획한다. 6·10항쟁의 공식명칭은 '박종철 군 고문살인 은폐규탄 및 호헌철폐 국민대회'였다. 이 명칭에서 보듯이, 박종철 사건 보도가 6월 10일부터 시작한 국민대항쟁의 촉매 역할을 했음을 부인할 수 없다. 그리고 그러한 국내 언론보도의 선봉에는 『동아일보』의 눈부신 활약이 있었다. 취재기자였던 황호택의 저서에는 당시 뉴스룸의 역동성을 분석해 그러한 보도가 어떻게 가능했는지를 서술하고 있다. 황호택은 그후 논설위원과 논설주간을 거쳐 지금은 고문으로 재직하고 있다.

이 저서에서는 그동안 밝혀지지 않았던 박종철 사건의 은폐 조작 특종을 가능케 한 경찰의 내부 정보원이 특별히 그 모습을 드러낸다. 그중 한 사람이 당시 경찰총경이었던 배(裴)모 씨다. 아직 생존해 있지만 그는 자신의 이름이 밝혀지기를 원하지 않고 있다. 제1차 특종 때의 이홍규 씨처럼 그도 역사의 의인으로 기록돼야 할 것이다. 물론 그의 내부정보가 그의 동료를 형무소로 보내는 계기가 됐다. 하지만 그는 정의 편에서 그러한 사실을 폭로했다. 한국의 민주화 과정에서 그의 행동은 역사적으로 존경을 받아 마땅하다. 공직자로서, 공선사후(公先私後)의 정신을 실현했기 때문이다.

나아가 박종철의 고문치사 은폐 조작의 전모가 드러나면서 군(軍)에서도 6월의 국민대항쟁을 무력으로 진압할 수 없다는 의견이 대두됐다. 지금까지는 밝혀지지 않은 새로운 사실이다. 당시 특전사 사령관이었던 민병돈 예비역 중장이 "현재의 시위는 민주주의 사회에서 있을 수 있는 집단적 의사표시로 현 단계에서 군이 직접 진압에 나섰다가 큰 불상사가 생길 수 있다"는 의견을 고명승 보안사령관을 통해 전두환 대통령에게 전했다고 한다. 민 사령관 또한 언론보도를 통해 국민여론의 변화를 지각했고, "군을 동원해서는 안 된다"는 합리적 판단을 한 듯싶다.

　박종철 사건 보도는 1월의 전반부 특종이나 5월의 후반부 특종이나 둘 다 우리 사회가 시급히 해결해야 할 국민의제를 설정하는 데 성공적이었다. 전국의 어머니들이 언론사에 전화를 걸어 "우리 아들 살려내라"고 울부짖었다고 한다.

　성공적인 탐사보도는 세 가지 구성 요건을 갖추어야 한다. 첫째는 악한이 있어야 한다. 둘째는 피해자가 있어야 한다. 셋째는 사회적 제도를 바꾸는 실제적인 영향력이 있어야 한다. 그런 관점에서 박종철 사망 사건에는 군사정부에서 고문을 일삼는 경찰이라는 악한이 있었다. 피해자로는 서울대 학생이 있었다. 아버지의 월급이 20만 원밖에 안 되는 가정형편 어려운 대학생 박종철이 있을 수 없는 죽음을 당한 전모가 언론보도를 통해 드러났다. 나아가 노태우 민정당 대표가 평화적 정권교체를 골자로 하는 〈국민화합과 위대한 국가로의 전진을 위한 특별선언〉을 6월 29일에 하게 된다. 전두환 대통령이 물밑에서 소위 6·29선언의 기획을 했다고 알려져 있다. 어찌됐건 이러한 세 가지 구성요소의 실상이 신문이라는 공론장에서 낱낱이 밝혀졌다. 한국판 워터게이트 사건이라고 불러도 손색이 없는 보도였다. 다른 점이 있다면 워터게이트는 2년이 넘는 세월을 통해 그 전모가 드러난 반면 우리는 5개월밖에 걸리지 않았다는 사실이다.

　언론보도의 한계도 있었다. 군사정부 시절이니 어쩔 수 없었을지도 모른다. 취재기자가 대특종을 했으면서도 최선을 다하지 못했다며 아쉬움을 표현하는 이유이기도 하다. 방송인의 경우에는 더욱 부끄러워한다.

　무엇보다 당시 언론은 악한이라고 여겨질 수 있는 군사정부의 상층부와 지속적인 교류를 했다. 뉴스메이커로 피할 수 없는 파트너였기 때문이다. 특별히 방송은 그 정보 전달의 역할을 과소평가할 수 없지만 정부를 감싸고 변호하는 역할을 자임했다. 그나마 신성호 기자의 박종철 사망 제1보를 신경민『MBC』기자가 그날의 마지막 간추린 뉴스로 전달했다. 신문을 읽지 않는 일반인도 박종철의 사망 소식을 방송뉴스를 통해 접했다고 간주할 수 있다. 나아가 군사정부의 언론 통제 속에서도 방송도 신문의 글과 글 사이처럼 보도 장면과 장면 사이에 '민중을 기만하는 군부 독재는 즉각 퇴진하라' '파쇼독재 타도'와 같은 운동권 학생서클의 슬로건이나 '민중문화' '보도지침 관련'과 같은 유인물을 클로즈업해서 보여주었다. 간접적으로나마 시청자에게 대학가 상황을 전달하려는 의도로 해석된다.

『MBC』뉴스데스크는 1987년 2월 7일 박종철 추모제가 시민들의 냉담한 반응 속에서 특별하게 큰 사고 없이 막을 내렸다고 보도했다. 하지만 그 뒤 기사에서 상습적 '시위 주동·가담자' 557명이 경찰에 연행돼 조사를 받고 있다고 밝혔다. 지역적으로는 서울에서 318명, 부산 131명, 전남 102명, 전북 4명, 대구 2명이라고 보도했다. 또 부산대에서 300여 명, 광주 금남로에서 500명이 시위에 참가해 전국적 규모의 시위가 있었음을 전했다. 큰 사고가 없는데 서울시내 20곳에서 시위자가 2000명이나 됐고, 대학생 500명 이상이 체포됐고, 경찰서 유리창이 파손되고, 길거리에서 화염병을 투척하고, 최루탄이 터지는 장면을 화면으로 처리했다. 화염병으로 불에 탄 종로 3가 파출소를 클로즈업해서 보여주었다. 방송도 기자 리포트와 화면이 서로 다른, 이상한 방식으로나마 추모시위의 진실을 알리려 노력했다고 판단할 수 있는 부분이다.

두 번째 한계는 악한의 정체나 몸통을 분명하게 드러내지 못했다는 점이다. 전국 일간지 여섯 개 신문사의 전체 기사를 분석해 봐도 박종철 사망사건의 범인을 축소하고 은폐한 관계기관 대책회의에 대한 보도를 찾기 어렵다. 당시 대통령이나 청와대는 언론보도에서 치외법권(治外法權)적인 혜택을 누렸다. 권위주의 정부였으니 어쩔 수 없는 상황일 수도 있다. 몸통 악한의 정체는 드러내지 못하고 핵심 권력의 하수인에 해당하는 다소 힘없는 경찰의 잘못만 드러낸 형세가 됐다. 만약 박종철을 연행한 팀의 책임자급인 조한경 경위가 ▲박종철을 살려내려고 이리 뛰고 저리 뛰지 않았고, ▲범인 축소에 대해 양심선언을 할 생각이 없었다면 역사는 또 어떻게 전개됐을까. 나아가 "'탁' 하고 쳤더니 '억' 하고 죽었다"는 강민창 치안본부장의 비상식적인 발표가 없었다면 역설적으로 박종철 죽음의 진상이 밝혀졌을까. 하지만 신성호나 황호택의 책자에는 이들에 대한 인터뷰 내용은 전혀 들어 있지 않다. 악한으로 평가받는 그들 경찰관에게도 취재보도의 균형을 맞추기 위해서라도 변명을 할 수 있는 기회를 주어야 한다.

특별히 황호택의 저서에는 박종철 사건의 진상을 밝히는 데 기여했지만 그동안 주목받지 못한 수많은 의인(義人)들이 나타난다. 이들 모두가 자신의 상황에서 자신이 할 수 있는 일들을 묵묵히 해나간 전문인이거나 공무원이었다. 이러한 분들이 있었기에 우리 사회가 민주화의 대장정에 들어갈 수 있었다. 하지만 한국 근대사는 이런 전문직 또는 생활인의 민주화에 대한 기여보다는 주로 야당이나 재야세력의 영웅적 행위에 의해 민주화가 이루어진 것처럼 묘사되곤 했다. 그런 관점에서 황호택의 저서는 현대사를 새롭게 해석할 수 있는 계기를 제공한다.

필자가 천착했던 한 가지 연구주제는 '한국 언론이 민주화 과정에서 기회주의적이었느냐'는 것이었다(Shim, Salmon, Lee, et al., 2001). 한국 언론이 처음에는 애완견(lap dog)으로 정부의 하수인 역할을 하다가 정권이 넘어가니 오히려 재야세력에 편승해서 감시견(watch dog) 역할의 보도를 하지 않았느냐는 가설을 검증하고 싶었다. 박종철 사건 초기 보도에서 검찰 수뇌부가 범인 축소를 알았음에도 언론은 전혀 이러한 사실에 대해 탐사하지 않았다. 한국 신문의 기회주의적 속성으로도 해석할 수 있다.

그러나 박종철 사건에서는 1월과 2월의 전반부 기사와 5월 이후의 후반부 기사를 비교해 보면 보도 양상에서 차이가 없다는 사실을 발견했다. 대다수 스트레이트 기사가 사실보도에 근거하며 삼각 확인을 한 정확한 내용이었다. 전반부 보도에는 현장 검증이 없어서 박종철이 어떻게 고문을 당했는지가 나타나지 않는다. 하지만 현장 검증을 한 이후의 후반부 기사에서는 박종철이 수갑을 찬 채로 물고문을 당해 욕조 턱에 목이 걸렸다는 사실이 밝혀진다. 이러한 기사를 읽은 독자는 '죄 없는 대학생을 수갑을 채워서 물고문을 했다'는 사실을 알게 됐으며, 질식사에 대한 국민적 공분이 일어나 대항쟁으로 이어진다는 연결고리가 설명된다. 한국 언론의 기회주의적 가설을 기각할 수 있는 사실적 증거다. 따라서 전반부나 후반부 보도에서나 한국 언론은 최선을 다해서 박종철 사망 사건의 진상을 알리려 했다고 평가할 수 있다. 특별히 박종철 사건 보도에서 『동아일보』가 한국 언론의 향도 역할을 어떻게 했는지를 이 저서를 통해 파악할 수 있다. 당시 『동아일보』의 게이트키핑 과정에 대한 역사적 자료다.

우리 언론은 대(大)특종에서도 TUFF 원칙을 명심해야 한다. TUFF

란 진실하며(Truthful), 편견 없이(Unbiased), 공정하고(Fair), 완전하게 (Full) 보도한다는 저널리즘 기본원칙의 첫 글자를 모은 조어다(심재철, 2017). 악한이나 피해자에게 모두 공평하게 TUFF 원칙을 지켜야 한다. 이를 통해 탐사보도의 설명력을 제고할 수 있다.

참고 문헌

권순택(2009), 《한국 신문의 박종철 사건 보도 내용 분석—동아일보 서울신문 조선일보를 중심으로—》, 연세대학교 언론홍보대학원 저널리즘 전공 석사학위 논문

김경회(2002), 《나 이제 자유인 되어》, 중앙M&B

김귀옥 윤충로(2007), 《1980년대 민주화운동 참여자의 경험과 기억》, 민주화운동기념사업회

김성익(1992), 《전두환 육성증언》, 조선일보사

김윤영(2004), 《박종철 유월의 전설》, 민주화운동기념사업회

김정남(2005), 《진실, 광장에 서다》, 창비

김정남(2016), 《이 사람을 보라》, 두레

남시욱(1997), 《체험적 기자론》, 나남출판사

남시욱((2007), 《인터넷 시대의 취재와 보도》, 나남출판사

민주언론운동협의회 편(1988), 《보도지침》, 두레

박보균(1994), 《청와대 비서실3》, 중앙일보사

박정기 박래군(1997), 《철아, 이 아부지는 아무 할말이 없대이》, 개마서원

박철언(2005), 《바른 역사를 위한 증언》1, 2, 랜덤하우스중앙

서중석(2011), 《6월항쟁》, 돌베개

신성호(2012), 《박종철 탐사보도와 한국의 민주화 정책변화》, 고려대학교 대학원 박사학위 논문

신성호(2017), 《특종 1987—박종철과 한국민주화》, 중앙 books

(사)6월민주항쟁계승사업회, 민주화운동기념사업회 편(2007) 《6월항쟁을 기록하다》1~4

심재철 이경숙(1990), 『한국언론학회보』 제43-3호 〈국민의제 형성에서 탐사보도의 역할〉

심재철 (2009), 《사회과학연구》 〈박종철 사건보도 이후의 국민적 정서구조와 한국 민주화 의제형성의 상황모델〉

심재철 (2017), 『신문윤리』 제211호(2017년 2월호) 〈언론은 역사의 보고, 공정한 보도가 새 시대를 연다〉

안상수(1995), 《이제야 마침표를 찍는다》, 동아일보사

이부영(2012), 《다시 서는 저 들판에서》, 다섯수레

이채주(2003), 《언론 통제와 신문의 저항》, 나남출판사

이충렬(2016), 《아, 김수환 추기경 2—인간을 향하여》, 김영사

장병수(2007), 《사건기자 1987》 소책자

전두환(2017), 《전두환 회고록 1,2,3》, 자작나무숲

최장집(1996), 《한국민주주의의 조건과 전망》, 나남출판사

한국기자협회 편, 『저널리즘』 1992년 겨울호

황용희(2010), 《가시 울타리의 증언》, 멘토프레스

Shim, J. C., Salmon, C. T., Lee, K. S., Lee, J. K., Kim, J. H., & Kim, S. D. (2001), 《Korean Journal of Journalism and Communication Studies (Special English Ed.)》 〈Investigative reporting of the Park Jong Chul case and implications for South Korea's democratization〉

심층 인터뷰 대상자

성명	1987년 당시 직책	인터뷰 일시
고명승	보안사령관	2017년 3월 27일
김정남	민주화운동가	2017년 2월 9일
김차웅	동아일보 사회부 차장	2017년 1월 11일
남시욱	동아일보 편집국장	2017년 1월 19일
민병돈	특전사령관	2017년 3월 26일
박은숙	박종철의 누나	2017년 3월 14일
박정기	박종철의 아버지	2017년 3월 24일
박종부	박종철의 형	2017년 3월 13일
박철언	안기부장 특보	2017년 2월 14일, 2017년 3월 6일
신경민	MBC 사회부 기자	2017년 1월 20일
신성호	중앙일보 사회부 기자	2017년 2월 9일
심재철	현 고려대 교수	2017년 1월 4일
안유	영등포교도소 보안계장	2017년 1월 26일
유시춘	작가	2017년 2월 13일
이부영	민주화운동가	2017년 1월 25일
이진강	대검 중앙수사부 1과장	2017년 수시로 전화 인터뷰
임채청	동아일보 사회부 기자	2017년 수시로 전화 인터뷰
장병수	동아일보 사건기자 캡틴	2017년 1월 6일
전만길	동아일보 사회부 차장	2017년 3월 10일
정구영	서울지검장	2017년 1월 12일, 2017년 3월 16일
정구종	동아일보 사회부장	2017년 1월 18일
정동우	동아일보 사회부 기자	2017년 수시로 전화 인터뷰
최환	서울지검 공안부장	2017년 수시로 면담 인터뷰 및 전화 인터뷰
한재동	영등포교도소 교도관	2017년 1월 26일
황열헌	동아일보 사회부 기자	2017년 수시로 전화 인터뷰
황적준	국립과학수사연구소 부검의	2017년 3월 14일

찾아보기

박종철
탐사보도와
6월 항쟁

1판 1쇄 인쇄 2017년 5월 18일 | 1판 4쇄 발행 2017년 6월 14일
2판(증보) 5쇄 발행 2018년 3월 26일

지은이 황호택

사장 김재호 | **발행인** 임채청

출판편집인 허엽 | **출판국장** 박성원 | **콘텐츠비즈팀장** 정위용

교정 문영숙

펴낸곳 동아일보사 | **등록** 1968.11.9(1-75) | **주소** 서울시 서대문구 충정로 29(03737)

팩스 02-361-1041 | **편집** 02-361-0967

홈페이지 http://books.donga.com | **인쇄** 신사고하이테크

ISBN 979-11-87194-42-2 03900 | 값 17,000원